The Law of Mind

復刻版

人生が劇的に変わる

マインドの法則

メンタルトレーナー
久瑠あさ美

Kuru Asami

はじめに――

あなたの「心」は創ることができます

「性格なんて変えることはできない」

あなたはこう考えているかもしれません。

けれど、あなたの性格を構成する「心」は変えられます。

心を支配する「マインド」は創り上げることができるからです。

それを実現するのが《マインドの法則》によるメンタルトレーニングです。

肉体をトレーニングすることで、筋肉や運動神経を鍛え、必要な能力を創りだすことができます。同じように、メンタルトレーニングによって心も創ることができます。

これにより、自分でも予想もしなかった力を発揮することができるのです。

あなたは人生を劇的に変えることができるのです。

はたしてどのくらいの人が、今の自分の現状に満足しているのでしょうか。
日々の忙しさにまぎれ、自分の未来を見失っていませんか。
夢を夢のままにして半ば諦めかけてはいませんか。

心の奥底で、こう在りたいといった理想や憧れ、希望を、誰もが持っています。こうした夢を実現するには、まずはあなたの心をトレーニングして、改革することが必要なのです。

メンタルトレーニングについて、心理カウンセリングとの違いを問われることがよくあります。心理カウンセリングが心の病を治療し、患者さんの心を健康な状態に持っていく、いわゆるマイナスの状態から元の状態＝ゼロの状態に戻していく行為だとしたら、私の行うメンタルトレーニングは、ゼロの状態であろうとマイナスの状態であろうとも、どの状態からでもプラスに転じていけるように導いていくものです。

トレーニングを実践すれば、プラスはどこまでも無限に伸ばしていくことができるのです。

その心の改革を実現するメソッドが、《マインドの法則》です。

私は、これまで延べ一万人を超えるクライアントの心と向き合ってきました。その一人一人が、私とのパーソナルトレーニングを通して《マインドの法則》を知りました。そして、この法則に従ってクライアントは自らの心と向き合うことで、個々の才能を見いだしているのです。

《マインドの法則》によって、誰もがそれぞれの夢を実現させています。

私はそんな人生が輝き始める瞬間を、幾度も目の当たりにしてきました。

この本では、そうした《マインドの法則》をお伝えしていきます。

本書に登場する、《マインドの法則》によって人生を劇的に変えていった人々の心の変革を体感してください。

これはあなたの人生を変える本です。

《マインドの法則》は、誰にでも実践できるものです。それは決して難しいものではありません。年齢や性別、職業、そしてその人の性格や資質も選びません。この本でお伝えする《マインドの法則》を実践し、人生を劇的に変えていった私のクライアントの方々が、そのことを証明してくれています。

大企業の経営者も、アスリートも、はじめから特別な能力があったわけでは決してありません。はじめの一歩は皆あなたと同じでした。彼らもまた、《マインドの法則》を学んで、心を上手く使いこなすコツを掴み、成功を導きだす能力を手にして、夢を実現していったのです。

それでは具体的に、《マインドの法則》に基づいたメンタルトレーニングとはどのようなものかを簡単に説明します。

人間の能力は90％以上が眠ったままだと言われています。つまり、あなたにはまだ90％以上の〝可能性〟が残されているのです。「メンタル（心）」に秘められた無限の可能性を、人はもっと使うべきなのです。

メンタルトレーニングとは、あなたの中に潜在している宝のような可能性を見いだし、いかにして人生に活用させていくかという、心の操縦技術を磨き上げていくことなのです。

ぜひ、あなたも本書を通して《マインドの法則》を体験し、自分の中に秘められた可能性を発見してください。

あなた自身が知らなかった、あなたの本当の姿に出逢うことができます。

本書は、読者の方に《マインドの法則》を実践し、自身の潜在する能力に出逢い、その能力を存分に発揮していただけるように、次のように内容を構成しました。

最初にプロローグとして、《マインドの法則》の原点とプロセスについて記しました。そして第一章では、私がいかにして《マインドの法則》を生みだしていったかを綴りました。

《マインドの法則》は逆境に陥ったときに誕生しています。また自らこの法則を人生に活かし、どのように人生を変えてきたかの実録を記しました。

第二章から第五章までは実践編です。私がこれまでお会いしてきたクライアントの方々が《マインドの法則》をどのように活かし、成功を掴み、人生を変革していったかという実例をご紹介します。彼らの心に起きた変化と、その心の変化によって、職場での業績も私生活や対人関係も、さらには人生までも刷新していった道筋をぜひとも追体験し、自身の人生と重ね合わせてください。

そして最後のエピローグ。あなた自身が《マインドの法則》を使って【マインドのパラダイムシフト】を起こす最終段階です。ここでは、全体を振り返るとともに、本書で伝えたいメッセージをあなたに贈り届けたいと思っています。

私は日々、パーソナルトレーニングの場で、クライアントの心に向き合っているのと同じような心の在り方で、この本を執筆しました。いわば一冊の本を介してあなたの心にも向き合っているのです。あなたも、この本に私が込めたメッセージに、あなたの心で向き合ってください。

本書を手がかりに、あなたの潜在意識の中に隠された原石を見つけだし、それを自分のものにし、磨き上げてほしいと願っています。

私が何よりお伝えしたいのは、あなたの人生は劇的に変わるのだという真実なのです。

久瑠あさ美

人生が劇的に変わる　マインドの法則　目次

第二章 変わりたいのに変われない「心」の理由 63

第二章　自分次第で未来は創ることができる　109

プロローグ

《マインドの法則》三つのプロセス

持てあますほどの
コンプレックスは人を強くする

「行き場のない想い」と向き合う理由

人は誰しも、行き場のないもどかしさを抱えて生きています。

私自身も幼少の頃は、この「行き場のない想い」を抱えていました。自分の想いを言葉にして伝えることが苦手で、内に引きこもってばかり。幼稚園では、クラスメイトや先生に元気よく挨拶をしたり、朝の登校時に自分で扉を開けて教室に入ることさえできずにいるような子でした。

そんな内気な子供でしたが、決して人が嫌いなわけでも、伝えたいことがなかったわけでもありませんでした。むしろその逆で、人が大好きでしたし、「伝えたい想い」はいつも感じていました。その想いのエネルギーが溢れて言葉が追いつかない、想いを超える言葉が見つからない、そういったジレンマを常に抱えていたように思います。

周囲の大人たちからは「言いたいことがあれば、ちゃんと言いなさい」とよく叱られたものです。それでもいつも「えっとね、あたし……」と結局、黙ってしまうのです。**伝えたいのに伝わらない。届けたいのに届かない。そんなもどかしい想いが切なく、またプレッ**

シャーとなったこともしばしばありました。

今思えば、想いをカタチにすることが苦手だったのでしょう。それは言葉であり、感情表現でもありました。中途半端で伝わらないコミュニケーションを無意識に恐れ、それを避けてしまっていたのかもしれません。

そのときの自分の状況は、内側の世界と外側の世界との間に、超えたくても超えることのできない、あまりにも頑丈な壁が立ちはだかっていたと言っていいでしょう。目には見えないその壁を打ち破りたい、この「行き場のない想い」を外の世界に放(はな)っていきたいと、切実に思っていました。

こうした記憶をたどってみると、じつは《マインドの法則》の原点は、このもどかしい幼少期に芽生えていたように思います。当時、私はジレンマを味わう中で、自分の内側にある世界の存在に気づかされていたのです。

持って生まれた気質や性格はそう変わるものではありません。けれど、心の在り方は変えられるのです。幼少期の私はこうした「行き場のない想い」を抱え、コンプレックスをどうにか克服したいと、自分の心とずっと向き合ってきました。

持てあますほどのコンプレックスは人を強くするのでしょう。それゆえに想いをカタチにし、表現する道をずっと求め続けてきたのだと思います。苦しいながらも自分自身の心との対話を続けてきた経験こそが、自分の中に潜在している能力にアクセスする法則を発見するきっかけになったのだと思っています。

こうした幼少期の性格からみて、私は表現することが大の苦手だったことはおわかりになると思います。その私が、これまでずっと「表現者」としての活動を続けてこられたのはなぜなのでしょうか。その答えこそが《マインドの法則》にあります。

人は言葉にならなくても、潜在的に伝えたいという熱い想いを抱いています。そして、まさにこの「〜したい」という強い意志が、変革の原動力となって、自分自身を突き動かすことになるのです。私の場合は「伝えたい」が原動力でした。まずはあなた自身の潜在的な意識に気づくことが大切なのです。

心に変革を起こすための三つのプロセス

たとえば「火事場の馬鹿力」という言葉がありますが、人間はいざというときには普段では考えられないような能力を発揮する場合があります。

これは危機的状況に際して、どうにかしたいという強い意志が働き、無意識に自分の潜在意識にアクセスして、必要な力を発揮しているのです。その力こそが、他でもない、あなた自身が潜在的に持つ「マインドの力」なのです。ただ、その能力に普段は気づかず、眠らせたままになっているのです。

私のメンタルトレーニングでは、このあなたの中に眠っている能力を目覚めさせます。「火事場の……」といった外部からの圧力ではなく、自発的に、意識的に自分の潜在意識にアクセスして、あなたの無限の力を、どんな状況においても発揮できるように導くのです。

人生には、どうにもならないことがいくらでも起きえます。普段の力ではどうにもならない逆境に向き合い、それを乗り越えるには、潜在意識の中から生まれてくる「私はこう在りたい」といった強い原動力によって、自分自身の手で変革をもたらさなければならないのです。人生をより豊かにできるかどうかは、この意志をあなた自身がいかにコントロールするかにかかっているのです。

このようにあなたを突き動かす「~したい」といった意志のことを、《マインドの法則》では「ｗａｎｔ」と呼んでいます。この原動力となる「ｗａｎｔ」を見いだすことが、《マインドの法則》の三つのプロセスの一つです。

この他、《マインドの法則》には二つの重要なプロセスがあります。一つは「イマジネーション」を駆使することであり、二つ目が「マインド・ビューポイント」を高くとることです。この三つのプロセスが稼働することで、高次の潜在意識にアクセスできます。そして《マインドの法則》が機能すると、人々の心に変革＝【マインドのパラダイムシフト】が起きます。

潜在意識にアクセスするための三つのプロセス

1【ｗａｎｔ】原動力
「～したい」といった熱意や意志などの内的エネルギー

2【イマジネーション】創造性
「想像」が「創造」を生む、生産的でオリジナルな発想力

3【マインド・ビューポイント】心の視点
自分を高みに上げ、俯瞰(ふかん)して可視化する心の視野

この三つのうち一つが動きはじめると、それぞれが相互作用し合うことで中央の潜在意識が自己発電を始めます。そして互いが加速し合うことで、さらに高次の意識にアクセスできるのです。

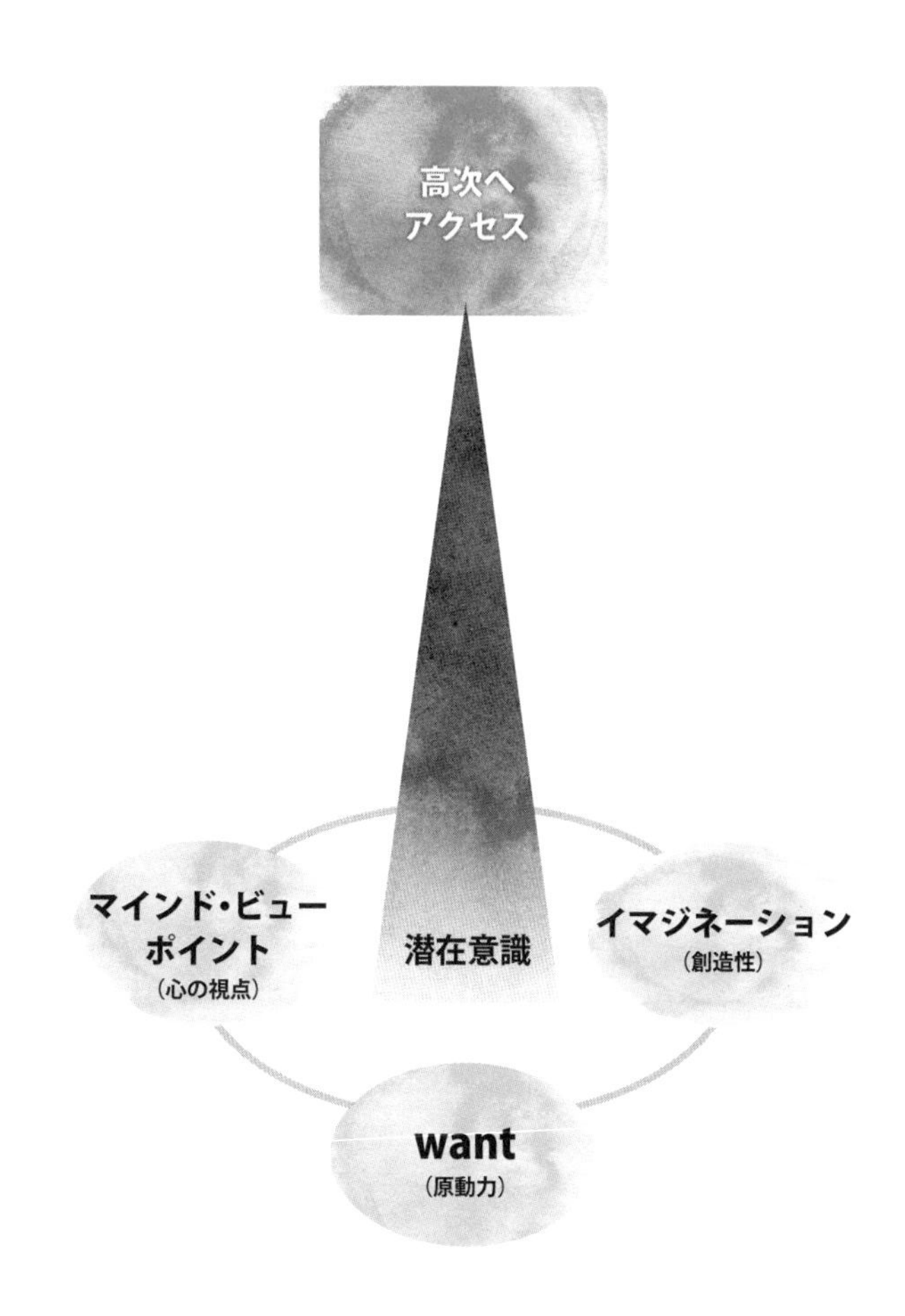

図1　マインドの法則

潜在意識にアクセスするための三つのプロセス

1［want］原動力：「〜したい」といった熱意や意志などの内的エネルギー
2［イマジネーション］創造性：「想像」が「創造」を生む、生産的でオリジナルな発想力
3［マインド・ビューポイント］心の視点：自分を高みに上げ、俯瞰して可視化する心の視野

次の章からは、「ｗａｎｔ」、「イマジネーション」、「マインド・ビューポイント」といった《マインドの法則》の重要な三つのプロセスについて、私の体験に則しながら順を追って解説していきたいと思います。

第一章

人生を劇的に変える《マインドの法則》

この先の未来、どう在りたいか。
私たちは常に問われている

私を救ってくれた「自分を信じる勇気」

人間は人生の逆境においてこそ、自分の本質＝潜在意識に在る［ｗａｎｔ］が最もはっきりと見えてくるのだと思います。

そうした逆境に立ち向かわなければならない人生の局面においては、「自分がどう在りたいのか」という根源的でシンプルな、力強いビジョンが生みだされるからです。夢がなかったら、人生はとても色あせたものになってしまいます。**夢を抱き、自らの人生をいかにして生きるかという意志の力こそが、潜在意識に在る［ｗａｎｔ］を呼び覚ます**のです。そうした意味で、逆境は自らの使命感や美学を強固にし、大きな飛躍を遂げるチャンスとなると言えるのではないでしょうか。

私の人生を左右するような逆境は、高校生だった頃に突然訪れました。

私がプロのモデルになるために上京したのは、父の会社が倒産したことがきっかけでした。進もうとしていた道を経済的に諦めなくてはならなくなったのです。

それまでの私は、卒業後はどの大学に進学するかに思いを巡らせ、海外留学のために英語の勉強に力を入れていました。

突然の出来事によって、夢に見てきた将来のあらゆる選択肢が消え、当時の私にとってはすべてを失ったかのような想いでした。思い描いていた未来が、こんなに簡単に崩れ去るのだと痛感しました。私の姉妹は「こんなことになってしまったのは父親のせい…」と嘆いていました。

けれど、私はそこで事実だけを受けとめ、心を切り替えたのです。

「状況は変わった、さぁ、どうする」

これは人生からの問いかけで、それにどう答えていくかを今、自分は試されているのだと。

普通に考えたら、それは苦境です。そのとき私を救ってくれたのが［ｗａｎｔ］でした。

そしてもう一つは、その［ｗａｎｔ］で思い描いた未来の「自分を信じる勇気」でした。

目の前の状況について目を背けずに受けとめること、そして、それがたとえ逆境だとしても、決してマイナスと捉えずに、これは「転機」であり自分自身を試すチャンスとして捉えてみる。未来は自分次第なのだと心を決めたのです。考え方一つ、捉え方一つで挫折感を味わうか、希望を抱けるかの分かれ道でした。

自分の人生においては、何が起きてもすべてを肯定的に受け入れていかなければ、人生の試練に負けてしまいます。どんな場合にでも「私の人生は変わったんだ」と受け入れ、その変化を誰かのせいにするのではなく、自分に与えられた欠くことのできない〝プロセス〟として捉えるのです。そして、それに自分がどう向き合うのかということに人生の価値をおくのです。そうすることで逆境から生まれる人生の意味は増し、必ずや人生はそこから好転しはじめます。

当時の私は、物理的にも精神的にもまだまだ親を頼りにしていました。けれど、家族、両親、学生生活、住みなれた我が家という、目の前に当たり前にあった、揺らぐはずのないものが揺らいでしまったのです。経済的にも、物理的にも、そして精神的にも、当時の自分にとっては何もかも失われた状況でした。

しかし、別の側面から見ると、それは自立するための環境が整ってしまったともいえます。外側の環境が揺らいでも、自分自身は揺らがずにいることの重要性を身をもって体験しました。「他人軸」ではいられない、物理的にも精神的にも「自分軸」にシフトするきっかけとなったのです。**何より大切なのは、苦境から目を背けて運命に委ねたりせず、その状況に対して自らが意志決定を下すこと**なのです。

祖父と母が私の進学のための金銭的な問題について話しているのを聞いて、私はできるかぎり客観的な視点で自分の未来に目を向けました。そして、「ここにいても迷惑をかけるだけだ。アルバイトで貯めたお金で、東京へ行こう」と心に決めたのです。そこに、諦めざるを得なかった、未来に対するネガティブな感情は一切残しませんでした。それができたのは、自分の意志で「諦めることを明らめた」からです。つまり、諦めなければいけないことを、明らめる（あからめる）ことにしようと180度切り替えてポジティブに捉えたのです。「諦める」という選択は目の前の障壁に尻込みをすることになってしまいます。しかし、「明らめる」という〝決断〟をすることでその問題を明らかにすることができ、意志を持って〝捨てる〟という選択をすることになるのです。どうにもならなくなった瞬間に心の視点を変え、未来に意識を向けるのです。

そのときの私にとってはもちろん、身一つで上京することに、上手くいく根拠などどこにもありませんでした。しかし、何も持っていなくとも、逆境に打ち克てたのは、心の視点を高めることで、未来の「自分を信じる勇気」を持てたからだと思います。

先にも書いたように、**逆境やコンプレックスこそ自分を変えるチャンスです。**何かを掴もう、そして生きようとする［want］が強まるからです。

［ｗａｎｔ］と［イマジネーション］で潜在力を引きだす

私にとっての最初で最大の転機がこうして始まりました。自分の［ｗａｎｔ］により進むべき道が決まると、潜在意識は勝手に動きはじめます。それからすぐに私は、プロのモデルになるため新幹線に飛び乗り、単身、東京へ向かいました。人脈など一つもありませんでしたが、ひるむことなく真っ向勝負で挑みました。東京駅に着くと同時に、公衆電話からアポを取り、3社のモデル事務所の面接を受け、そのうち1社から正式にオファーをいただきました。

こうして自らの［ｗａｎｔ］により、東京でプロのモデルとして活動することを心に決めてから、わずか1カ月足らずで上京し、活動をスタートさせました。潜在意識が動きはじめると、驚くほどのスピードで人生はまわっていきます。［ｗａｎｔ］の原動力が、人間の潜在意識の自己発電装置を稼働させるのです。

こうした経験は、私が《マインドの法則》を掴む大きなきっかけとなりました。

［イマジネーション］を存分に膨らませて、「今、私は自由になった。私はこの先あんなこ

ともできる。そして、こんなこともできる」と、『未来の記憶』を創っていきました。住む家も頼るべき人も何一つなかったけれど、上京する前から、私にはイメージがありました。何もなくても、未来にこう在りたいという明確なビジョンがあったのです。何もなくなったからこそ、過去や現実に囚われず、未来を思い描けたのだと思います。それゆえ私は、「イマジネーション」の働きかけによって、現実的な人生も未来もいくらでも変革することができる、そう確信を持ったのでした。

私は、自分の人生で起こったことはすべて、意味をなしているのだと思います。未来は誰にもわかりません。起きてしまった過去の現実に固執することは無意味です。この先の未来をどう在りたいのか、そして**私たちが常に人生に問われているのは、「そのとき自分はどういう態度をとるのか」なのだと思います。**

上京前のタイミングで、地元名古屋で行われていたファッションショーを見る機会がありました。そこで私は当時、パリコレに出演していたトップモデルの姿に魅せられました。その印象は強烈でした。ファッションモデルの仕事で最高峰といえば、パリコレに出演することです。そのプロ中のプロのモデルが自分の目の前を歩いていくのを見て、「私もいつかあそこを歩きたい」と気持ちが高まったことを今でも覚えています。それは、第一線で活躍する本物のプロフェッショナルを間近で見た強烈な感動体験でした。

トップモデルと同じステージを歩いている自分をイメージし、［イマジネーション］を高めることで、潜在意識は加速して動きはじめました。この日を境に私は、モデルとしての意識レベルの次元を一気に引き上げることになったのです。なりたいイメージがさらに明確になったことで、自分の原動力である［ｗａｎｔ］を一層強めることになりました。

このように［イマジネーション］を使って未来のビジョンを設定すれば、いつもワクワクした気持ちになります。憧れのトップモデルと同じステージを歩いている自分の姿といったビジョンを思い浮かべることで、心にきらきらとした躍動感のあるエネルギーが湧いてきます。

またこの時期、私はある重要なことに気がつきました。［ｗａｎｔ］と［イマジネーション］、この二つを連動させることで、より大きな潜在的な力を引きだすことができるのではないかということです。そして、これから先、どんな試練にあったとしても、［ｗａｎｔ］と［イマジネーション］を駆使することで、答えは必ず導きだせると確信しました。

《マインドの法則》に従えば、できないと思っていたことができるようになる、無理だと思っていたことが可能になる——これは私だけの問題ではありません。これから紹介する、実際に私のメンタルルームを訪れたクライアントの事例の通り（第二章以降の実践例参照）、この効果はどんな人にも望めるのです。

「イマジネーション」を使って「ビジョン共有」する

覚悟して仕事に臨んだものの、プロのモデルは厳しいものでした。決して華やかな面ばかりではありません。

美しい人はいくらでもいます。八頭身のプロポーション、透き通るような肌の白さ、目の色の青さ……。どうにも太刀打ちできない美しさが、その世界には溢れていたのです。しかし、自分に欠けているところばかりを気にしても、前に進むことはできません。

どうしたら自分のモデルとしてやりたい仕事を、自分が求めているものを掴むことができるのか。その中で改めて現場で認識したのは、選ばれるのをいつまでも待つという受け身の態度ではなく、相手に選ばせるといった能動的な姿勢で臨めばよいのだということです。つまり、選ぶ相手と選ばれる自分が同じ目的や目標を共有する＝「ビジョン共有」することが大切だということを発見しました。そして、**オーディションは試される場ではなく、起用す**

る側の求めているイメージを、自分がどれだけ表現できるのかを試す場である、と捉え方を変えたのです。

　そしてわかったのです。相手の視点＝ビューポイントに立って、自分の姿を見てみるということの重要さがわかったのです。要するに、仕事を掴むのであれば、「マインド・ビューポイント」（＝心の視点）を引き上げ「相手が求めている人になればいい」のだと。この発想の切り替えをすぐにできたのは、私が上京した目的が「東京で自分を試してみよう」という意志決定の末、東京での生活をスタートさせていたからです。

　モデルのオーディションというのは常に選ばれるか選ばれないかという、二つに一つの厳しい世界です。しかし、選ばれる以前に起用する側とビジョンを共有することができていれば、その方たちと未来に肩を並べて共に仕事をすることができます。まず、自分がこの仕事をしたいというビジョンの、その先のビジョンを設定するのです。**私は「マインド・ビューポイント」を高め、この人たちと仕事をし、何を伝えていきたいのか、彼らが何を求めているのかということを「イマジネーション」を働かせ、その役を創り、演じていきました。**

　たとえばＣＭのオーディションにおいては、私の「マインド・ビューポイント」を引き上げ、この「仕事に受かりたい」ではなく、「このＣＭの撮影が終了した後に、それがテレビで放映され、この商品が世の中でどのようなイメージを獲得すればよいのか」を［イマジネーション］を駆使し、できるだけ具体的に視覚化していきます。

自分がこのCMに出て、どういったインパクトを世の中に与えたいのか。この商品について世の中にどういう印象を残したいのかという点に、ビジョンを設定したのです。CMの目的は、何千万、何億円という投資をして、視聴者にどれほどのインパクトを与えられるかです。つまり、経営者と同じ視点に立ち、ビジョンを共有するのです。私は彼らの求める［want］とは何かを理解した上で、現場に臨みました。

そのCMを社会がどう評価するのか。それが社会をどう動かすのか。良いCM作品を創るだけではなく、ヒットを生みだすところまでリアルにイメージします。

こうした、その先のまたその先にもビジョンがあるならば、オーディションは単なる〝通過点〟に過ぎません。［マインド・ビューポイント］を高く高く引き上げて未来の目標設定をし、それが達成されたその先の未来をも、［イマジネーション］によって設定していきます。そして、それが相手とも「未来形でビジョンを共有する」ということへとつながっていきます。

そのときの私は、オーディションで選ばれて現場にいるのではなく、自ら選んでそこにいるといったスタンスでした。モデルとしての職業の枠におさまることが目的ではなく、その仕事を通して何を伝え表現していきたいのか、社会にどう還元していきたいのか、ということが目的になっていました。それは与えられた仕事の枠内では決して掴むことのできない、人生の本質的な喜びといえるものです。

大きな企業のCMは世界に向けて発信されるので、テレビカメラの向こう側にいる、顔の見えない視聴者についても当然意識しなければなりません。たった15秒程度で見る側の無意識に訴えかけなければならない表現の現場は、相当な緊張感があります。それだけのプロの想いが凝縮されたかなり密度の高い世界です。

人と人の想いや願いがつながって何か一つのモノをクリエイトする。交わる人同士が一つの高いビジョンを共有し、実現させていく体験に、私は大きな喜びを覚えました。私はこの世界に自らの意志で能動的に深く関わることによって、モデルという職業の枠を超え、自らの居場所を得ることができたのです。しばらくすると、スタッフの方々と一緒にいくつかのCM大賞も受賞するまでになっていました。

「マインド・ビューポイント」を上げてビジョンを共有し合うことで、一つの作品が世の中に対し、これだけインパクトを与えられるのだという感動がありました。私が思い描いた何

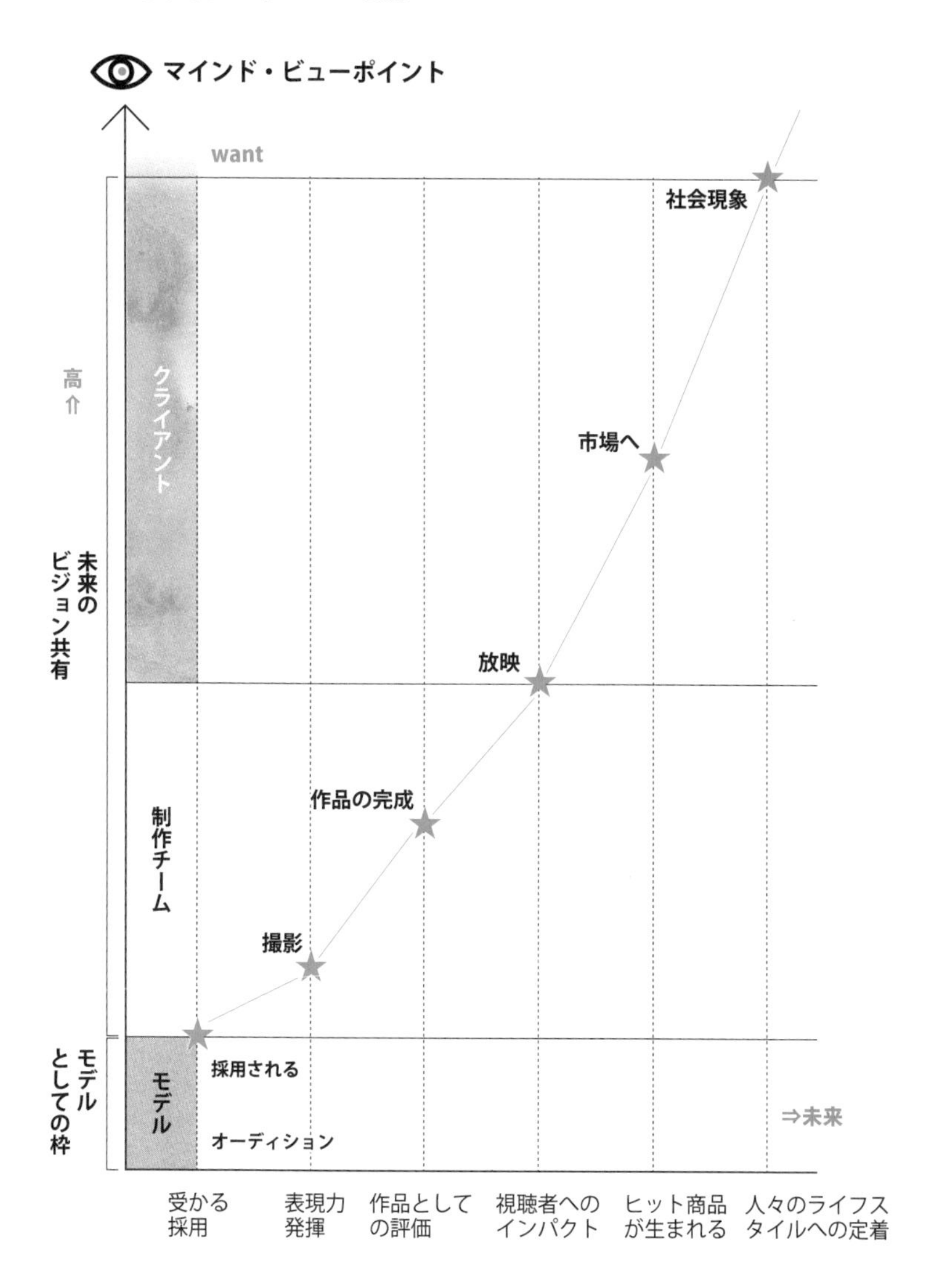

図２　未来へのビジョン共有

かを成し遂げたいという個人的な願望が、より広範な社会的な視点を獲得することへと変化していました。そうすることで、職業や任務といった物理的な世界が定めた枠組みを超えることができます。

あなたをとりまく制約から解かれたとき、あなたは何にだってなれるのです。自分の価値は自分で決めていけるのです。私は現場においてモデルであり、表現者であり、スタッフの一員であり、制作者でもありました。自分が何に値するかは、自分が決めていけばよいのです。**自分がどう在りたいかの意志決定が、未来の自分の居場所を決めていく**のです。自分の「ｗａｎｔ」を社会にどう機能させるのかを「マインド・ビューポイント」を引き上げ、「イマジネーション」を駆使し、他者や社会の「ｗａｎｔ」と結びつけていくこと。そこで生まれる感動は、一人では味わうことのないとても大きなものなのです。

人間の〝生〟を演じる女優という世界へ

それからの私は、「相手が求めている人になればいい」という「マインド・ビューポイント」を高め、表現することの延長線上で、女優としての活動にも意欲的に取り組みました。ファッション雑誌や広告のポスターを飾るモデルの仕事から、人間の〝生〟を演じる俳優という世界へ飛び込んだのです。それは、「見た目」の仕事から、感情という「見えないもの」を表現する世界への大きな転機でした。

「表現する」という意味でいうと、モデルと女優では演じる度合いがまったく異なります。私は、人間の潜在意識でうごめいている「感情」を演じていくことを究めていきたいと思ったのです。

目には見えない人の想いや感情といった「心」を、自分の身体を使って目に見えるカタチにする仕事です。俳優は人間そのものの、それこそ食べること、話すことといった日常的な行為から、生きること、死ぬことといった究極の生の存在を演じるために、内的な表現を磨いていくことを求められます。二次元的な「美」を表現するモデルの仕事から、陽と陰や、善と悪とが表裏一体となっているような、複雑な人間の深層心理をわが身一つで伝えるといった仕事への大きな飛躍だったと思います。

女優の仕事を続けることで様々な人の心を演じ、カタチのない移り変わる心を、自分で創り上げていく力を芝居を通して養っていきました。そしてどんな人格も、「マインド・ビューポイント」を引き上げ、自分の潜在意識と共鳴し合えることで、リアルに感じられることを実感しました。

俳優は一つの役に真摯に向き合って、役の魂（ソウル）を創っていきます。別人格を自分の内側に生みだすのです。それは偽物の自分を演じているのではなく、無限の「イマジネーション」を使って、その存在になりきっていくのです。役をイメージして、自分がその役の魂にどこまで近づけるかが問われるからです。

そのためには、「好き」という感情であれ、「憎しみ」という感情であれ、それがどんな経緯で生まれてきた感情なのか、その登場人物の感情の歴史を創り上げていくことで役に厚みを増し、立体的にしていく試みでもありました。言うなれば「心の設計図」の創造です。そして「重層的コントラスト」といった演技技法で、陽気な人間の中に存在する陰などを表現し、人間の多面性を演じることを追求していきました。

俳優とは「人に非ず、人に憂う」と書きます。人間の様々な情感を演じるためには、その瞬間、自我を失くすことで、役柄に近づくことができます。人間のドラマという一つの世界観を表現するための人格は、非日常の自分でした。それは高い「マインド・ビューポイント」が生みだす、日常の自我から離れた別人格です。人は「イマジネーション」の力によってどんな存在にもなれるのだという確信を、役を演じることでより一層深めていきました。

底知れぬ「潜在力」を引きだす

そんな女優の道に邁進する中で、精神科の医師と、ある雑誌の対談でお会いする機会がありました。その医師は私に「あなたと話していると、素の自分に戻れる。まるで私のカウンセラーですね」とおっしゃいました。そして「あなたの言葉には力がある。それはご自身が実体験として心の世界を理解しているからなのだと思います。うちの心療内科で心理カウンセラーとしてやってみませんか」とお誘いをいただいたのです。

社会においては、多くの場合、人は人を職業や経歴で判断しがちです。しかし、この精神科医は違っていました。相手の「これまでの過去」で人を判断しない、視点の高さがあったのだと思います。私は、その真っ直ぐな言葉に、「私にできることがあるのなら、やらせていただきます」と何の迷いもなくそのオファーを受けたのでした。

私が心理カウンセラーとして最初にお会いしたクライアントは、恋人のドメスティック・バイオレンスにより重度の不眠症に陥っていました。私は、カウンセリングルームで泣き顔ました。

という、強い想いが心の底から沸き上がってきました。私はもはや傍観者でいられなくなり

の彼女と向き合った瞬間、「彼女の笑顔が見たい。そして、今夜ゆっくり眠らせてあげたい」

目の前で揺れ動く壊れそうな心に意識を合わせ、「イマジネーション」を駆使して、彼女の心の奥底に入っていきました。それは、私の魂（ソウル）と彼女の魂が一心になった状態です。彼女のつらい気持ちが手に取るように感じられました。

彼女は、恋人からのドメスティック・バイオレンスを受けて、彼から幾度となく「おまえなんか誰からも愛される価値がない、誰からも必要とされていない」と罵倒され、打ちひしがれていたのです。そこで私は彼女に言葉をかけました。

「あなたの価値は、あなたにしか決めることはできない」と。自分の価値も、在り方も、生き方も、決めることができるのは、他でもない自分だけなのです。そして、誰よりも彼女を必要とし依存しているのは、むしろ彼のほうだと。

「本当のあなたは自由なはず。今までもこれからも、あなたは自分の足で真っ直ぐ立って、誰かに頼らなくてもしっかりやっていける人なのよ」

私が言葉をかけ続けていると、彼女の表情からみるみる影が消えていきました。彼女は自

分の存在を受けとめることで、人生をとり戻し再起したのです。

光を求めて立ち上がる人間の底力を目の当たりにして、私の［want］の想いはさらに強まりました。生身の心と向き合っていくという責任と重圧。ごまかしのきかない素の心と心の真剣勝負。まさに真の自分が試されるといった臨場感でした。

強い［want］によって、［マインド・ビューポイント］が高く引き上がったとき、人は困難な状況にも果敢に飛び込みます。**心の視点が上がり、自分を高みから可視化できると、一切の迷いや恐れの感情は消えていきます。人にどう思われるか、失敗するのではないか、そんなことはどうでもいいことなのです。**それは自意識から離脱した、自他の境界線や、こうしたら得をするといった打算とは無縁のきわめて純粋なものです。内的エネルギーが沸き起こり【マインドのパラダイムシフト】が起きます。クライアントの心に自らの意志で飛び込む瞬間、潜在意識にアクセスされ、日常の私とはある意味ではまったく別の心理状態になれるのです。

あるとき、うつ病と拒食症を何年も患っている若い女性のクライアントに会いました。カウンセリングを進めてしばらくしたある日、彼女はいつになく苦しそうに、

「先生、助けて」

とかすかな声で、私に救いを求めてきました。

そのときの、涙目で私を見つめる切羽詰まった彼女の表情。まさに絞りだしたような命の叫びでした。けれどその沈んだ瞳の奥には、光を求めている強いエネルギーが溢れんばかりでした。どんな苦境においても、人は必ず這い上がる力を潜在的に持っているのだという、人間が持つ本質的な生命力を感じた瞬間でした。そして人間の底知れぬ深い「潜在力」というものを知りました。私はその力を信じたい。そう思いました。そこに根拠なんてものはいらない、私が無条件で信じたいと思えるのは、彼女が潜在意識の中で追い求める光を私自身が感じるからでした。心の闇の中で強く光る、彼女にとっての原動力となる［ｗａｎｔ］を一緒に見いだしていきたいと。

私が彼女を信じるよりも強く、彼女自身が自分のことを信じられる勇気を与えてあげたい、そう強く思ったのです。

それこそが私の［ｗａｎｔ］でした。人々の心と寄り添い、彼らが自分たちの力で走りだすその日まで伴走することが、私のメンタルトレーナーとしての使命だと感じました。そして、それは私が生涯をかけて成し遂げていきたいという［ｗａｎｔ］でもあるのです。

人間というのは決して強くはありませんが、そんなに弱くもないのです。たった一つの言葉が誰かを傷つけ、そしてまた誰かを励ましたりもするのです。どんな状況からも人は必ず光を見いだします。そして人生で光を見失った人に何よりも必要なものは、自分を信じる勇気なのです。

「大丈夫。あなたにはその力がある。信じていこう。光は必ず見つかるから」

この言葉をかけたとき、彼女の表情に安堵の色が浮かびました。

自分の［ｗａｎｔ］に火がついたとき、とてつもない力が自らの内側から溢れでてきます。それこそが潜在意識のエネルギーです。

私はこれまで多くのクライアントとの出会いの中で、自分一人では得ることのできない、心が満たされる瞬間を感じてきました。目の前の心に向き合い、たった一つしかないその心と一緒に、こう在りたいという未来を創っていくこと――その心が劇的に変わる瞬間に立ち会うたびに、今までとは比べものにならないほどの大きな感動を覚えました。心の配線をつなぎ、ときに組み替えていくことで、人生が１８０度反転するほどの変化が起きるのです。

これが【マインドのパラダイムシフト】です。

こうした変化を目の当たりにして、私は、突き動かされる「ｗａｎｔ」によって、自分の果たすべき新たな道への確信を深めていきました。

心の自由をとり戻す

私はこの仕事を始めた当初、誰もがもっと自由な人生を送っていてもいいはずなのに、こんなにも多くの方が、どうして〝心の自由〟を失っているのだろうと考えました。

そしてメンタルトレーナーとして、一人一人のクライアントの心と向き合っていく中で気がつきました。**人が苦しい状況になるのは、自分の「マインド・ビューポイント」、つまり心の視点を上げられず、感情の波に呑まれてしまうからだ**ということを。

感情の波に呑まれると、感情のコントロールが利かなくなって思考と感情、そして言動がバラバラになってしまうのです。「こんなはずではなかった」という不本意な出来事がたくさん起こります。

とくに物事への思い入れが強いときには、こうしたことが起こりがちです。自分の信念にこだわって、「自分はこうなんだ。それを曲げてしまったら、自分でなくなってしまう」といった想いによって、どうしても「イエス」と言えず、自分を貫いてはその代償に何かを失い、そんな自分に嫌気を感じる――。

「こうしたい」と「こうすべき」の狭間で私たちは揺れ動かされます。どんな感情もあなたのものです。手に負えない暴れる感情をそのままぶつけてしまっては後悔し、抑圧してはまた苦しくなるのです。一つ確実に言えることは、心の視点が低くなると生きづらくなる、ということです。感情のこだわりに囚われ、自分の可能性を狭めることになってしまうからです。

私が言いたいのは、生まれてくる感情を抑えつける、ということではありません。心の視点を引き上げて、感情をコントロールするのです。「マインド・ビューポイント」を高めて自らを俯瞰(ふかん)し、可視化していくことで、感情をコントロールすることが可能になっていくのです。

私たちは日常生活を送る上で、低次の物理空間に生きています。いわば、目に見える現実の世界です。三次元空間で生活しているわけですが、人間のメンタルの働きはそこを超えて、さらに高次の情報空間へと拡がっています(図3参照)。

この図の日常次元から上の次元に、「精神的な対話をする」という領域があります。これは超能力の話ではなく、誰でもすでに体験している世界なのです（図4・49ページ参照）。

たとえば、職場の上司との折り合いが悪かったり、上司に叱られたとき、［マインド・ビューポイント］が低く目の前の現実しか見えていないと、言葉そのものに感情で反応してしまいます。その結果、上司に反発して、感情の赴くままに勢いで言い返してしまいます。しかし、［マインド・ビューポイント］を高く引き上げることで心に余裕が生まれ、叱られている自分を高い位置から客観視し、自分の気持ちを俯瞰できた瞬間に感情がおさまることがあります。

そして、上司がなぜ怒っているのかを客観的に見極め、相手と自分の関係性や相手が怒っている背景を読み解き、冷静に応答したときこそ、高い［マインド・ビューポイント］から相手の心の真意を読み取ることができるのです（図5・51ページ参照）。

ここぞというときに［マインド・ビューポイント］をコントロールできるかどうかで、結果が大きく変わってきます。人は感情を持つ生き物である以上、生身の感情は常に揺れ動きます。不安になったり、カチンとくるところまでは、心の構造としてはコントロールできる人もできない人も同じです。ただ、そのときに感情に呑まれるかどうか、相手の気持ちが感

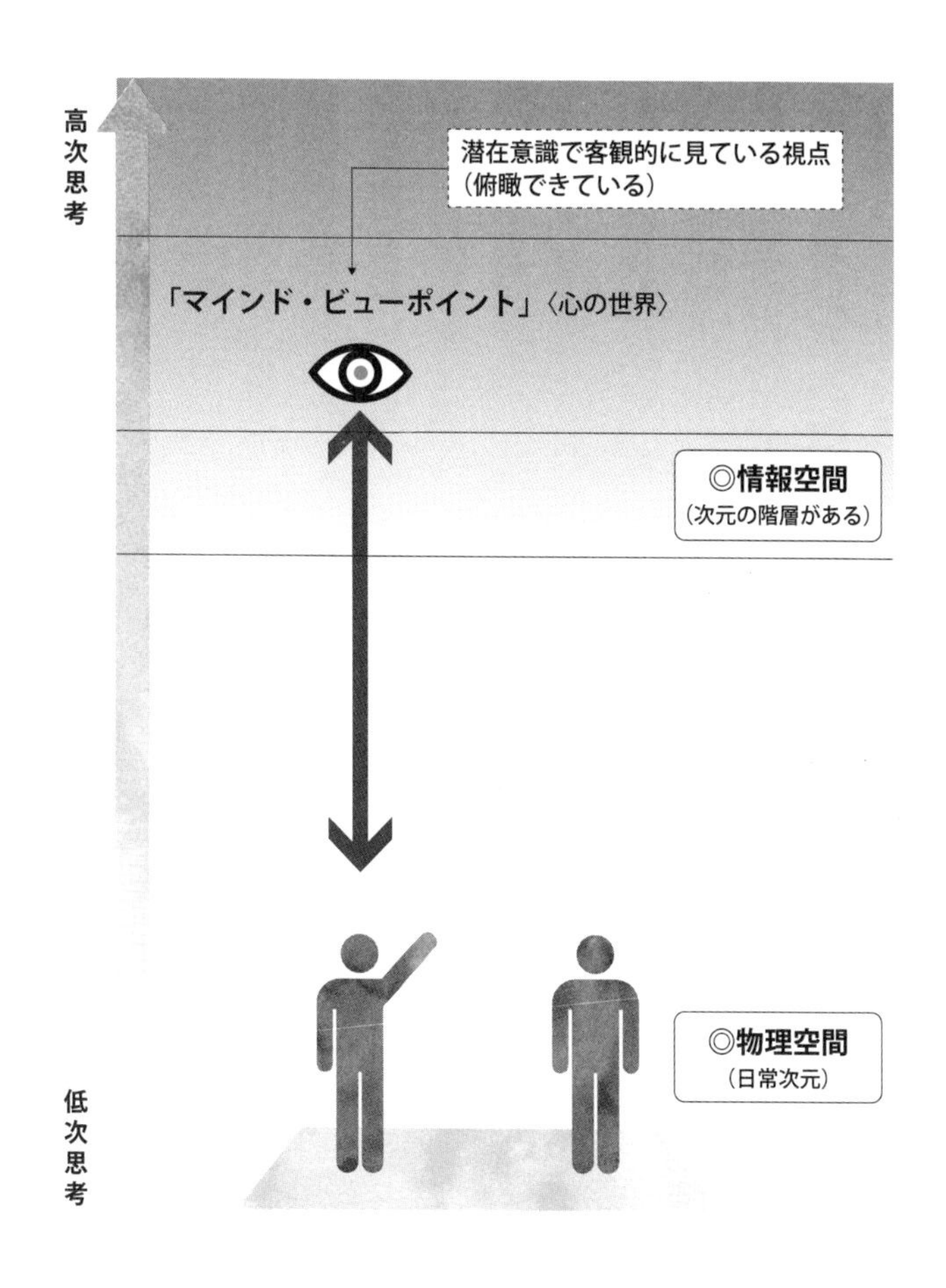

図3　情報空間と物理空間

じとれるかどうかに、コミュニケーション能力の幅が生じるのです。

この高次の心の視点＝［マインド・ビューポイント］を心に余裕があるときだけでなく、ここぞという瞬間にとれるようになることで、心の自由が得られ、パフォーマンスを飛躍的に伸ばすことができるのです。［マインド・ビューポイント］を自由にコントロールできるようになることが、トレーニングの大きな目標です。

相手の［マインド・ビューポイント］を引き上げる

こうして日常の物理次元で生活する私たち人間は、物体として存在する以上、様々な制約が生じてくるのです。たとえば、今すぐ地球の裏側に飛んで行きたい、アフリカのサバンナに行ってシマウマを見たい、などと思ってもそれは不可能です。物理的に移動することもさることながら、社会の規範の中で生きる私たちは、日々の暮らしを目に見えるカタチに沿って営んでいるので、突然、姿カタチ、そして役割や任務などを放棄すること自体に制約が生まれているからです。そういった意味で、日常を送る中で、ときに不自由さを感じ、逃げだしたくなってしまう心理は、ここから生まれているのです。

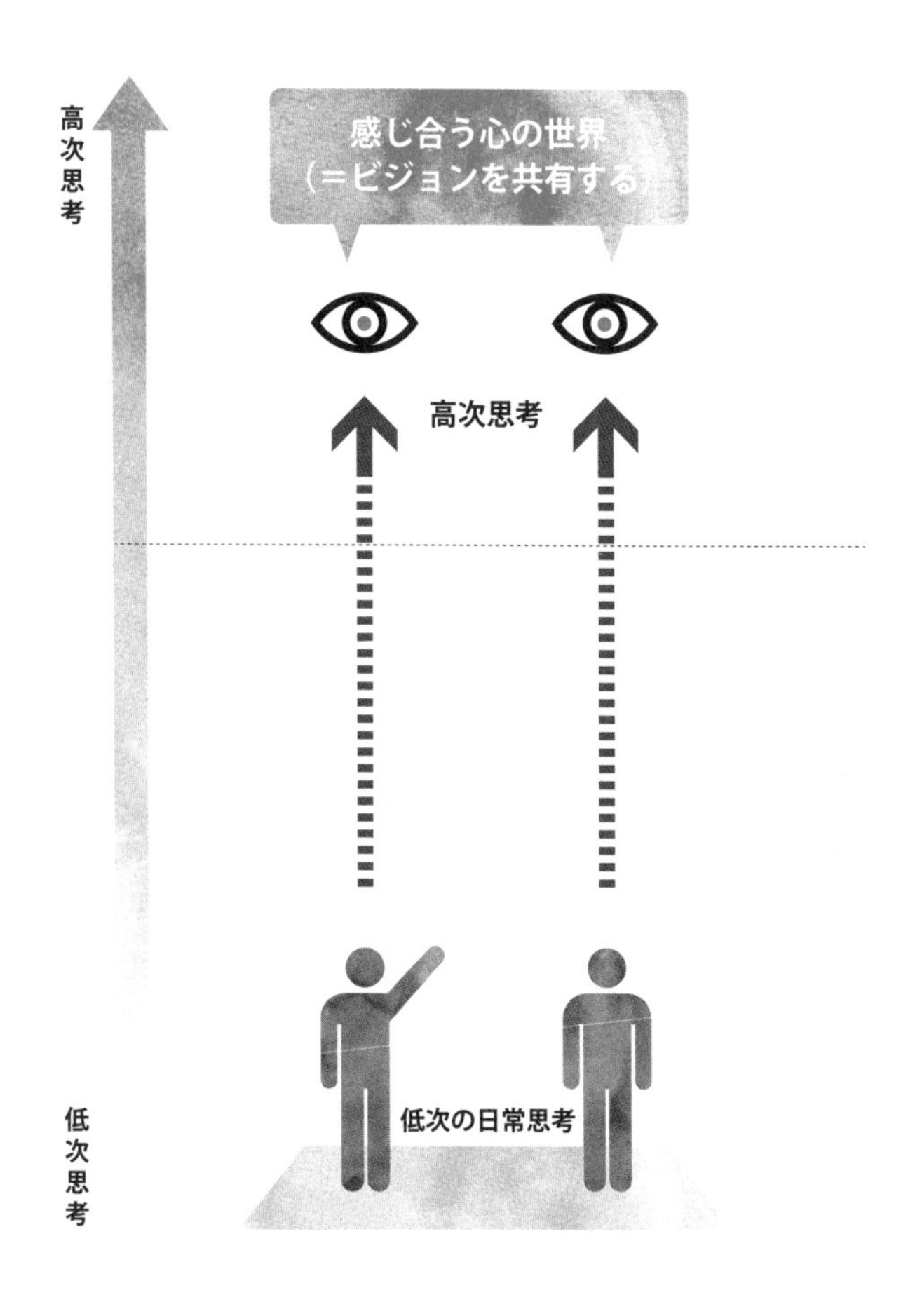

図4　精神的な対話

物理的な世界に限界を感じることは、いたしかたないことなのです。目に見えるモノに価値がおかれる物理空間において味わう喪失感、自分と他者との関わりの中で起こる摩擦などのストレス。愛情や気持ちまでもカタチやモノにしようとすることで生まれる、渇望感や失望感などは消えることはありません。こういった制限のある物理的世界から、私たちを本質的に自由にするために必要なのが、心の視点＝［マインド・ビューポイント］を高次に引き上げることなのです。そしてそれを可能にしてくれるのは、あなたの潜在意識なのです。

人と人とのコミュニケーションの基本は、自分をいかに客観的に受けとめることができるか、心の内側でうごめいている感情を達観的に捉えることができるかどうかにあります（図6・53ページ参照）。

私たちは日常、頭で考えていることと心で感じていること、その両者がバラバラになった状態で言葉を発したり、行動したりしています。その状態では、自分が何を言って、何に傷ついて、何を考えて行動しているのか、それすらも判断が充分にできておらず、先にも述べたような「こんなはずではなかった」ということが起こります。無意識に揺れ動いている感情がコントロールできていないのです。

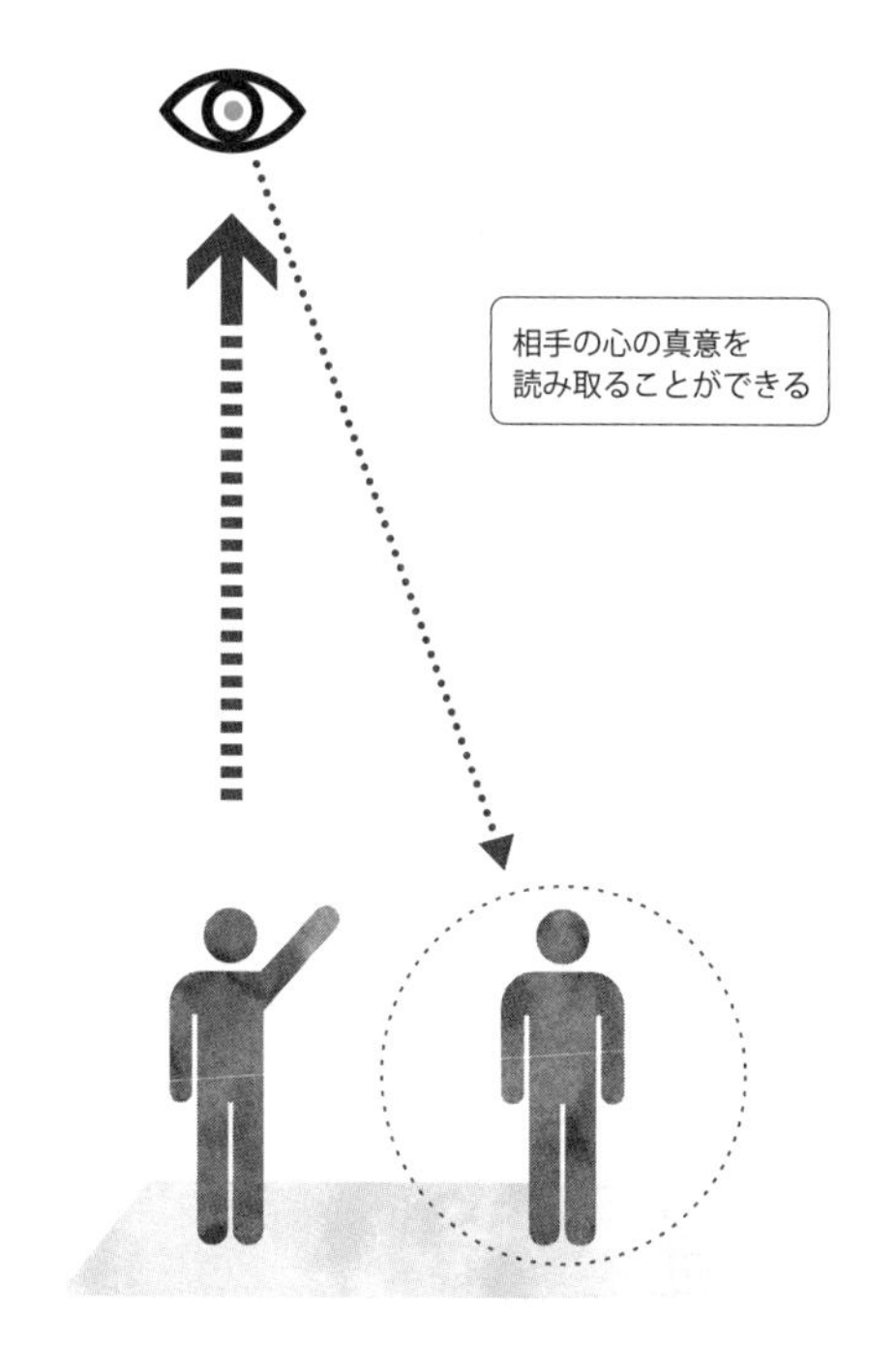

図5　他者との関係

高次に［マインド・ビューポイント］を引き上げると、その視点から自分を俯瞰して見ることができます。感情と思考とアクションを統合して見ることができれば、ここで初めて、私たちは感情をコントロールしながら、なりたい自分、在りたい自分で行動できるようになります。

また、［マインド・ビューポイント］を引き上げることができてはじめて、相手の心に想いを「的確に」伝えることもできます。低次の心の視点にいるときには、相手が感情的になっているのに理詰めで答えてしまって感情を逆撫でしたり、逆に相手が論理的に話しているのに自分が感情論で答えてしまったりします。最悪の場合は、感情と感情のぶつかり合いになります。

私たちが想いを伝え合えない、コミュニケーションが難しいと感じるのは、心の視点が低いからなのです。［マインド・ビューポイント］を引き上げることによって、相手の心が見えてきます（図5・51ページ参照）。相手の言っている言葉やアクションだけでは計れない、相手の感情や真意までもが見えてくるようになります。

また、相手の［マインド・ビューポイント］をこちらが引き上げることもできます。このように自在に心の視点を上げ下げすることによって、心の変革＝【マインドのパラダイムシ

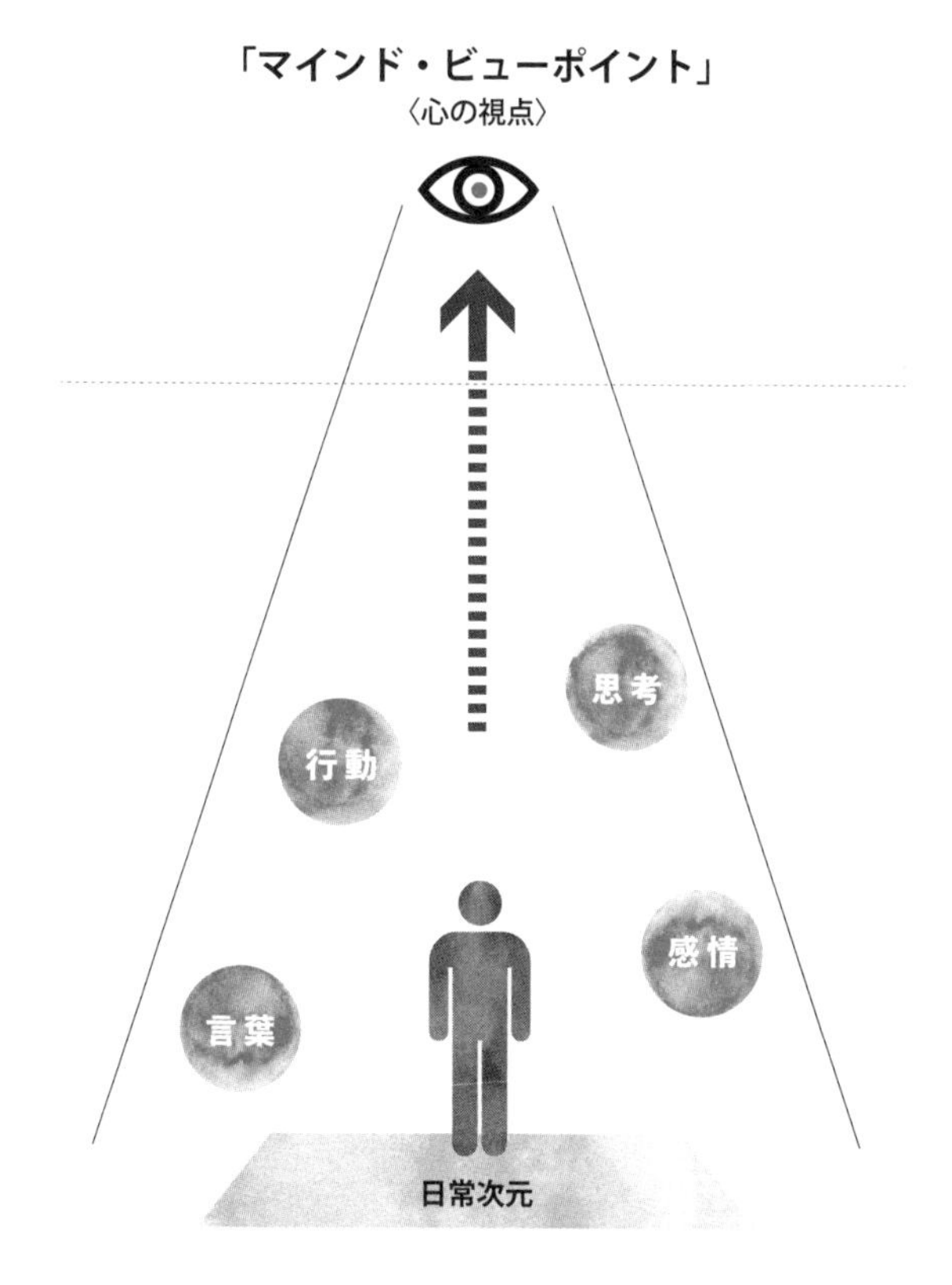

図6　自分との関係

日常生活において感情、思考、言葉、行動がバラバラになってしまうことがあります。
心の視点を上げれば、心と体を統合することができます。

フト】が起こります。互いの心が見えたり感じ取れたりといった奇跡のような体験を得て、瞬時にして高い「ラポール」といった信頼関係をも築くことができるようになります（図7参照）。

それが実現するのは、物理空間に在りながら、高次の情報空間にアクセスし、潜在意識での心の交流を持てるからです。これは、感受性や共感力といった、人間がもともと持っていたにもかかわらず退化させてしまった、言葉に依らない非言語コミュニケーション能力です。マインドの使い方によって、それを引きだしているのです。「マインド・ビューポイント」を引き上げることで、あなたは相手の心を捉えることも、相手の視点を上げることもできるようになります。そして、そうすることであなたの想いを「的確に」伝えることが自在にできるのです。

不可能だったことを可能にする潜在意識のチカラ

私たちには、「イマジネーション」という、持って生まれた能力があります。これは高次の情報空間にアクセスするために必要な、最もベーシックな能力です。「イマジネーション」

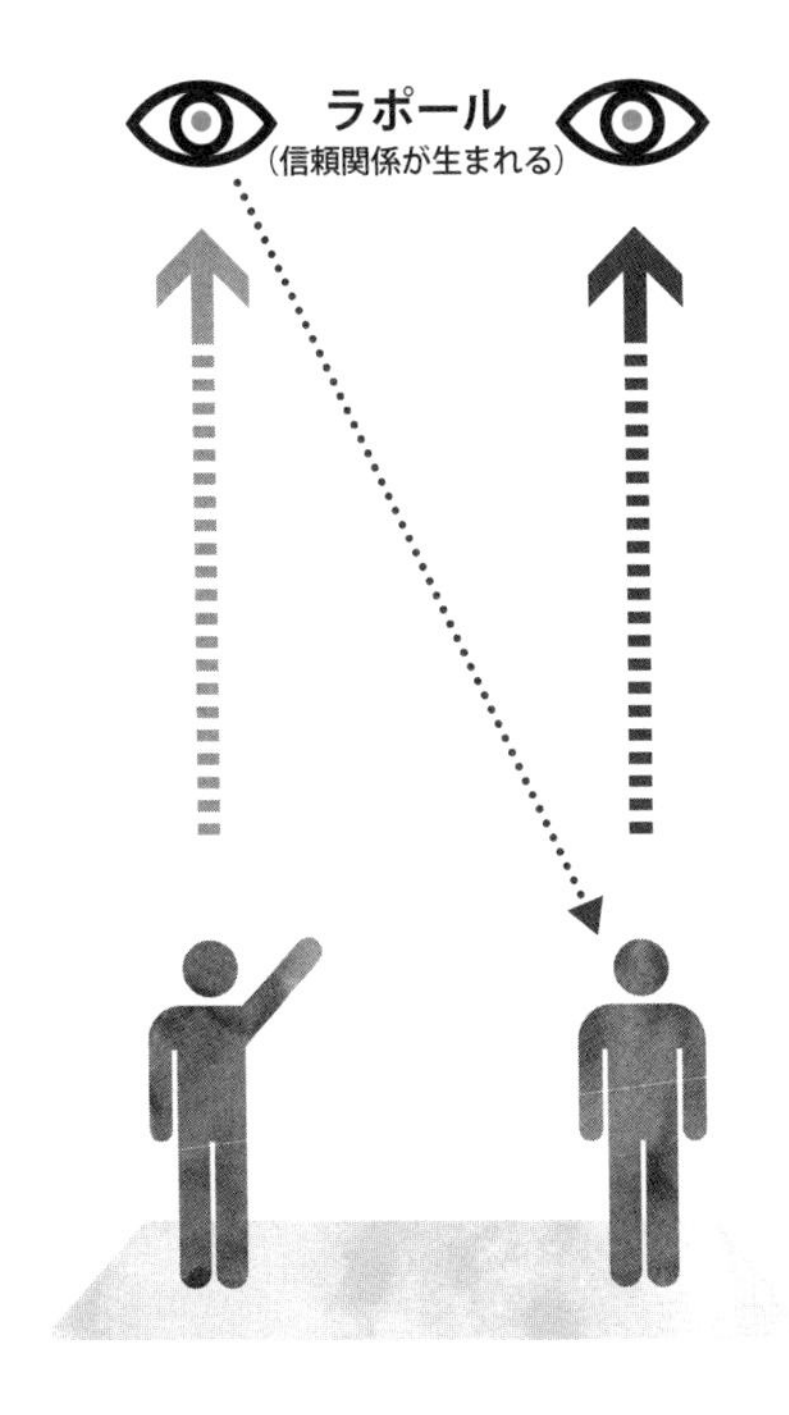

図7　他者の視点を上げる

の力は強く、この力からほとんどすべてのものが創りだされていると言っても過言ではありません。想像が創造を生むのです。

ここぞという瞬間に現れる別人格も、「イマジネーション」によって創りだされています。重大な場面で、素の自分で勝負する人は実はいないのです。高次の「マインド・ビューポイント」で別人格になること――これはどんな人も無意識ですが行ってはいるのです。

成し遂げたい何か、こう在りたい未来のために、普段では出せないようなエネルギーを自らの意志で発揮させることは、どんな人にも可能なのです。それができるかできないかは能力の違いではなく、潜在意識にアクセスできるか否かなのです。

私のメンタルルームに訪れるクライアントの方々は、職業も年齢も、そのバックグラウンドも様々です。アスリートの方もいらっしゃれば、経営者の方もいらっしゃいます。就職活動中の学生、うつ病に苦しむ女性……と実に多様なクライアントの方々に日々、お目にかかっています。その方々の職業やバックグラウンドはほとんどといってよいほど、私にとっては未知の世界です。とうてい自らの知識や経験だけでは対応できるはずがありません。

ではなぜ、初対面であってもそういった方々の千差万別の心と対話できるのでしょうか。それは、メンタルトレーナーとしてクライアントに向かい合っているときの私が、潜在意識にアクセスできているからです。

相手がどんな方であっても、目の前のクライアントの心に確実に寄り添うことが私自身の［ｗａｎｔ］なのです。職業や年齢、性別、社会的評価などの一切の外側の情報に頼ることなく、自分自身の内側にある潜在意識を頼りにしていきます。そうすれば［イマジネーション］と［マインド・ビューポイント］の働きかけで、相手の心は見えてきます。そして相手の潜在意識が求めている［ｗａｎｔ］をも見いだすことができるのです。

繰り返しますが、これは私だけの特別な能力ではありません。要は、即物的に心そのものに向き合うのではなく、［イマジネーション］を働かせ、高次の情報空間にアクセスするのです。

［ｗａｎｔ］の原動力で［イマジネーション］を駆使すれば、［マインド・ビューポイント］が引き上がり、相手の心が手に取るように見えてくるという奇跡の瞬間が必ず訪れます。《マインドの法則》によって、潜在意識が稼働しはじめるのです。これまで不可能だったことを可能にするのは、あなたのマインド次第なのです。

答えはすべて自らの内にある

今日、「行き場のない想い」を抱いて心の居場所をなくし、生きづらさを感じている人はますます増えています。周りを見渡せば、物質的には恵まれている。必要なものは揃っているし、欲しいモノもたいていのものは手に入る。何不自由なく暮らしていける。進学や仕事、恋愛にレジャー、人生を謳歌できる選択肢も大いに拡がっている。しかし、これほどまで豊かでモノが溢れかえっているのに、決して満たされることはないのが現代人の姿です。さらに、なんとも言いがたい喪失感や孤独感に苛まれている人が増え続けています。

なぜなのでしょうか。どうして、これほどまでに心が渇いている人が多いのでしょうか。

それは、人々が目に見える世界=物質の世界にばかり気をとられて、自分の内側に拡がる無限の心の世界、その豊かな世界に目を向けていないからです。

自分の外側の世界がいかに物質で満たされようと、内側に在る目に見えない世界に目を向け、自分の本当の心の声に耳を傾け、そして自分が本来在りたいと思う姿、いたいと思う居場所を自らイメージし、創りだしていかなければ、どうしても外側の世界に振りまわされ、

「行き場のない想い」を抱えざるを得ないのです。

幼い頃の私が、想いのままに伝わらない現実の世界と自分の想いとの狭間で見いだしたのは、目に見える世界に自分の居場所や心の在りかを求めても限界があるのだ、ということです。そして、［イマジネーション］を働かせることで、夢が限りなく自由に拡がっていく心の世界に価値を見いだしていたのです。

高校生のときもそうでした。父親の会社の倒産で、それまで思い描いてきた進路が断たれたときも、突きつけられた現実世界を受けとめつつ、自分の心の内側に在る強い［ｗａｎｔ］、無限の［イマジネーション］、そして［マインド・ビューポイント］を高く引き上げることで、自分の人生を前向きに変えていったのです。

私をとりまく人々の中には、優しい人、親切な人、頼りになる人、愛してくれる人もいます。そして数えきれないほどの素晴らしい出会いもありました。これまでもこれからも、私はそうした多くの人からたくさんのことを学んでいくことでしょう。

けれども本当の意味で自分が試されるほどの逆境に直面したとき、自分を救ってくれるのは、やはり心でありマインドなのだということを私の人生が教えてくれました。

問題の答えは自らの内に在り、自分の外側にはないのです。自分自身の人生である以上、自らの力で解決することが答えなのです。

自らの人生の問いかけに対しては、その答えは誰かに聞くことではなく、他の何かに頼ることでもないのです。そのとき自分はその問いにどう向き合うのかを、自分の生き方も価値も自らの意志で決めていく。そうして自ら決断し動くことで、人生は劇的に変えられるのだということを知りました。


　そして数々の困難な問題を解決し、自らの力で乗り越えていけるのだという法則を見いだしたのです。それは物理的な何かではなく、目に見えるものではなかったのです。私を支えてくれたのは私の内に在るマインド。すなわち潜在意識の力でした。私が人生で確信を得て見いだした法則は、私の内側から生まれたものでした。この法則を私は《マインドの法則》と名付けました。

　私はメンタルトレーナーとして相手の心と向き合う中で、この《マインドの法則》を実践するクライアントの心に【マインドのパラダイムシフト】が起こり、劇的に変化していく様を目の当たりにするたびに、大きな感動を覚えます。そして、この本を手に取ってくれたあなたに何よりも伝えたいのは、人生は劇的に変わるのだという真実です。

それは私が向き合ってきたクライアントの特別な話ではなく、あなたにも起こるのです。自分のまだ見ぬ可能性を信じてください。あなたの中にはその力がすでに在るのですから。

《マインドの法則》を使って、あなた自身が【マインドのパラダイムシフト】を起こし、人生を切り開いていって欲しいと願っています。

第二章

変わりたいのに変われない「心」の理由

これまでどうであったかではなく

この先どうしていきたいのか

「今、自分は一流である」と意志決定する

ここであなたに一つ質問をします。

あなたは今、一流ですか？
そして、あなたは未来、一流で在りたいですか？

この質問は、メンタルトレーニングに訪れるアスリートの方に、最初に必ず伺っている大切な問いです。

人は、現在や未来の自分の姿を、これまでの自分の姿に照らし合わせて評価してしまいがちです。でも、ここで「自分はまだまだ一流ではない、二流に過ぎない」と、あなたがあなた自身の限界を設け、評価を決めてしまうと、未来のあなたもまた一流にはなることはできません。なぜなら、**あなたが決断を下す自分自分への評価が、あなたの未来を創っていく**からです。あなたが「自分は一流である」と意志決定することで、潜在意識はそれに従って動いて

いくからです。

現在の自分が一流であると認められない弱さは、逃げの姿勢を助長します。そして、その甘さは妥協を生みます。また、人は無意識に現状を維持しようともしてしまいます。今ここで自分が一流に値していると意志決定することで、あなたの自由意志のもと、確実に未来は変わり、あなたが望んでいるほうへ向かって動きだします。これが潜在意識のチカラなのです。

あなたが未来に一流であるかどうか。それはあなた以外には決められないことであり、他の誰かに決められるものでもありません。自分の未来は、自分自身で意志決定し、創り上げていくものなのです。

しかし、今現在のあなたが一流であるかどうかは、他人からの評価、これまでの自分の実績によって決められることが多いのです。世の中というのは、「過去」を基準にして「現在」が決まるからです。

たとえば大学受験の際、模擬試験などから算出された偏差値で、あなたの学力は評価されます。志望大学に行きたいと思っても、これまでの成績から検討して受験する学校を決めるように指導されます。親心から、「身の丈にあった大学に行きなさい」と言われたことがある人も少なくないでしょう。それが社会通念です。繰り返し言いますが、その考え方はいたってまともなことです。

しかし、もし**あなたの中に「未来にこう在りたい」という姿があるならば、自分の意志決定により、その未来を現実のものとすることが絶対にできる**のです。つまり、あなたの未来は、あなた自身の意志決定によって変わりはじめるのです。

あなたの過去が未来を決めるわけでは決してなく、あなたの今現在の意志があなたの未来を決めるのです。

未来に働きかけるメンタルトレーニング

トレーニングにおいて私が何より大切にしているのは、クライアントが「これまでどうであったかではなく、この先どうしていきたいのか」ということです。

人は過去の自分に囚われてしまっていると、どうしても、未来のポジティブなイメージを抱くことができなくなってしまいます。

たとえば、過去に大きな失敗をしてしまい、またその失敗のために恥ずかしい思いをしたといった記憶が残っていると、その過去の記憶が支配的になり、現在そして未来の自分の姿までをも規定してしまうのです。こうしたことから「ここぞ」というときでも、過去の失敗が尾を引き「また失敗してしまうかもしれない」と萎縮してしまいます。成功したいではなく、「失敗してはいけない」といった指令を脳は出してしまうからです。

潜在意識は否定形を感知できません。「失敗」という概念だけ強まってしまうのです。その結果、良いパフォーマンスに結びつかなくなっています。そして、こうしたネガティブな失敗体験ほど、強烈に本人の中に残ってしまいます。潜在意識にあるマイナスの自己イメージによって、このような不本意な無意識の行動を表出させてしまうのです。

時間の流れを「未来↓現在↓過去」と捉え直す

人は時間が過去から未来へと流れているという固定概念に大きく影響されています。多くの人が変わりたくても変われないのは、「過去の自分が現在の自分を創り、現在の自分が未来の自分を創る」と考える傾向が色濃く反映した結果です。根本的に思考の転換をしなければ、人生を変え、未来を創り上げていくことは難しくなってしまいます。

図8（69ページ参照）を見てください。右側に矢印があります。
今この瞬間は、一時間後には過去になります。そして一時間先の未来も、一時間経てば現在に移行します。そのように時間を捉えてみると、未来から現在、そして現在から過去へと時間が流れていると感じられるはずです。現在のこの瞬間も、もう一秒後には過去になるのです。

このように、未来から現在、現在から過去へと時間が流れる様相を、強くイメージしてみてください。そして、いかに自分が過去に縛られて、未来に怯えているかを、意識の中で感じとってください。

人は、どの時点にリアリティを持つかによって、心の状態が変わっていきます。たとえば、過去にリアリティを持つと心の状態は停滞してしまいます。現在にリアリティを持つと、今この瞬間にやらなければいけないことばかりに追われ、心は余裕のない状態です。

それでは、**未来にリアリティを持って、あなたが未来において達成したいと思っていること、こうで在りたいという姿を思い浮かべてみてください。**高揚感を覚えはじめるはずです。

何よりも心が解放され、自由な状態になります。**過去や現在の時間に制約されなければ、これから自分の人生がどのようになっていくか、本当はどうなりたいのかという、「未来志向**

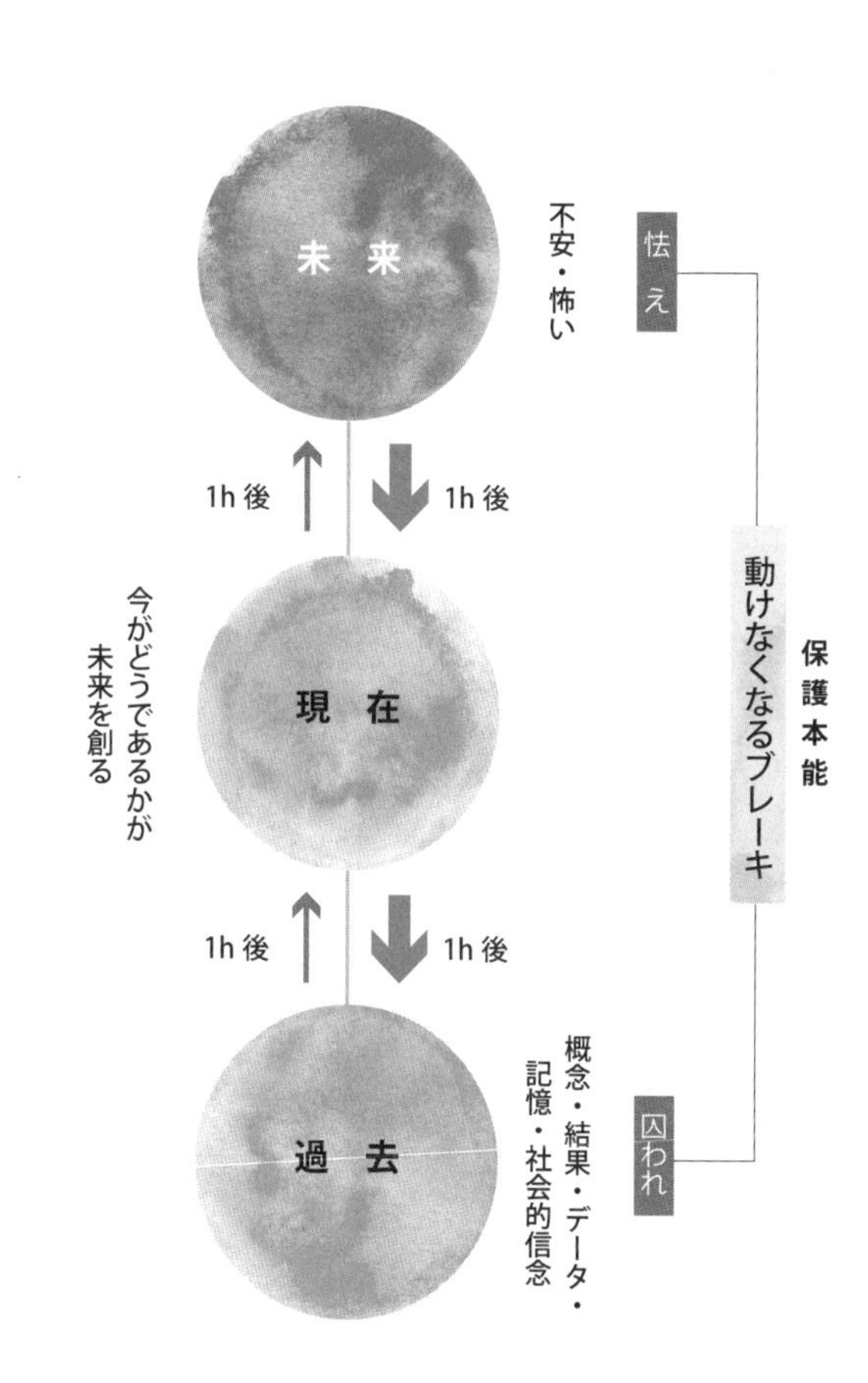
未来
不安・怖い
怯え
1h後
1h後
現在
今がどうであるかが
未来を創る
動けなくなるブレーキ
保護本能
1h後
1h後
過去
概念・結果・データ・
記憶・社会的信念
囚われ

図8　時間の概念

型の心」の状態になっていきます。

わかりやすい例を挙げると、野球の外野手のファインプレーの瞬間のイメージです。とくにダイビングキャッチをするようなファインプレーの瞬間、選手の身体は飛んでくるボールに無意識に反応して、ボールをキャッチできる最短の運動距離、絶妙のタイミングで動いています。それは未来を予測し、そのポジションに身体がすでに反応しているからです。ボールが飛んでくる軌道やだいたいの位置がイメージできているのです。

それは内的イメージが描けているかどうかにかかっています。自分の〝魅せ場〟を創りたいと、早く自分のところにボールが飛んでこないかと待ち構え、どんなふうにキャッチしてやろうか選手が思い描いているからです。ここで選手にとって見えているイメージは、ボールをキャッチしている自分の姿、つまり未来のみです。

逆に未来をキャッチするという心構えがなければ、「今ここ」で瞬時の反応はできません。飛んできたボールに慌てふためき、対処に追われてしまいます。捕り損ねて落としたボールをじっと見つめていても、何も始まりません。それどころか、なぜボールを落としてしまったかといった過去に囚われていては、次にやってくるボールを見逃してしまうこともあるでしょう。

未来からの情報を意識している、未来からやってくるものをキャッチしていくという心構えを持つことが、その瞬間瞬間における人生の問いに対して応答していくということなのです。すぐに反応できる人とは、常に飛んでくるボールを捕球するイメージをして、その構えをしている人のことです。

たとえば、ダンスにしても、音楽や相手の動きに合わせようとしたら、実際の動きの前に、意識が未来に反応していなければワンテンポ遅れてしまい、いつまでたってもリズムが合いません。音楽や相手の動きに合わせるためには、音楽を耳で聴いてからではなく、イメージの中でその音楽を内側に取り込み感じることで、自らのリズムやテンポに合わせていくといった能動的な心構えが必要です。そして自分がダンスしながら、相手の反応を予測するイメージがあるからこそ、相手とのベストな間合いが生まれるのです。

こうした行動は、すべて「未来から現在、現在から過去という時間の流れ」を意図的に意識することで可能になります。同様に、未来にリアリティを持って行動するということは、これからあなたの前に不意に現れるチャンスやターニングポイントを逃さず掴んで、ファインプレーをするために重要な思考となるのです。

《マインドの法則》と脳の関係

時間の観念と人間の持つ潜在能力の可能性について、《マインドの法則》に従って述べてきましたが、脳機能の分野でも驚くべき発見がされています。それについて、実例を通じ理解を深めていきましょう。

なぜ私たちは、時間が「未来から過去へ流れる」という発想を持ち得ないのでしょうか？その答えは、実は左脳にあるのです。

ハーバード大学のジル・ボルト・テイラーという脳科学者は、脳卒中による左脳機能停止から過酷な闘病体験を通し、時間の観念と左脳と右脳の働きの役割について新しい発見をしました。

氏は、自分の脳の復帰プロセスを観察し、綴った著書『奇跡の脳』で、「左脳が機能障害を起こすと、右脳にはまったく時間の感覚がない」と論じています。これは《マインドの法則》である「時間的概念は人間が生みだしている」という定義と一致するところがあります。

テイラー博士の左脳機能が停止したことにより、失ったのは時間の観念です。正常な脳を持つ私たち人間は、いかにその左脳の働きである時間的観念に支配されているかが理解できます。つまり、日常生活において私たちが「時間は未来から過去に流れる」というイメージを抱きにくくしているのは、この左脳の仕業であるといえます。

また、博士は左脳を失うことで「不安がなく安らぎ感に満たされる」「右脳だけになったとき、他人との区別がなく、あなたも私も一つで、自分のいる周りの空間とも自分は一つに溶け込んでいた、そしてこの上ない至福の中に浮かんでいた」と述べています。

このこともまた、《マインドの法則》でお伝えしているメンタルの状態に等しいといえます。それは、「マインド・ビューポイント」を高めていくと「物理的空間での様々な囚われから、解き放たれる」ということです。テイラー博士が経験した、これまでにない楽で自由な心の境地をはばんでしまうのは、正常な脳を持つ人間自身といえるのです。

脳が心をいかに不自由にしているかが、左脳を失うことによって証明されたのです。つまり、私たちは自由を本能的に拒んでしまう生き物であるといえます。

自信には根拠があってはならない

人間は本来、自信を持てない生き物です。時間的概念を支配する左脳の働きによって、どうしても過去の自分に現在の自分を求めてしまうからです。未来を変えるためには、メンタル面に働く、その本能的な機能を抑える必要があります。その際に何よりも大切なのは、「根拠のない自信」を持つことです。いかに多くの人が「根拠のある自信」を創ることに人生の多くの時間を費やすことでしょう。ここで伝えたいことは、「自信には根拠があってはならない」ということです。

多くの人が、1＋1＝2というように、一つ一つを積み上げていくことで目標を達成すると考えています。しかし、そうやって一つ一つ積み上げていったとしても最後で崩れてしまったときには、これまでのすべてが失われてしまいます。「根拠」とはもろくも崩れ去るものなのです。たとえ99回成功したとしても、たった1回の失敗により、それまでの努力も自信もすべてが無に帰してしまう。人生とはそういうものです。

しかし、実際、あなたが人生において望むものは、99回の根拠ではなく、その次のたった

1回の成功なのではないでしょうか。

たとえ99回失敗しても、最後に成功すれば、それまでの失敗は単なるプロセスに過ぎず、成功のために必要な経験だと捉えることができます。これは誰にとっても当てはまる真実だと思います。一つ一つの結果が成功か失敗か、どう受けとめるかは、あなたの捉え方次第なのです。

極論を言ってしまえば、あなたが目の前の現実をどう捉えるかは、他の誰でもなく、あなた自身で決めていけるのです。

人生において根拠などいりません。根拠とは過去に求めるものです。根拠を求めてしまえば、過ぎ去った過去に囚われ、これから来る未来に不安を感じ、立ち止まらざるを得なくなってしまうからです。過去の自分に囚われて、自分に限界を創り、守りに入る生き方では、決して未来を変えることはできないのです。

新しい挑戦やまだ経験がないことについて、あれこれと自分の過去の評価を基準に決断することは無意味です。ただ、「これをやったら上手くいかないかもしれない」と不安感を煽ってしまうだけです。

要は、本来の意志決定において大切なのは「できるか／できないか」ではなく、「したいか／したくないか」なのです。あなたの［want］が大切なのです。［want］＝「未来の自分はこう在りたい」と強く思い描くこと。アクションを起こす際の原動力となるのは、「できる」という根拠ではなく、「こうしたい」「こうなりたい」という［want］なのです。

「自分を信じる勇気」を持つ

「自分を信じる勇気」が、あなたの未来を変えます。人生におけるターニングポイントや、大きなチャンスが巡ってきたときに、「もう、これで絶対に大丈夫」といった太鼓判を押せるような根拠が生まれることを待っていたら、確実に乗り遅れてしまいます。自分に**「できるか／できないか」ではなく、自らの［want］に従って勇気を持って飛び込んでいくことが大切**なのです。

私の場合もそうでした。高校生のときに名古屋から上京し、モデルの仕事を始めたときも、女優の仕事を始めたときも、そして精神科の医師に促されて心理カウンセラーの仕事に就いたときも、根拠があって始めたわけでは決してありません。

そして、もう一つ確実に言えることは、目の前のチャンスを逃してしまったら、もう二度と同じ席はないということです。

これはモデルや女優という表現の世界、発明家やクリエイターといった例だけではなく、会社組織に属しビジネスの世界で働かれる方々にも、日夜、自分と闘い、自分を超えていくという心構えにおいてはまったく同じです。

以前、私がモデルの仕事をしていたとき、当時は週に10本から20本のオーディションを受けていました。まさに一期一会の現場でした。よく、芸能界では「『また』と『お化け』は出ない」と言われていますが、「二度巡り会ったチャンスをものにできなければ、二度目はない。『またいつか』はない」のです。

このような世界では、一瞬一瞬が、常に「根拠を待たずに」飛び込まなければならないことの連続なのです。私が人生のターニングポイントで、人間心理という新たな分野の仕事でも躊躇（ちゅうちょ）なく飛び込み、人生のシフトチェンジができたのは、何か特別な能力を備えていたわけでは決してなく、その瞬間に根拠を求めず、自分の「want」に従って決断する勇気があったからなのだと思います。

人に認められるのを待っていたら、そして、自分が自分を認められる根拠を待っていたらもう遅いのです。何よりも「自分を信じる勇気」を持つことです。

意識の世界では、人は何者にでもなれます。自分はこう在りたいと思ったら、想像の中ではあなたのなりたいあなたになれるのです。「想像」があってはじめて「創造」を生むことができるのです。その過程を私は「イマジネーション」と呼んでいます。その「イマジネーション」があなたの無意識に働きかけることで、価値観や心の在り方を劇的に変化させる【マインドのパラダイムシフト】が起きるのです。

「想像が創造を生む」有名な例として、トーマス・エディソンが挙げられます。彼の有名な言葉に、「天才は1％のひらめきと99％の汗」があります。少年時代の「なぜ？」という好奇心の追求から、この1％のひらめきは生まれ、彼は生涯をかけて１３００もの発明をしました。それは「あったらいいなをカタチにする」といった「ｗａｎｔ」、「イマジネーション」が彼を発明王と呼ばれる人物までにしたのでしょう。

【マインドのパラダイムシフト】を引き起こすには、私たちは未来に対して、いかにリアリティを創っていけるかということが重要な課題となります。決してやさしいことではありませんが、あなたの心に〝負荷〟をかけてみるのです。私も実践しています。自分に負荷をかけると、潜在意識からワクワクするような未来のビジョンが湧いてきて、それを掴みたいという原動力［ｗａｎｔ］に突き動かされていくのです。

しかし、やりたいこと、好きなことを行っている人と、仕事を単なる労働としてやっている人では、原動力となる「行動動機」に大きな違いがあるかもしれません。

重要なのは、なりたい自分のイメージを強く、そして鮮明に抱くことです。「今すぐにでも変わりたい」という内的動機である［ｗａｎｔ］の原動力が、潜在意識を動かしはじめます。さらにそのイメージをビジュアル化するように［イマジネーション］を駆使して、自分がこうなりたいという未来の自分像を思い描き、「未来の記憶」を創っていきます。

この［イマジネーション］の限界が人間の能力の限界なのです。［イマジネーション］の世界は、過去でも現在でもない、未来の自分像を描ける、きわめて自由な世界です。「根拠のない自信」を持ち、その「自分を信じる勇気」を持つこと。そして自由に想像力の翼を羽ばたかせながら、未来の自分が在りたいイメージをどんどん強化していくのです。

自らが望む未来を心に強く思い描くことで、現在のあなたまでも、大きく飛躍させることができるのです。

ホメオスタシスの作用と「メンタルブロック」

変わりたいのに変われない「心」には、もう一つの理由として「ホメオスタシス」（恒常性維持機能）の働きがあります。ホメオスタシスとは、体温など身体の状態を一定に保とうとする働きです。この機能がメンタルの面でも働くことで変化を拒むのです。

人間は環境の変化に応じ、体温を調整し一定の体温を維持する働きや体内機能の調節を行います。たとえば、慣れない状況や過度のプレッシャー、緊張に遭遇すると心理的な抵抗が働くのはこの仕組みがあるからです。その場から逃げだしたくなる、萎縮してしまう、またあがってしまうなど、ドキドキするような状態が現れます。危機的状況であると人体は判断し、平常心に戻そうと機能が働きだすからです。

未来はこれから何が起こるのかわからず、当然、不安を感じます。未知のものや変化を恐れる心理は、人間が自分を保護しようとする本能に他なりません。たとえば熱い炎に触れてやけどをしたら、次に燃えたぎる炎を見たときには瞬時に恐れを感じ、「そこには近づかないほうが安全だ」といった危機から身を守る生命維持の本能と同じです。

過去の自分に囚われ、未来を恐れて保守的になってしまうのは、前述した時間についての固定概念や、こうしたホメオスタシス、生存本能といった人間が本来持っている性質に起因しているのです。このように無意識に起こる機能的反応を「メンタルブロック」と言います。

そこで、私のトレーニングでは、無意識の中で恐怖や不安といった抵抗に働く、様々なメンタルブロックを外すことを行っていきます。

たとえば、人が持っている「自分はこういう人間である」という自己イメージもそうです。人はそれぞれ〝自分らしさ〟という自己イメージを持っています。日常生活の中で、自己イメージから外れた扱いを他人からされたり、自分らしからぬふりをすることで、人は居心地の悪さを感じてしまいます。人間は自己イメージの振り幅の範囲内で生きていくのが「心地よい」と、潜在意識のレベルで判断しています。この心地よい範囲にとどまろうとするのは、「ホメオスタシス」が働くからです。

しかし、あなたの抱くその自分とは、いったい誰が創りだしたものなのでしょうか。**今あなたが持っているその自己イメージは多くの場合、親や友人、周囲の期待や要請によって創られています。そして、他者が求めるイメージであるそうした自己イメージは、あなた自身が創りだしているのです。**あなたは他人が求めるあなたらしさの要請に従い、演じ続けてきただけなのです。

そうして人は、自分のイメージを限定してしまい、潜在意識に在る自分らしさをキープしようと無意識に振る舞ってしまうのです。いつもの自分と隔たりを感じると居心地が悪くなり、元の自分に戻ろうとする力が働くのです。

図9を見てください。たとえば図のAさんの自己イメージはプラス領域をキープしていますが、Bさんはマイナス領域をキープしています。これは、それぞれが自己イメージの領域内におさまるようキープしようとするホメオスタシスの働きによるものです。このように自己イメージは本人の潜在意識が創りだしているものなのです。

たとえば、かけっこが速い子供は小学校の卒業までリレーの選手だったりします。自分の足が速いという自己イメージは、先生やクラスメイトたちが抱いているイメージを無意識に感じ、本人が自己イメージとして持っているからです。「給食を食べるのが速い／遅い」「絵が上手い／下手」「計算が速い／遅い」「いじめっ子／いじめられっ子」「テストの成績が良い／悪い」など他者との比較から自己イメージを限定していきます。プラスイメージもマイナスイメージもそうです。そうやって自分の能力を限定していくのです。そして抱いたイメージが時間の経過につれて、過去の記憶として潜在意識に刷り込まれていきます。

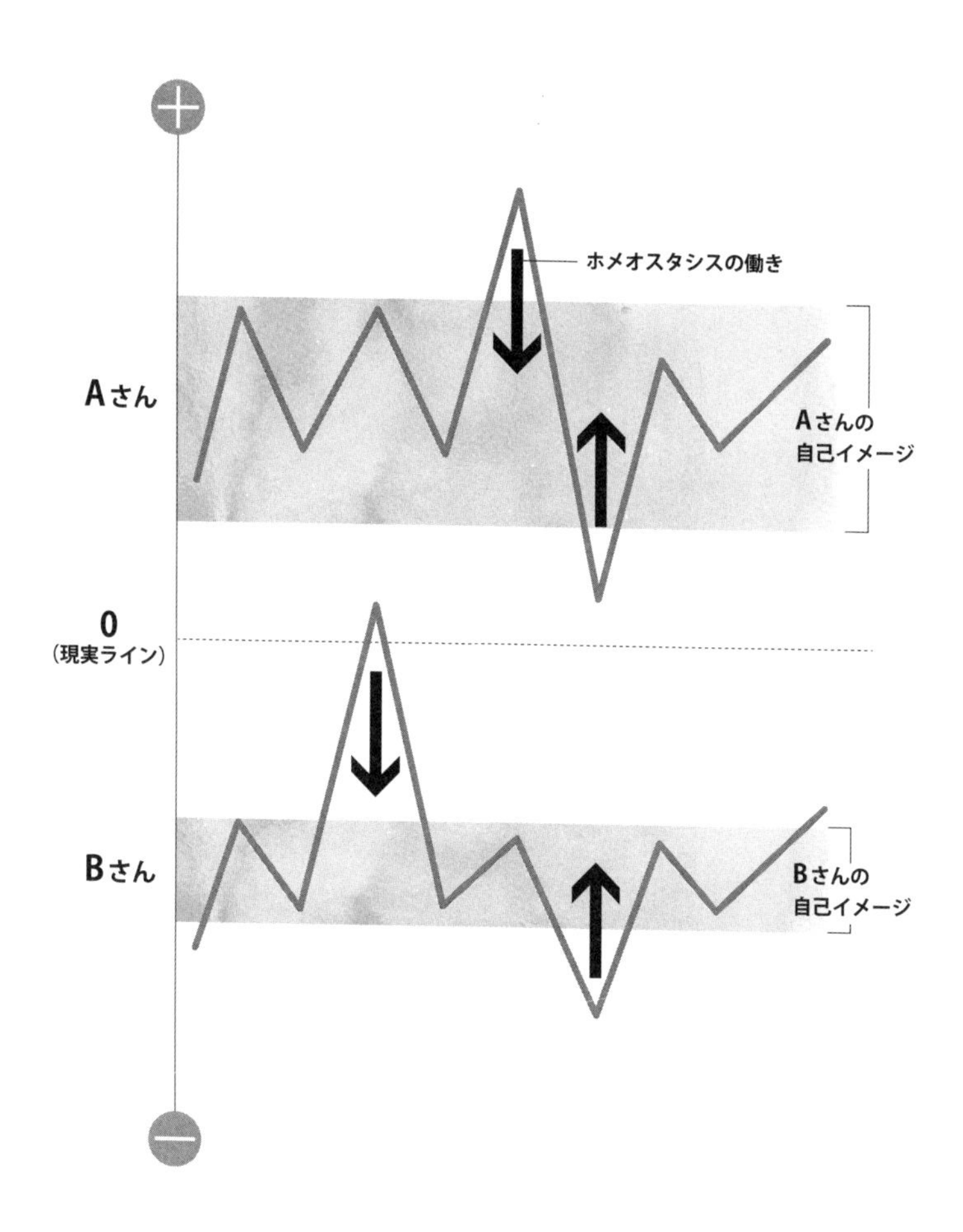

図9　ホメオスタシスの働き

もちろん自己イメージは自分で変えられるのですが、変えにくくさせているのはホメオスタシスの働きです。それは人間が持つ本能なのですから、いたってまともな現象といえます。このホメオスタシスという保護本能によって強いブロックがかかった状態から、《マインドの法則》を用いるメンタルトレーニングによってメンタルブロックが外れていくと、心の中に劇的な変化をもたらすことができるのです。

「こう在るべき自分」から「こう在りたい自分」になる

私たち人間は物理空間において他者と関わり、変動する社会に存在しています。それゆえ、どうしても自分の外側にある判断基準によって行動しがちです。そうした中で他人軸（他者が生みだした価値基準や社会通念）に振りまわされず自分軸（他者に頼らない自分の内にある判断基準）を持って生きようとすると、どうしても生きづらささえ感じてしまいます。

私たちは、幼少期から枠からはみでることを禁止され、人並みであることを求められ教育されてきました。自分の意見を言うことは、時に疎外感を味わい、敵をつくることにもなりかねません。そして、あたかもそれが大人になってから身につけた社会的スキルであるかのように認識されがちです。

でも、考えてみてください。あなたがこう在るべきという価値判断はいったい誰のものなのでしょうか。あなたがこれまで何も疑わずに信じてきた判断基準とはなんなのでしょうか。真の自分が求める判断基準というものは、あなたが自分自身と向き合うことではじめて見えてくるのです。

だからこそ、あなたの中にすでに存在している潜在意識を使うのです。あなたがなりたい自分を本気でイメージすること、そして心に変革＝【マインドのパラダイムシフト】を起こすことで、自分の人生の主導権を取り戻すことができるのです。

物理空間でどうにもならなくなって壁にぶち当たっても、あなたにはまだ残り90％以上もの力があります。人は皆、自分らしさという『自己イメージ』を持っています。そしてそれは、外側の誰かに創り上げられたものであることが本当に多いのです。その自己イメージを大切に無意識に守っているのは、誰でもなくあなた自身です。「こう在るべき自分」から「こう在りたい自分」になるために、あなたの心は創ることができるのです。

Aさんに起きた【マインドのパラダイムシフト】

ここからは実例として、《マインドの法則》により過去の捉え方を変えることで、自分の中に新しい人格を生みだし、劇的な効果を発揮した方のお話を紹介したいと思います。

20代後半の女性Aさんの例です。

彼女の悩みは、就職しても数カ月で辞めてしまい、これまでにアルバイトも含め20数回、転職を繰り返していることでした。新しい仕事を始めるたびに、もう職を転々とすることはしたくないと思うのですが、毎回長続きしないのです。そんな自分に嫌気がさして、トレーニングを始めたのです。

「高校を出た当時は、美容師を目指していたんですね？」

「はい。なんとなく美容師っていいなと思って専門学校に入ったんですけど、けっこう面倒くさかったんです。やらなきゃいけない課題が多くて、嫌になって辞めちゃったんです」

「そうなのね。次はアパレルに転職したのね？」

「好きなブランドがあって、そこの店員をやりたいと思ったんです。でも、店員同士の人間関係になんだか疲れて、居づらくなって辞めたんです。次もまたアパレルつながりで転職したんですが、接客よりも事務のほうが一人でやれるからいいかなと思って……。なんか私って、壁につき当たるといつも逃げてしまうんです」

「逃げてしまう……自分のことをそう捉えてきたのね」

「はい。いつもそうでした」

「でも、それって本当？　過去の経歴として職を転々としたことは事実かもしれないけれど、その事実をAさんが『逃げてきた』と捉えてきたということですよね？」

「え？　…たしかに、そうですけど……」

「では、美容師から転職してアパレル業界に入ったことを、たとえばこういうふうに捉え直したらどうでしょう？

美容学校に入ったのは『なんとなく』ではなく、『人を美しくしたい』『人間が持っている美を追求したい』という強い使命感で、Aさんは本気で美容師を目指したの。でもプロフェッショナルを目指して全国から集まってきた美容師の卵たちに囲まれながら、これまでにない刺激と同時に自分の実力も思い知ることになる。Aさんは真剣に向き合ったからこそ、どんなに磨いても太刀打ちできない手先の器用さや、ハサミに表現を託す才能の違いを認め、早い段階で心を切り替えた。そして、自分は別の方法で美を極めたいと潔く自分の意志で決断を下した。

いったん決断を下したら、『美を追求したい』という意欲が以前にも増して高まってきて、Aさんは次にファッションの世界を目指すようになった。流行を発信するアパレル業界に入って、まずはショップで顧客に接する現場を経験したいと考えた。それから、店頭販売だけでなく事務や経理などの業務も経験することで、この業界の流通やお金の流れ、経営の仕組みまでも一通り学んできた。そしてますます人をキレイにしたいという想いは強まっていった。流行やマーケットを読むスキルも磨くことで、ユーザーの求める価値を創り上げ、人々に発信していきたいという探究心が高まってきた。こういう履歴はどうかしら?」

「すごい、カッコいい～！　まったくブレてない。この人、本当にビジョンがしっかりしてる。私とはまったくの別人格だけど、先生の話すストーリーで、この人が生きてきた人生をイメージしながら自然と感情移入していて……。そしたらなんだか驚くほど抵抗なく、自分のこれまでが本当にそうだったんじゃないかという気がしてきちゃいました」

「そう、そこなの。聞いているうちに、感情が動きだして、ワクワクしてきたでしょう。それがAさんが無意識に求める、なりたい自分なんです」

「はい。決断力のある自分。揺るぎない信念があって、すべて、自分の意志で決めてきた人。自分とはほど遠いけれどもの凄い憧れます」

「今、**私が創り上げたその人格は、履歴書に記載する事実は一つも変えずに、ただそのときの**Aさん**がその事象をどう受けとめて、どんな意志決定をしたかを変えただけです。過去、起きたことへの捉え方を変えたのです。**これから始める就職活動に向けての理想の人、採用側が求める人材のイメージと重ね合わせたのです。それこそが今のAさんの［want］だからです」

「本当ですね。なんかもう過去の自分が逆にわからない感じになってます。不思議だけど、もう私このなりたい自分にぜんぜん違和感ないというか、むしろなりきってるかも（笑）。今すぐ面接を受けたい気分になってます」

「そう、それが潜在意識のチカラなんです」

　トレーニング中、Aさんとこうして対話を続けているうちに、彼女の表情はみるみる変化していきました。なんとも自信なげで浮かなかった表情がパッと華やいで明るくなり、言葉遣いさえも変わっていったのです。つまり、Aさんは「なんとなく」就職しては辞め、転職を繰り返してきた女性ではなく、もうその時点で、自分のビジョンをしっかり持ち、そのビジョンに応じて一歩一歩着実に意志決定をし、行動してきた一人の女性へと変貌を遂げていたのです。これがAさんに起きた【マインドのパラダイムシフト】です。

60分のメンタルトレーニングで起きたこと

それでは、このようなAさんの【マインドのパラダイムシフト】は、私との共同作業を通してどのようにして起きたのでしょうか?

私は、Aさんと対話をしながら「イマジネーション」を駆使して、彼女が歩んできた道のりを反芻（はんすう）し、彼女に起きた人生の出来事を追体験しながら、心のスクリーンにストーリーとして投影させていきます。彼女の感じたネガティブな記憶は全部編集でカットしていき、その代わりに新たな演出によって、なりたい未来の自分像＝「ｗａｎｔ」につながるように、過去は創り替えていきました。そして「本当なら自分はこう在りたい」といった別の人格を見いだしていったのです。

このとき、トレーナーである私は、心の視点である「マインド・ビューポイント」を引き上げていきます。それと同時に、Aさんの［マインド・ビューポイント］も引き上げるよう働きかけます。そうすることでお互いに「Aさんが本当であれば自分はこうで在りたかった」というビジョンを共有することができるのです。(図10・93ページ参照)

この新たに創りだしたビジョンが、Aさん本人が求めていたものであると、その瞬間から「あ、私の人生って、意外と悪くなかったかも?」と思えてくるのです。過去の捉え方とはきわめて本人次第なもので、実際には様々な捉え方の可能性があるはずなのです。事実がどうであるかではなく、それをその人がどう捉えているかだけなのです。過去の捉え方を変えていく過程で、Aさんの［マインド・ビューポイント］は引き上がり、過去の思い込みによって生みだしていたネガティブな自己イメージは、瞬時にして「なりたい自分」の自己イメージに塗り替わりました。

人が自分らしさだと思っている自己イメージというものは、誰かが決めているわけではなく、自分自身が決めているものなのです。潜在意識の中にそのイメージがあるかぎり、そのイメージを無意識に演じ続けるのです。

これまでの経験の中で創られた自己イメージは、周囲の他人や、親や社会の要請、期待から生まれていることが多いのです。これまで無意識に演じてきた自己イメージは、このよう

にして本人が自由自在に創り上げることができるのです。

私は、さらに彼女に問いかけました。

「Aさん、この先どんな自分になっていたい？」

「ちゃんと自分を評価してくれる会社で、やりがいを持って働いていたい。それでもっとステップアップしていきたいし、将来はキャリアウーマンになりたい……」

この発言にすでにAさんの変化が明確に現れています。こう在りたい未来を、なんの制約もなく、Aさんは自由に思い描いています。これからのこともすべて、過去の経験に囚われることなく、自由に意志決定できる人になっていたのです。

この60分のメンタルトレーニングで、すべての意志決定をまるで彼女が自分でしてきたかのように過去を塗り替え、彼女と「イマジネーション」を共有しながら、新たな人格を創り上げていきました。さらに現在までの彼女の人生の履歴書と、ネガティブな自己イメージを創りだしていた感情記憶を塗り替えていくことに成功したのです。

そして、別人格となったAさんは、「将来こうなりたい」という「ｗａｎｔ」に突き動かされ、次のステップに行動を移したいという想いが強くなっていきました。新たな自分であるその別人格を演じたくて、早く面接の日がきてほしい、パフォーマンスをしたいと思いはじ

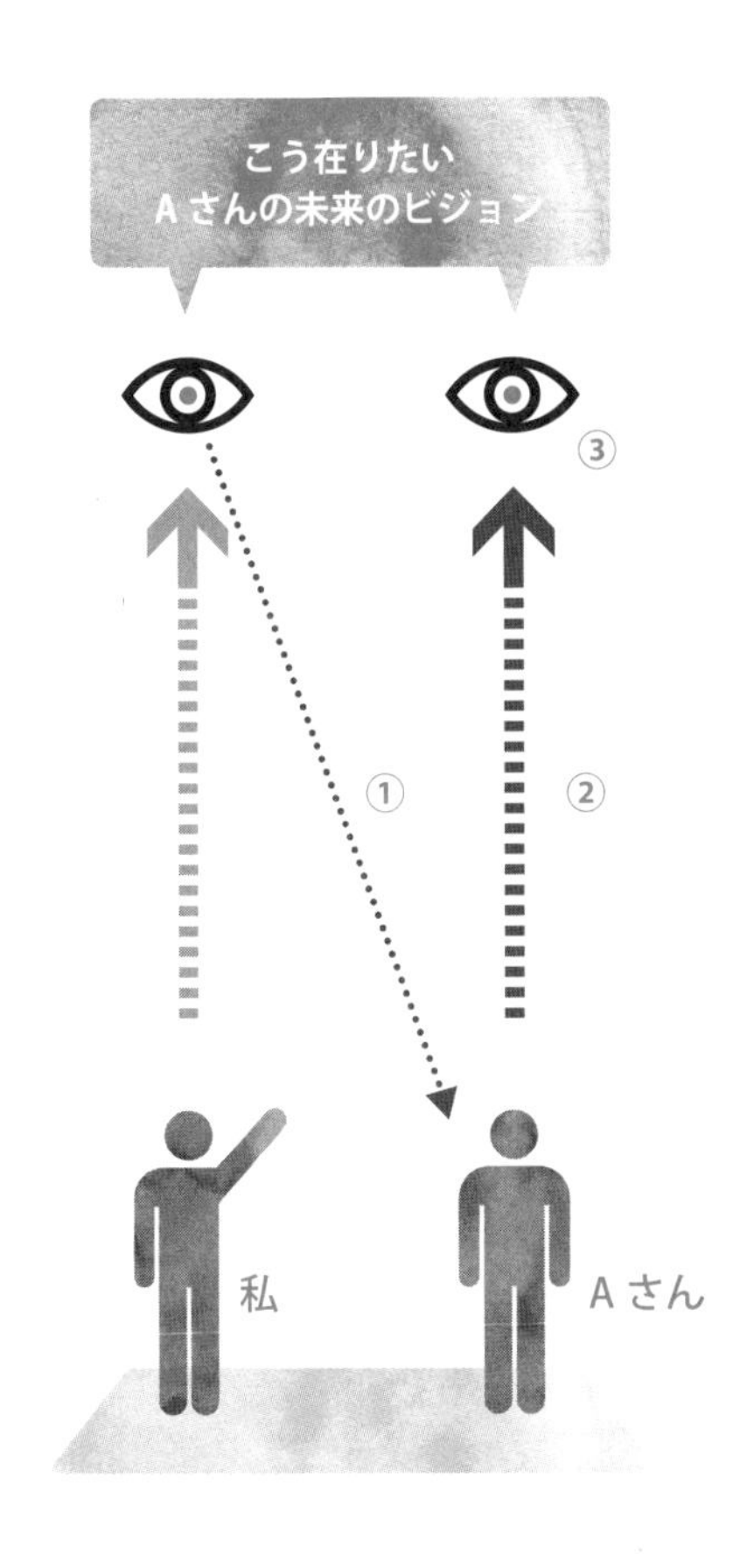

図10　相手の潜在意識のビジョンを共有する

① A さんの潜在意識にアクセス
② A さんのマインド・ビューポイントを引き上げる
③高まったマインド・ビューポイントにより、新たに創りだされた「こう在りたい」未来のビジョンは共有される

めたのでした。

別人格になりきって「在りたい」を演じる

Aさんは早速、ある企業の求人に応募しました。ところが入社面接を応募した会社から、なかなか連絡がきません。Aさんはこれまで何事にも受身の姿勢でしたが、連絡がないのはおかしいと思い、今までとは違って自分からその会社に電話をかけてみました。

この時点でもう彼女は、これまでのAさんとは違っていました。

彼女にとっての自己イメージはすでに〝できる人〟になっています。それに値する人物としての「根拠なき自信」も生まれてきたのです。私と一緒に創りだしてきた、自分にとっても尊敬に値する人物像を、自らのものとして振る舞っていました。

【マインドのパラダイムシフト】が起こると、潜在意識の自己発電装置は自動的に稼働しはじめます。これが潜在意識の凄さです。

「○月○日に申し込んだAという者ですが、履歴書は届いていませんか?」と尋ねると、電話の応対に出た人事の方から、「すみません。こちらの手違いで書類に埋もれてしまっていました」との返答がありました。

それに対して彼女は、「それは困ります。私にとっては重要なことですから、最短で面接の日程を調整お願いします」とはっきり伝え、人事の方は「すみません。きちんとした対応ができておらず、誠に申し訳ございませんでした」と詫びたそうです。面接の日程を決めた後、「当日、お会いするのを楽しみにしています」と言って、臆することなく彼女は電話を置きました。

そして、上司に報告が上がったのか、面接の当日は、人事部長の方が同席し、冒頭に「申し訳なかったですね。うちの不手際でお待たせしてしまって」という謝罪の言葉があったそうです。Aさんがとった態度によって、相手側の対応が変わったのです。

Aさんは、別人格の意識の高い人として振る舞いはじめています。こう在りたい自分を別人格として演じており、演じる自分を客観的に見る心の視点＝［マインド・ビューポイント］は引き上がっています。そうすることで、相手の反応も的確に感じとることができるようになっていきます。さらに視点を上げることで、Aさんがその企業で働きたいという［ｗａｎｔ］と、企業が人材として求める［ｗａｎｔ］の「ビジョン共有」が生まれていきます（図4・

49ページ参照)。

面接が進むにつれ、「あなたはいつも将来の自分の可能性を信じ、チャレンジし続けてきたのですね。若いときから、しっかりと物事を考えて人生を歩んできたんですね」という反応が返ってきました。そんなことはAさんにとっても初めての体験でした。

不思議なほどこれまでの自分が誇らしく感じられ、すっかり企業側が求める人材になりきっていました。採用されるかどうかといった相手主導ではなく、「私はこういう人間ですが、いかがでしょうか?」といった能動的な働きかけです。Aさんは自分なりの明確なビジョンを、堂々と人に表現できる別人格になっていたのです。

企業は、採用後、「その人物が組織の中で何をしてくれるか?」「何ができる人間なのか?」そこを知りたいのです。過去どうであったかではなく、「これからその人間が、会社にとってどんな利益を生みだしてくれる人材となるのか?」、それは未来への投資です。採用側は、その先のビジョンを明確に描けている人間に希望を抱き、賭けたいと思うものです。給料を保証するのはそのための契約なのです。

実のところ、未来がどうなるかということは誰にもわからないのです。それゆえ過去の経歴をいくら並べたところで、それに意味などありません。企業側としても、これまでどうであったかよりも、これから何をしてくれる人間なのかを知りたいのが本音なのです。

「まだ入社し、自分がどこに配属されるかも決まっていないので、具体的に何ができるかはこの場では言えませんが、私が今言えるのは、この会社（御社）で自分を試したいと思っているということです。これまでの経験をすべて活かし、今の自分を最大限試したいのです。また一つ今の自分をステップアップさせ、仕事を通じてさらなる人間成長を遂げたいと思っています」

後日、Aさんのもとには合格通知が届きました。

自分の意志決定で、何者にでもなれる

合格通知がきた後のAさんは採用されたという自信も加わり、それまでの自信を持てずにいた彼女とはすっかり気持ちが切り替わっていました。私と一緒に創り上げた別人格が、面接での成功経験を経て、Aさんの自己イメージとして確実に強化されていったのです。もはや別人格を演じているのではなく、Aさんは自分がこう在りたいと思っている新たな自分へ

と成長を遂げていました。

そんな彼女は、メンタルトレーニングを通して、「マインド・ビューポイント」を高く引き上げ、自分自身と自分が置かれた状況を俯瞰して見られるようにもなっていきました。その視点に立って、新しい職場環境に即した未来の自己イメージ像も描きはじめていました。それによって、彼女は入社後すぐに会社に慣れ、さらに職場で早々に自分の能力を発揮することができるようになっていったのです。

以前は上司に対しても、自信のなさから少しでもハードルの高い業務をふられると萎縮してしまい、逃げ腰になる傾向が強く、依存的な態度をとっていました。それは、彼女自身が抱いている「できない自分」といったマイナスの自己イメージが原因でした。しかし、今は「できる自分」といった自己イメージで、堂々と仕事に取り組めるようになっています。

そして、仕事上で何か嫌なことがあったとしても、彼女は「根拠なき自信」で乗り越えていきました。以前のように何か一つのミスにひきずられ、自信喪失したり、感傷的に落ち込んだりすることもなくなりました。

このようにAさんの日常の態度が変わってくると、彼女自身その頃になると、「過去の自分が、なぜあのように悲観的な捉え方をしていたのか、まるでどちらが本当の自分なのか、だんだん本気でわからなくなってきた」と言っていました。Aさんにとって職場において別人格を演じ続けることはいたって自然なことで、常にワクワクする高揚感の中で、無意識に行動できるようになっていたのです。それはつまり、潜在意識が稼働したことで、【マインドのパラダイムシフト】が起こっていたからです。

このように、**過去の捉え方を変え、自己イメージを塗り替えることで、周囲も未来も変わっていきます。**Aさんのように、人は自分の意志決定によって、何者にでもなれるのです。

しかも、なりたい別人格をイメージして、その〝ふり〟に徹していると、周囲からのその人に対するイメージも変化していきます。不思議なほど、その人に対する周りの反応や扱いが変わってくるのです。たとえば、呼び方一つにしても、「○○君」から敬意を持って「○○さん」に変わってきたりするのです。そしてさらに、新しい自己イメージが本人の内的イメージとしてどんどん強化されていきます。

たとえるなら、役者がステージに上がるとき別人格になりきることができていれば、それを観た観客は演じられている役に感情移入し、情動が刺激され、心に変化が現れます。演じる人のリアリティが観客のリアリティと化すのです。同じように、あなた自身が新しい自己イメージにリアリティを持てば、あなたに対する周囲の人の見方もまた、あなたの新しい自己イメージへと塗り替わっていくのです。

周囲の人々の対応は、あなたにとって鏡です。人の目に映るあなたのイメージが、あなたへの印象と評価というカタチで跳ね返ってくれば、ますます新しい自己イメージはあなたの中でリアリティを増していくのです。

価値ある「未来の自分」を創りだす

結局のところ、自己イメージはあなた自身が自由に決めていいのです。人からの評価に頼ることなく、あなた自身が「こうで在りたい」と思った「ｗａｎｔ」発信の自己イメージを演じきることで、理想が現実となっていくのです。それが《マインドの法則》による心の変革＝【マインドのパラダイムシフト】です。

第二章では、【マインドのパラダイムシフト】を起こす最初のきっかけとして、まず自分の心の視点「マインド・ビューポイント」を引き上げ、過去・現在・未来といった時間軸を並列にして捉えてみることで、過去の記憶の塗り替え、そして未来の記憶を創るトレーニングをお伝えしてきました。

未来志向型の捉え方によって「将来はこうで在りたい」という自己イメージを創り上げ、実現すること。これまでネガティブに受けとめていた過去の出来事を、見方を変えてポジティブに捉え直してみること。自分の過去を塗り替えると同時に、自分の人格も自ずと塗り替わるということ。これらは目の前の現実だけに囚われずに、自在に「マインド・ビューポイント」を高く引き上げることで可能になります。

大切なことは、いかに過去に囚われず、未来の自分を信じられるか、こう在りたいというイメージを抱き、「イマジネーション」の限界を設けずに自分自身を捉えていけるかなのです。

何度も繰り返してきたように、「こうで在りたい」という自分に「なれるか、なれないか」の根拠などはなくてもいいのです。「ｗａｎｔ」を持って、前に突き進む「根拠のない自信」と「自分を信じる勇気」こそ、大きな飛躍のきっかけになるのです。

Ａさんの場合は、それまでは「つらいことから逃げてきた人生」と思い込んできました。ところが、「逃げたのではなく、自分には強い「ｗａｎｔ」があり、それをまっとうするために必要な一つ一つのステップを自らの意志で踏んできた」と捉えることで、Ａさんはたちまち変わっていきました。

そしてＡさんが自己イメージを塗り替えたことで、人の眼に映るＡさんのイメージまでも塗り替わっていきます。この相乗効果で、Aさんが演じた別人格のイメージに、ますますリアリティが増していきます。過去を塗り替えることで現在も塗り替えられ、そして、未来も自ら創り替えていったのです。

「マインド・ビューポイント」を引き上げ、たとえ何が起きようとも、その自分をいかに肯定的に受けとめていけるのかがあなたの人生において何より大切なのです。それがあなたの過去を塗り替え、価値ある自分を創りだします。そして何より、未来の新しい自分を信じる勇気を生みだすのです。

「自分にそんな力はない」
「物事はそんなに簡単にはいかない」

Aさんがそうであったように、人生を変えられないのはあなたの性格のせいではなく、ましてや能力の優劣の問題などではありません。
あなたのマインドの内側に眠る潜在意識を、上手く扱えていないだけなのです。

この潜在意識の扱い方のカギをにぎるのが、《マインドの法則》です。多くの人はその法則を知らないばかりに、人生そのものを持て余してしまうのです。

人は人生を変えたいと願うとき、自分が変わるための「方法」を知ろうとします。しかし何より大切なのは、「自分がなぜ変われないのか」という〝無自覚なもう一人の自分〟を知ろうとすることです。

そして、そのための具体的なトレーニング方法は、無限にあるということをどうか忘れないでください。そこで変えていくのはあなたの人生であり、私のトレーニングではあなた自身を変えたりは決してしてしまいません。本当のあなた、つまり潜在意識の無自覚なあなたという存在を確かなものにしていくことが何よりの目的だからです。自らの人生を思うがままに動かしていくための核となるもの、それこそが自らのマインドなのだと体感できた瞬間、パラダイムシフトが起こります。

たとえばそれは、ちょうど、自転車に乗れた瞬間のあの解き放たれたような自由な体感に非常に似ています。自転車に乗れなかった頃の自分を思い起こしてみてください。

まだ補助輪付きの自転車に乗っていた自分が、突如「明日から補助輪なし自転車に乗れる！」

とは思えない。それが普通のマインドです。何かとんでもないことが起こらない限り、「明日から乗れる気がしてきた！」とはならない、それが通常の日常です。平凡な日常を変える、これは並の力ではどうにも変えられないのです。けれど人間には潜在能力というとんでもない力が備わっています。それは無意識に瞬間的に起こります。

自転車に乗る前の感情はきっと、不安や恐怖、もしくは上手くいかない苛立ちや本当に乗れるようになるのだろうかという猜疑心でいっぱいです。「どうしたら乗れるのだろうか」といくら方法や知識を頭に入れ込んだところで、いざ自転車にまたがった瞬間、体は硬直してしまうでしょう。乗れるかどうかは、知識の有無ではないからです。得体の知れないものにまたがって怖いものは怖いのです。乗れた人と乗ったことのない人の最大の違い、それは「乗った体感」があるかどうかなのです。ではその体感とは経験しなければ生まれないのかということです。私のトレーニングでは、このまだ乗ったことのない未知の体感を、その人の内側に創り出していきます。もっと言えば、その体感を必要とあらば自ら創り出す感性の力そのものを創り上げていきます。そのため、乗った経験があるかないかというのはさほど重要ではないということです。それは、あなたが何気なく現実と思っている世界は実は本当にそうなのかという問いにつながります。現実か非現実かということのすべては実はあなたに委ねられていて、状況により脳が選択をしているのです。その判断基準はあなたにとって、よりリアリティーの強い方を自らの真実として捉えていく。それが人間の脳の働きであり、マインドの法則なのです。そこには人間の崇高な可能性が無限に拡がっているのです。

人間にとって、未来の体感というのは、まだ起きていない何かをイマジネーションすることで創り出していくことができます。「〝いま〟という現在」においてそうした未知の体感を先回りして創り出していくことができれば、初日から自転車に乗ることだって、初対面で相手の潜在意識に届く言葉をかけることもできるのです。けれど多くの場合、その体感を持てていない、もしくはその未来に「乗れる！」という自分を信じることができずに何もする前から諦めたり逃げ腰になってしまっているのです。

物事というのは、はじめの一歩というものがあります。いつだって「経験したからやれた」のではなく「やったから経験できた」のです。「乗りたい、乗ってみたい！」「乗りこなせたら、どんな感じなんだろう」と未知なる体感をしている自分をワクワクしながらイマジネーションしていくことで、「なんだか自転車に乗れる気がしてくる」のです。まだ起きていない未知の体感のリアリティーが勝り、「なんだかやれそうな気がする」と脳がその気になった瞬間に、自ずと潜在能力は引き出されるのです。

時間軸に生きない天才たち

人間の無限の可能性を秘めた潜在能力について、ここでいくつかのサヴァン症候群の方々の実例を紹介します。

サヴァン症候群とは、脳機能障害を持ち、特定の分野にのみ驚異的な才能を発揮する人達のことをいいます。これらの人々は、左脳が使えず右脳だけで生きているため、生活に適合できません。しかし「右脳は天才的資質50兆もの細胞からつくられている」と『奇跡の脳』でジル・テイラー博士が述べているように、特殊な能力がけた違いに優れているとされています。

1988年アメリカで公開された『レインマン』はサヴァン症候群の実話として話題となったアカデミー賞受賞作の映画です。ダスティン・ホフマンが演じる主人公レイモンドは、キム・ピークという実在の人物です。レイモンドは、散乱したマッチの数を瞬時に言い当てたりします。キム自身は7600冊以上の本を丸暗記し、誰の誕生日であろうと、それが一千年前のことであろうと、瞬時にその日が何曜日かを正しく言い当てることができるのです。

他にもレスリー・レムケという「天分のサヴァン」といわれた驚異的な人物がいます。彼についての感動的な物語を通して、人間の持つ無限の潜在能力をお伝えしていきます。

レスリー・レムケは、1952年に米国ウィスコンシン州に生まれました。生まれつき脳機能障害と言語障害、記憶障害を抱えていました。その上視力も失い盲目となってしまうのです。育てる自信を失った両親は、レスリーを施設に隔離したのです。そんなレスリーに同情をよせた見ず知らずの女性メイは、施設から彼を引き取りました。

メイはまるでわが子のように彼を深く愛するようになりました。楽器のようにベッドを叩くレスリーの姿を見ていたメイは、音楽に対する彼の比類ない感性を感じ、5歳の彼に中古のピアノを買ったのです。奇跡が起きたのはレスリーが14歳のときです。二人で一緒にテレビを見ていると、チャイコフスキーのピアノ協奏曲第一番が流れていたのです。その夜、メイは目を覚ますと、ピアノの音が聞こえてきました。なんと楽譜を見ることができないはずのレスリーが、数時間前に耳にしたチャイコフスキーの曲を弾いていたのです。それも初めて聞いたクラシックを完璧に演奏していたのです。脳障害、言語障害、そして、目も見えないレスリー。彼は演奏できる特殊能力を持っていたのです。この能力を活かし、レスリーはプロのピアニストになりました。作曲もするようになり、数千もの曲を弾けるようになったのです。全米各地で演奏する彼の姿は多くの人々を魅了し、勇気と感動を与えました。

こうしたサヴァン症候群の人々は、私たち人間が本来持っている自らの限界を規定する「メンタルブロック」がそもそも取り外されているのです。それゆえ様々な潜在能力を無限に発揮することができるのです。

第二章

自分次第で未来は創ることができる

これまでどうであったかではなく

この先どうしていきたいのか

心をチューニングして、バージョンアップする

私がメンタルトレーニングを通して一人一人の心に対して行っていることは、意識と無意識の心の配線を目的に応じてつないでいく作業です。つなぎ・組み替えるイメージで、一つ一つの心をオーダーメイドで創り上げていきます。

それは、超高速で走行するF1ドライバーを脇で支えるメカニックたちの任務に似ています。レース途中でリタイヤや事故を起こさぬよう、ピットインしたマシーンを瞬時に整備し、再びサーキットに送りだすメカニックたち。あなたが人生というサーキットを華々しく疾走してゴールを勝ち取るために、チューニングを施し、心というエンジンの精度を上げていくのが、私のメンタルトレーナーとしての役割なのです。

F1のエンジンが、レースごとにバージョンアップされるのと同じように、心も時と場合に応じて常に配線を組み替えたり、バージョンアップさせていくことができるのです。この心、マインドのバージョンアップもまた、非常に重要な作業となります。

多くのトップアスリート、そしてトップセールスマンや経営者の方々といったエキスパー

トのメンタルトレーニングでいつも感じることですが、奇跡的な結果や成績を残すかどうかは、個々のマインドの構造的な違いではなく、〝精度〟の違いだということです。

目的に応じ配線を調整するだけで、多くのクライアントが、短期間で夢を実現させていくのです。わずか3週間で優勝を手にしたアスリート。1カ月後には前年同月を大きく上回る好成績を残した営業マン。そして、本人の成績だけでなく、彼らの対人関係にまでも影響を与え、求めていた人脈やチームとの出会いにも自然に恵まれていくようなことが、《マインドの法則》を実践することで派生していくのです。

F1界で頂点を極めた「フェラーリ」は、夢のような走りを現実化させた車といわれています。そこには関わる人々の「これまでを超える走りを実現するエンジンを開発したい。その走りを現実化させたい」という強い想いと夢があったからです。そして、その夢は一つのイメージとなり、やがてカタチとなっていったのです。

それと同じように、**私たちが思い描く未来の夢も現実化することができます。こう在りたいという望みを可能にするのは、私たちのマインド次第なのです。マインドは創ることができます。磨き創り上げることができるその心は、不可能を可能にするために我々自身に与えられているのです。**

心をチューニングして、バージョンアップしていけば、まさに奇跡のような出来事が待ち構えています。それは決して夢ではありません。「want」「イマジネーション」「マインド・ビューポイント」の《マインドの法則》を使いこなせば、あなたの中の潜在意識の性能をバージョンアップし精度を上げていくことができます。そして、それはどんな人にも可能なことなのです。

動機を「have to」から「want」へシフトする

鍵になってくるのは、前章でも触れた人間の行動動機です（図11参照）。

行動動機には、「**私はこう在りたい**」**という内的動機**「**want**」と、外から強いられて「**しなければならない**」**という外的動機**「**have to**」があります。そしてもう一つ、同じ「しなければならない」であっても、他人や組織からの要請ではなく、「**こう在らねばならない**」**と自ら決めている動機**「**must**」があります。

その人がどの動機で行動を起こしているかはきわめて重要です。なぜなら「have to」のような外的動機で行動を起こしていると、いくら努力したところで結果にはつながりにく

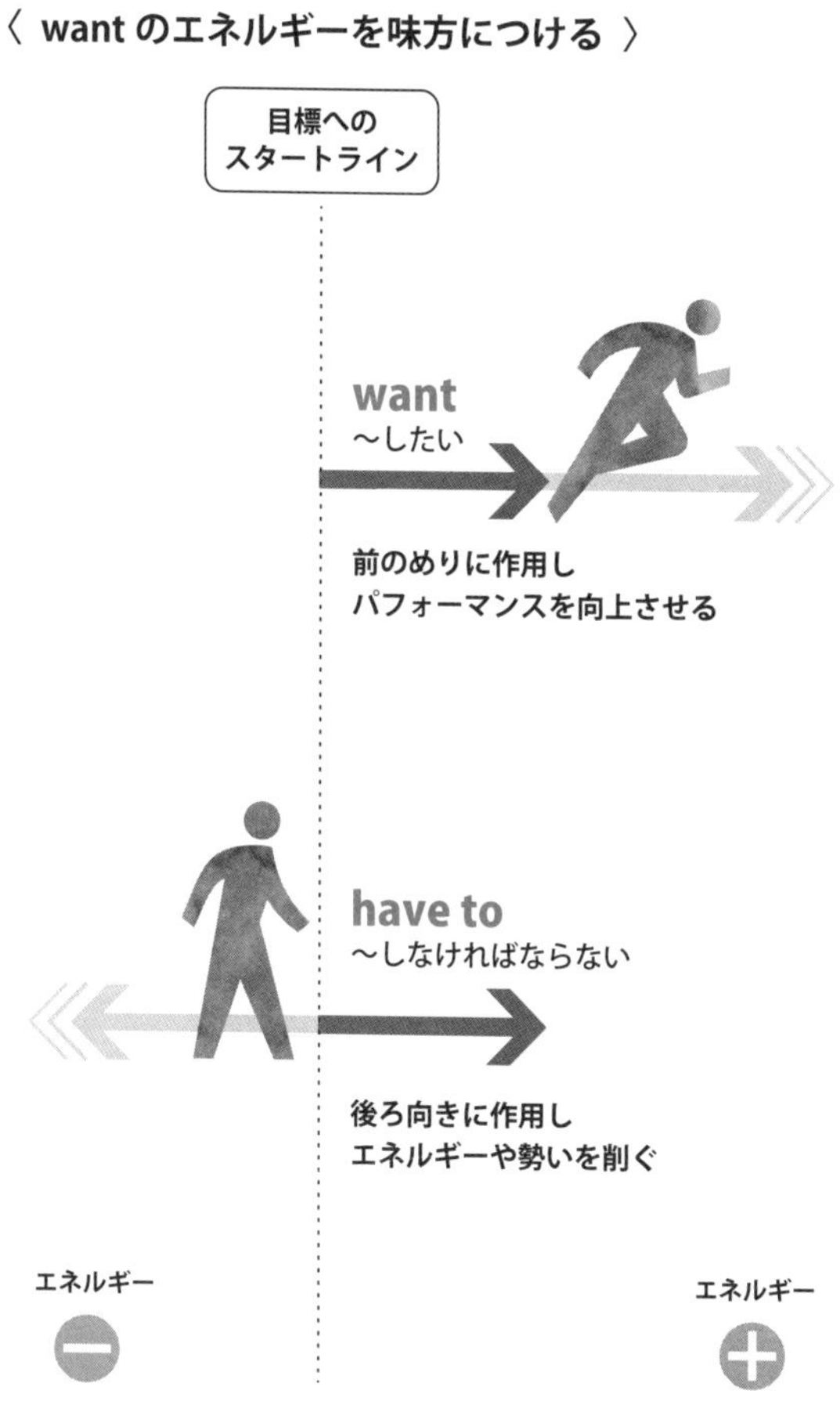

〈 want のエネルギーを味方につける 〉

目標への
スタートライン

want
～したい

前のめりに作用し
パフォーマンスを向上させる

have to
～しなければならない

後ろ向きに作用し
エネルギーや勢いを削ぐ

エネルギー
−

エネルギー
＋

図11 【want】の原動力

いからです。

実際に次のような調査結果があります。ハーバードビジネススクールで207社を対象に10年間にわたって追跡調査してきた結果、外的動機で企業目的を達成する「have to」企業カルチャーと、内的動機で企業目的を達成しようとする「want to」企業カルチャーでは、純利益で大きな差が出たのです。実に750倍も「want to」企業側の実績が高かったのです。

つまり、結果に結びつく行動動機は、あなたの潜在意識にアクセスして、あなた自身が本当にしたいと思っていること、あなた自身がこうで在りたいと願っていることであり、また将来的に何を達成したいと思っているかは、こうした「want」が原動力となっていることが重要なのです。

それでは、なぜこの「want」が行動動機であることが、これほどまで重要なのでしょうか。その鍵が《マインドの法則》にあります。

人間の脳は、潜在意識が約90%以上を占めています（図12参照）。通常のマインドの使い方では、これをフルに活用することは難しく、普段私たちが意識できている顕在意識は、約3～10%以下にも満たないといわれます。

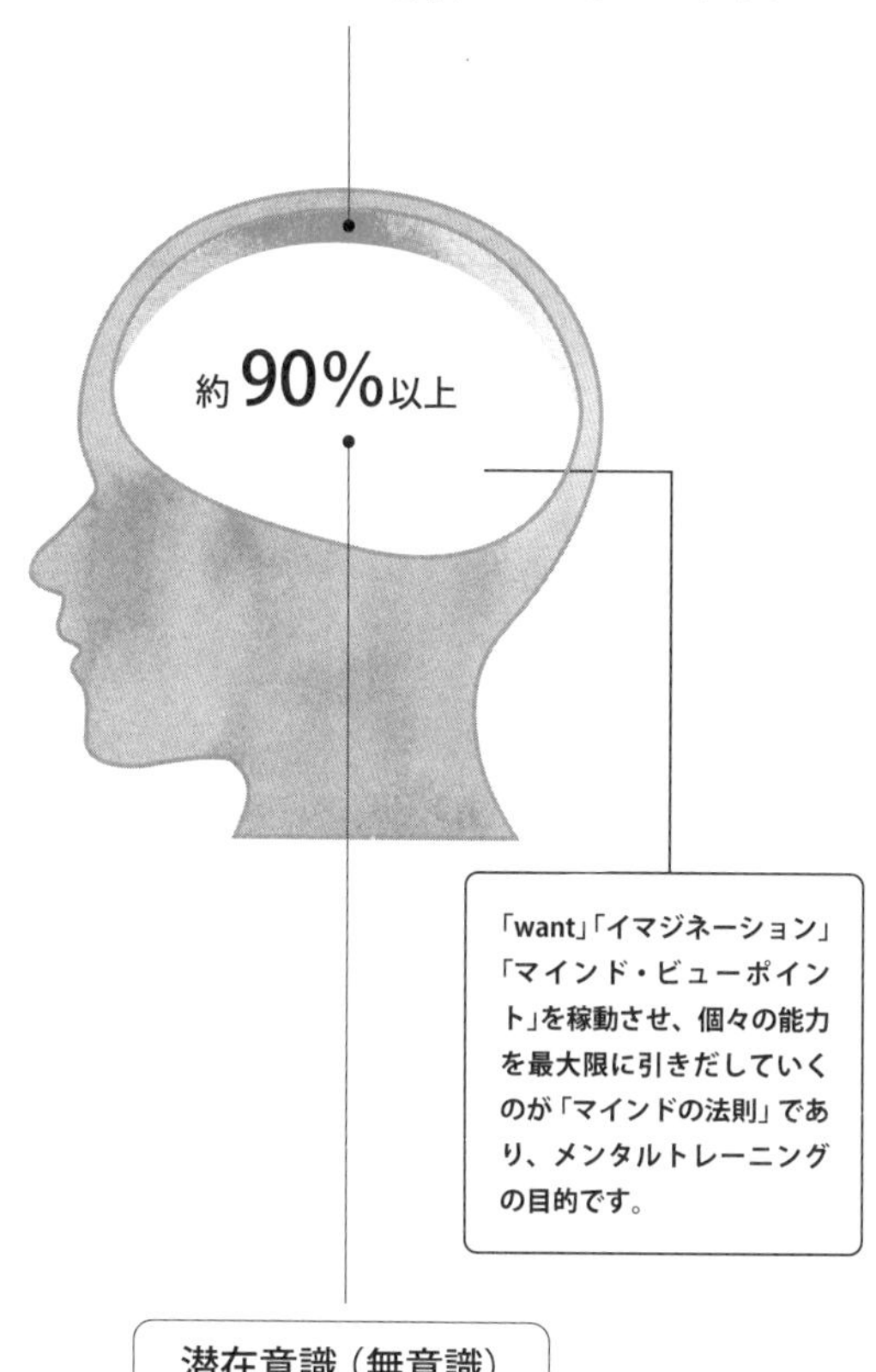

図12　脳の90%は潜在意識

ところが、この普段は眠っている潜在意識にアクセスし、その能力を引きだすのが、強い願望である「ｗａｎｔ」なのです。「ｗａｎｔ」の原動力が眠っていた潜在意識を稼働させるため、これまで使っていたマインドに潜在意識が加担して能力を発揮できることになります。フルに活用できれば、今までの何倍も加速してパワーアップするイメージです。

この潜在意識にアクセスできる行動動機は「ｈａｖｅ ｔｏ」ではなく「ｗａｎｔ」なのです。ただし、営利企業など組織に属しているかぎり、どうしても売上目標といった義務や制約があるのも仕方ありません。やりたいことだけ、好きなことだけを仕事にしている人は、ほんの一握りです。

そして、**「やらなければならない」といった「ｈａｖｅ ｔｏ」で仕事に向き合ってしまうと、あなたの中に眠っている残り90％以上の潜在意識を味方につけることはできません。**「**ｈａｖｅ ｔｏ」は、むしろ後ろ向きに作用しエネルギーを削いでしまうのです。**自ら「成し遂げたい」「こう在りたい」といった将来的、希望的ビジョンを抱いていなければ、いくら進もうとしても進めないという事態を招いてしまいます。

Sさんを劇的に変えた《マインドの法則》

実社会や組織の中では、何かと制約が多いものです。自分の「want」だけを押し通せるような環境は現実には難しいものです。多くの場面において企業の「want」は自分の「have to」になりがちだからです。

前述のように、企業とは経営目的のもと、「have to」といった制約義務を課します。組織においては、組織人として自分に課された役割をまっとうする上で、いかに自らの「want」を見いだせるかが重要なのです。では、企業にとっての「want」を自分の「want」にするためには、どうしたらよいのでしょうか。

それには、まず、今自分がおかれている状況を客観的に「受けとめる」ところから始まります。このことをお伝えするために、1カ月でエリアナンバーワンの売上げを達成した、私のクライアントである、Sさんの事例をご紹介します。

Sさんは30代前半の男性で、携帯電話の販売員です。前職はブティックで販売員をしていました。その後、今の携帯電話の会社に転職して、アルバイトから正社員に昇進し、現在は店長を任されています。

正社員になった半年後、大型店に異動になりました。客数が少ない小型店ではある程度の実績を出すことができましたが、異動した途端、成績がついていかなくなりました。慣れない環境と厳しい売上目標が重なり、「売らなければならない」という「have to」ばかりを強く感じるようになっていました。

Sさんは私の前著『一流の勝負力』を読んでくださっていました。その中で、「want」の重要性を感じ、「制約の多い組織の人間であっても、自分なりのやりがい＝「want」を会社の中で見いだしていくことが自分にもできるのだろうか」との思いで、地方で仕事をしている彼との電話によるメンタルトレーニングが始まりました。

結果はすぐに現れました。個人でエリアナンバーワンの売上げをわずか1カ月で達成したのです。さらに現在、彼が店長を務める店舗においても県下で売上げナンバーワンの成績をおさめ、会社から表彰されるほどになりました。

これは、Sさんが特別な能力を持っているスペシャリストであるという話でも、奇跡が起こったということでもありません。Sさんを劇的に変えたのは《マインドの法則》なのです。

誰にとっても環境が変わったり、組織の中で責任ある立場に就いたりすれば、精神的にも大きな負担となります。これは、どこの組織で働く人にも当てはまるものです。

まず、Sさんは私との対話を通し「マインド・ビューポイント」を高めることによって、異動による環境変化に対する捉え方から変えていきました。

「勤務店舗が変わったことはチャンスであって、マイナスではない。今までと違った経験をすることにより、より大きな人間へとステップアップできるチャンスだ」と気づいたのです。

「異動先の大型店はたくさんの人や情報が集まってくる場所であり、いかようにもチャンスは拡大できる」という発見です。

彼は、職場で日々経験することすべてを、自分の成長に活かそうとしはじめました。Sさんにとって新しい職場である大型店での仕事は、売上げ目標といった「ｈａｖｅ ｔｏ」だけではなく、「自分のステップアップのチャンス」といったもう一つの新たな動機づけを見いだす結果となったのです。

自分の［ｗａｎｔ］探しをする

［ｗａｎｔ］はどんな人の中にも存在しています。けれども、社会生活の制約の中で、それを無意識に押しやってしまうのです。Ｓさんの場合も例外ではありませんでした。彼は見過ごしてきてしまった、自分の本来の［ｗａｎｔ］を探しはじめました。

Ｓさんは、まず自分の成功体験を振り返りました。今まで自分がワクワク、ドキドキしたもの、感動したものの中に、真の［ｗａｎｔ］があったことを思いだしたのです。

彼の成功体験は、以前ブティックに勤めていたときのものでした。お客様に、「Ｓさんのおかげで、すごく納得のいくコーディネートができた」、「Ｓさんに任せると失敗がないから、この店に来るんだよ」と信頼され、喜ばれること。それこそが、Ｓさんにとっての仕事のやりがい＝［ｗａｎｔ］でした。

Ｓさんはこうした過去の成功体験の中から、自分の喜びや感動など、ポジティブな感情を追体験することを通して、潜在意識に眠る［ｗａｎｔ］を見いだしていきます。

「自分は人が好きなんだ。ただ商品を売りたいのではなく、人を喜ばせることができるから、この販売という仕事をやっているんだ」

彼の接客のパフォーマンスは、みるみる変わっていきました。トレーニングを通して、お客様にもっと喜んでいただきたいという彼の［want］が原動力となり、機能しはじめたからです。

この成功体験とつながる潜在意識の中に在った自らの［want］を、具体的に言葉にして意識化できると、推進力となるエネルギーが湧いてきます。これがSさんが［have to］から［want］へマインドを転換させた第一歩でした。

Sさんの［want］は、さらに商品に「+α」の付加価値を生みだしました。単にモノとしての商品を販売するのではなく、お客様のライフシーンに合わせた携帯電話をコーディネートするといった、目には見えない「+α」の付加価値を提供しはじめたのです。

『売れない販売員』から『売れている販売員』に変身する

第二章でアパレル会社に転職を成功させたAさんの例を紹介しました。過去の記憶を塗り替えるトレーニングによって、Aさんと一緒に、「在りたい自分」である新しい人格を創りだしました。そのイメージする人格をAさんが演じるうちに、周囲からの評価も伴うことで、彼女の中でリアリティも高まっていきました。Aさんの行動や振る舞いは、最終的には「こう在りたい自分」と願っていた別人格へと成長を遂げたのです。

今回のSさんの場合も「人を喜ばせたい」という強い自らの「want」を見いだし、お客様に満足してもらえるようなパフォーマンスを実現するため、それにふさわしい別人格を創り演じています。Aさんの場合と同じく、自分が思い描いている「未来」を創りだしていきました。

Sさんは接客をしている自分の姿を、まるで映画の主人公になったようなイメージで心のスクリーンに映しだしていきます。接客時の自分の誇らしげな表情、にこやかな笑顔をしているお客様、そして、その笑顔を見たとき、どんな感情が自分に生まれているのか、「イマジネーション」を膨らませていきました。

そうすることで、想像上の人格が「未来にあるべき記憶」として、その人の潜在意識に蓄えられていくのです。「こう在りたい」と望む未来への道筋となっていく記憶として刻まれていきます。

前述したように、潜在意識では、実際に体験した記憶と、「イマジネーション」によって創り上げられた記憶であるかどうかの区別がつきません。実際の人格よりも「want」でイメージした人格のほうが、本人にとってはよりリアルな自己イメージとして確立されやすくなるのです。それは、強い感情を伴った記憶のほうが、現実の記憶としてより克明に意識に残るからです。

Sさんは、「これまで自分はスランプにはまっていた『売れない販売員』を無意識に演じていたのかもしれない。それならば今度は、『売れている販売員』を意識して演じればいいのだ」ということに気づきます。それからのSさんは、職場では『売れている販売員』として演じはじめます。こうしてSさんは目の前にある現実の捉え方を変えていきます。

そして、そのように演じている自分自身の姿を、「マインド・ビューポイント」を高めて俯瞰していきます。ちょうどカメラで映しだされた自分の姿をモニターで見るように「イマジネーション」を膨らませていきます。的確な接客パフォーマンスやお客様のライフシーンに合わせた商品の提案で、お客様に喜ばれている場面、そしてその結果、当然のように商品が売れていくといった場面を、ワクワクしながら心のスクリーンに映しだしていきます。

自分が望んでいるイメージ通りに演じられている自らの姿を確認できたSさんは、嬉しくないはずがありません。強い感情を伴った記憶のほうがリアリティを増すように、Sさんにとってはこの「嬉しい」という喜びの情動によって、潜在意識は新たな別人格の記憶をより一層強化していきます。

別人格を演じる→演じられている自分の姿を確認→喜びを感じる→別人格の記憶が強化される→さらに別人格を演じたいと感じる→別人格を演じる……。このようなサイクルが繰り返されるたびに、ますますなりたい別人格が強化されていきます。しだいにSさんの心の中で起きていた変化が、Sさんの周囲にも及びはじめました。

『売れている販売員』を演じて自信に溢れるSさんは信頼を寄せられ、お店にいるお客様への接客態度に対しても、周りのスタッフの注目が自然と集まってきます。その結果、実際の営業成績にも大きな影響が現れました。こうしてSさんの営業成績が、店舗・個人ともついに県下でトップになったのです。

エリアナンバーワンになった理由

実はもう一つ、Sさんとのトレーニングにはポイントがあったのです。

単に、Sさんが「売れている販売員」を自己イメージとして抱き、演じきれていたとして

売り場でなりきって演じる

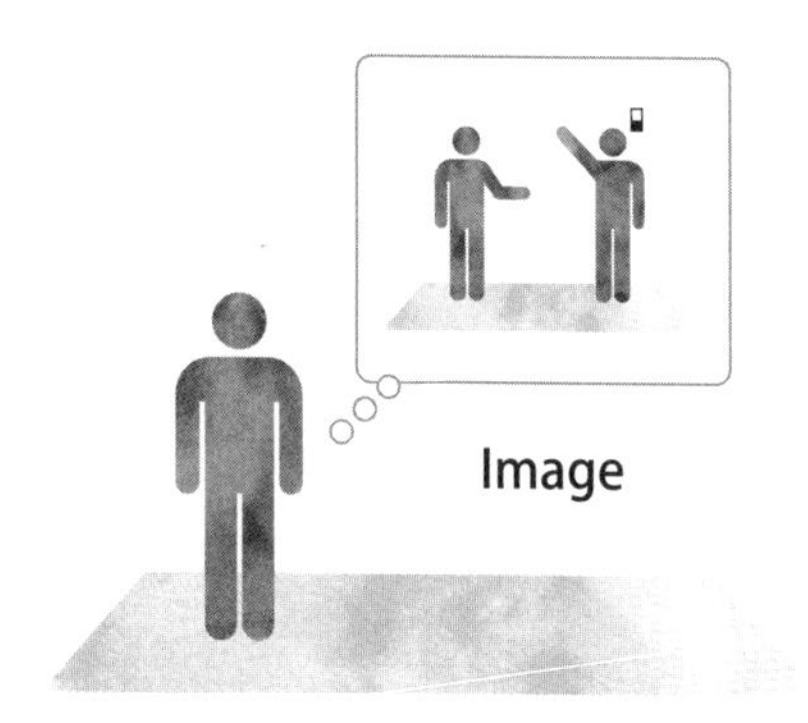

売れる販売員のイメージを創る

図13　別人格を演じる

も、それだけでは継続的な営業成績には結びつきません。

そこで私は、Sさん自身の［マインド・ビューポイント］を高めていくと同時に、接客に当たっているお客様の［マインド・ビューポイント］をも高めることを促したのです。

それでは、［マインド・ビューポイント］を高めることが、どうしてお客様の購買意欲へとつながったのでしょうか。

Sさんは、お客様に商品の機能を説明するだけではなく、相手にその携帯電話を購入した未来を思い描かせてあげるよう努めました。お客様のライフシーンに合わせて、その携帯電話を持つとどうなるのか、これまでと何が違ってくるのか、何がどう便利になるのか。Sさんは丁寧にお客様のライフシーンをイメージし、未来のビジョンを提案していきます。

すると、お客様の［イマジネーション］が刺激され、その携帯電話を持った自分の未来をお客様自身が心の中で体感していくのです。

これまで解説してきたように、**未来に対するポジティブな思考は、過去や現在の物理的な制約から解放された、自由度の高い世界を描くことができます。何よりも「未来はこう在りたい」という［ｗａｎｔ］の原動力によって、ワクワクした高揚感とともに、潜在意識の自己発電装置が稼働しはじめるのです。**あとは自ずとお客様の無意識が、自分の人生にとって、

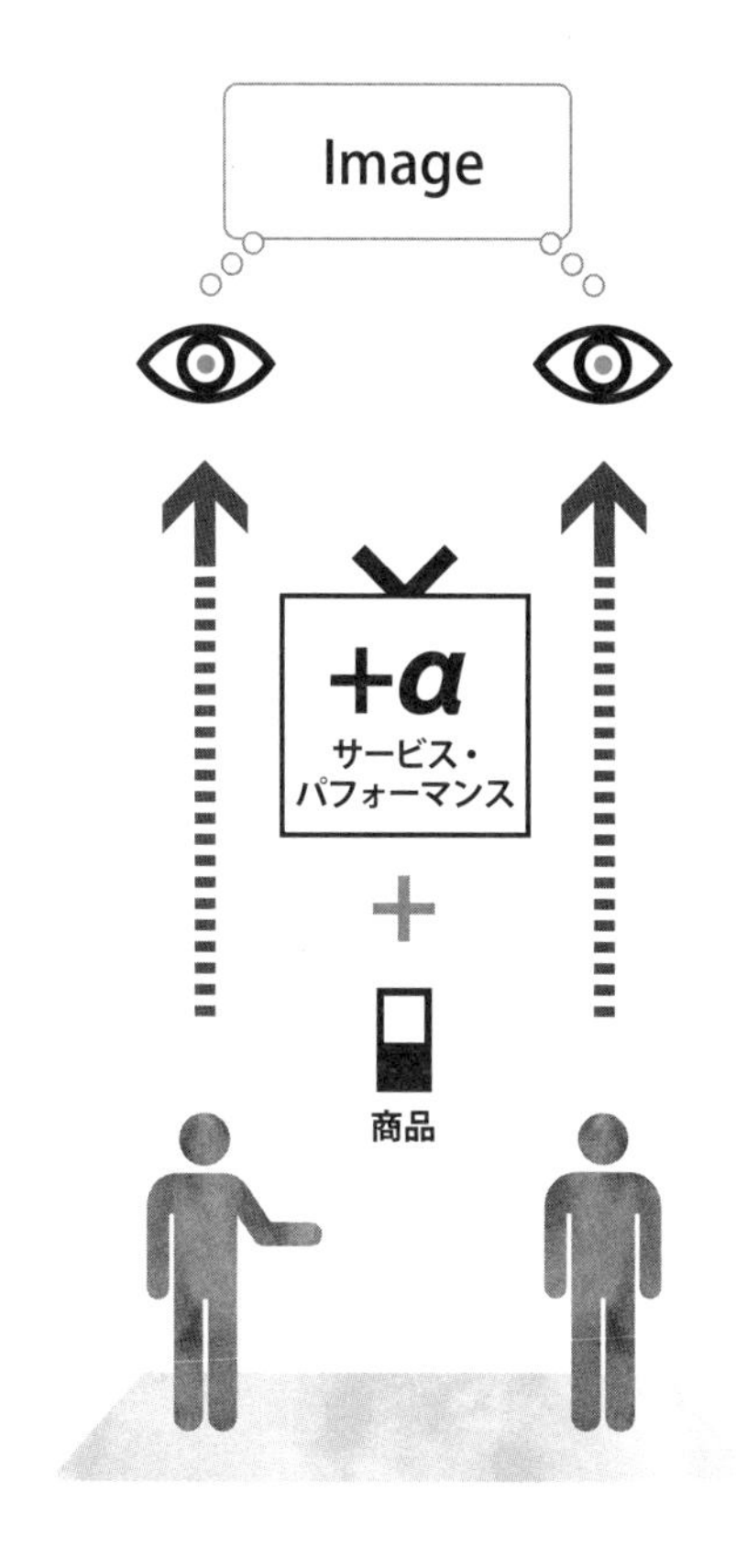

図14　お客様の未来のビジョンを提案する

①相手の人生をイマジネーションしながら、相手のライフシーンをイメージする〈相手のwant が見えてくる〉②相手にもそのイメージを共有させる③同じビジョンを共有する〜ワクワク・ドキドキする〜〈相手の want が自分の want に〉④ 90%の潜在意識へアクセス⇨相手の自己発電装置が稼働する

手にしている商品を「欲しいもの」から「必要なもの」、さらには「なくてはならないもの」へと認識を変えていくのです。

Sさんは、お客様がこうした高揚感を得られるように、未来のビジョンを具体的にイメージできるように促しました。これはSさんにとっても［want］が達成された状態でもあります。というのも、Sさんの［want］とは、「お客様の喜んだ姿を見たい」ことであるからです。つまり、「お客様が携帯電話を購入する喜び」＝Sさんにとってもお客さんの笑顔が見られ、「自分が紹介する携帯電話でその人を幸せにできる喜び」だからです。この時点で、Sさんとお客様は、お互いに未来のビジョンを共有していたのです。

これはSさんが、目の前の商品を販売して営業成績を上げるという目標だけではなく、《マインドの法則》を使い、その先の未来形のビジョンを見据えていたからこそ、お客様と「携帯電話を買った後」のビジョンや感動までも共有できたのです。

理想の自己イメージを思い描く

売り場では、お客様との会話によって、その人のライフシーンをイメージしていきました。

その人の過去、現在、そして未来にどうなりたいのかという願望まで想像していきます。「マインド・ビューポイント」を引き上げ、お客様の求める未来像をイメージしてビジュアル化させていきます。

そのとき、どのくらい本気で、そのお客様の人生に向かい合い、思いを馳せられるかが重要になります。

この行為によって、まず初対面のお客様に対し、自ら「特別な人」となります。お客様の側からすれば、初対面であるにもかかわらず、何か自分のライフスタイルを理解してくれている特別な人であるかのように認識していきます。ここでSさんは「イマジネーション」を駆使しながら言葉を発しています。これは、いわゆる目の前の物理空間ではなく、意識の中の情報空間（図3・47ページ参照）における会話です。情報空間では、無限の想像力によってビジョンを創りだしていけるのです。

情報空間で相手の人物像やライフシーンに思いを巡らせていくことで、その人の生活シーンで必要だと思われる情報をキャッチすることができます。そして、お客様の知りたい情報に対しては「この機種は、これだけの利便性があります」といった機能の説明だけではなく、「お客様のような出張が多いお仕事の場合、この機種のほうが出張先でのデータ管理には利便性が高いと思います」と付け加えて応えてみます。すると、お客様に「あっ、それいいかも」という具体的な〝気づき〟が生まれるのです。

このように未来のビジョンにリアリティを増幅させていくことで、結果的に相手は「それは、ぜひとも手に入れたい」、あるいは「その携帯が存在しない生活は考えられない」とさえ思うようになるのです。そうなると、お客様にとって携帯電話という存在が、「興味」から「必要なもの」へと変化していきます。

Sさんは、さらに自分がお客様とどんな関係を築きたいのか、お客様とどう接したいのか、自分の「want」をより具体的な行動で示せるようになりました。たとえば、お客様を名前でお呼びする。そして、自分の名前で担当する。より身近で、かつお客様側の目線で商品を説明する。店員対お客様の関係から、一人の頼れる人間としてそこにいる——。

そしてSさんはまた、このような行動を相手の立場になりきって実践しています。お客様の「want」を知ることが、自分の「want」だからです。「イマジネーション」を働かせて、相手がどうしてほしいのかというビジョンを共有することで、どのような行動をとればよいか、自ずと判断できるようになっていたのです。まさに、Sさんが理想の自己イメージとして描いていた販売員の姿が、そこにはありました。

相手にとって「特別な人」になる

相手にとって「特別な人」になるということは、「マインド・ビューポイント」を高めていくことで達成することができます。

新機種が市場に出始めの時期は、入荷待ちになるほど一つの機種に人気が集中する場合があります。売れ筋商品の在庫をいかに店舗で確保できているかどうかが、大きく売上げに影響してきます。お客様がその人気機種を求めてやってきても、お目当ての商品がなければ、その場では購入することはできません。けれど「商品がないから売れない」ではなく、商品を求めてやってきたお客様の「ｗａｎｔ」にいかにして応えていくかが、本質的には重要なことなのです。

商品がないというのは、店側の物理的事情です。たしかにお客様が物理的に求めているのは商品です。けれどそれ以前に、商品を求めてやってきたお客様の〝想い〟があり、それにどう対応できるかが重要なのです。欲しい商品がその店舗になかったとしても、その商品を欲しい気持ちがなくなったわけではありません。店側の事情で処理をするのではなく、まず

お客様の視点に立って、相手が何をしてもらいたいのかを十分にイメージして対応を考える必要があります。商品がないという物理的にマイナスな状況をプラスに捉え、お客様に的確な対応ができれば予約受注となり、それは逆に再来店のチャンスとなるのです。

たとえば、「2、3分ほどお時間をいただけますか。他の店舗にないかちょっと調べてみます」というこちらの姿勢を見せるのです。その姿勢は確実にお客様に伝わります。自分のために労力を惜しまず、単なる購入者としてではなく、一人一人の想いに対応しようとする心の姿勢が相手に伝わるはずです。その行為は、人が誰しも持っている「特別な存在になりたい」「尊重してもらいたい」「大切に扱われたい」といった無意識の願望に応えることになります。

ここに、商品の売買を超えた《マインドの法則》が活かされています。重要なのは「物理的な商品」ではなく、店員のパフォーマンスという「+αの価値」なのです。

多くの販売員は目に見える売上げの数字に囚われがちですが、Sさんはお客様に喜んでもらう接客の態度という、お金には換えられない価値を見いだし、そこに意識を集中させました。

それまでのSさんは、その場で商品を買わずに帰っていくお客様にはあまり関心を示しませんでしたが、トレーニングで「マインド・ビューポイント」を高めていくことで、意識がまったく変わりました。購入されなかったお客様の名前も、リストカードを作成し、メモを取るようになったのです。

担当したお客様には、「あなたは特別な存在です」という気持ちで接して、「また、いつでもお問い合わせください。お客様の今日の記録を残させていただきますので、今後も責任を持って対応させていただきます」と名刺をお渡しする。

普段は目に見える物理空間で生活している私たちが、目には見えない想いや気持ちを確実に相手に伝えるには、目に見えるカタチで表現しないと伝わりにくいのが現実です。その点、Sさんが「○月○日、○○様」と書いて作成したリストカードには、お客様と会話を交わした10数分の情報がリストとして保存されます。こうした心のやりとりである目に見えないつながりを、「未来の貯蓄」として残すことができるのです。

そして、Sさんもお客様にとって「特別な存在」になるのです。

このカードはSさんにとっての「未来の貯蓄」としてだけではなく、お客様にとっても同様に「未来の貯蓄」でもあるのです。次回、このカードが使われるのは、お客様が再来店される未来です。つまりカードの存在を介して、お互いに再会による未来のビジョンを共有することができるのです。こうした接客パフォーマンスの積み重ねが、「＋αの価値」をより大きな価値へと変え、物理的なモノの売り買いではなく、お客様はSさんが提供する「＋αの価値」を求めて再来店します。これが《マインドの法則》によってもたらされる「見えない貯蓄」であり、潜在意識の化学反応による、想定外の効果なのです。

潜在意識が驚異的なエネルギーを生む

Sさんのように心に変革が起き、職場での態度や行動が変わることで、周囲の評価は変化します。それによって物理空間での変革＝売上げ実績の飛躍的増進を遂げるためには、心の視点「マインド・ビューポイント」を高めることが大切です。そのためには、次のようなイメージで「その先のビジョン設定をする」ことが役立ちます。

まず、お客様との出会いは0地点から始まります（図15・137ページ参照）。

ここでSさんの気づきは、自分の価値基準を相手次第の「売れる／売れない」ではなく、自分の接客パフォーマンスによってお客様を自分次第で「喜ばせる／喜ばせられない」といった観点にシフトさせたことです。

最終目的が商品を販売することではなく、その先に「お客様の笑顔、そして生活シーンで使ったときの便利さ」といったビジョンを設定したのです。

「マインド・ビューポイント」を高めて、Sさんは、その携帯電話を使いこなしている笑顔のお客様のビジョンを創りだします。そうなると、商品が売れることは、Sさんにとっては最終目的を達成するための一つの〝通過点〟になります。お客様にとっての願望を、Sさんの「イマジネーション」を働かせカタチにしていく作業です。

ビジョン設定をしたその先の未来をイメージすると、沸き起こる期待感や高揚感といった情動によって、潜在意識のおよそ90%以上が驚異的なエネルギーを生みだします。それは本人も驚くほどのものです。

実際、Sさんは、売上の不振に苦しんでいたときは、毎朝、憂鬱な心理状態でした。しかし、「マインド・ビューポイント」を高めてビジョンが明確になった後は、これまでの売上げ目標を達成しなければならない「have to」ではなく、自分の「want」に従って売り場に出るので、楽しみで仕方がないという心理状態に変わりました。

そして、さらに、Sさんの「マインド・ビューポイント」を引き上げた接客スタイルによって変化が起こりはじめました。

トレーニングを始めた2カ月後、お客様のご家族や友人がSさんを訪ね、来店するようになったのです。

「○○と申します。2カ月ほど前に娘がお世話になったようで、とてもよく対応していただいたと聞きました。娘はその日、携帯電話は購入してこなかったのですが、とても嬉しそうに、あなたのことを話してくれたのです」

「あ、あのときの方ですね。もちろん、覚えています！　あのときいらっしゃったのは、たしかBさんですね」

「そうです。そのとき、私も次の携帯電話を買う際には、Sさんを訪ねてみようと思っていたんです。今日お会いするのが楽しみでした」

Sさんは、言葉にできないほどの喜びと誇らしさといった想いが込み上げ、胸がいっぱいになりました。さらに高揚感はどんどん増幅していったのです。

Sさんが描いたビジョンを超え、そのもう一つ先のビジョンまでも実現したのです。これこそ、「未来の貯蓄」の効果です。たとえ商品は売れなかったとしても、Sさんの接客パフォーマンスが生んだ「＋αの価値」が2カ月の時を経て、直接お会いしたことのなかったお客様の家族とまで意識の交流を果たす結果になったのです。つまり、Sさんに起きた心の変革＝

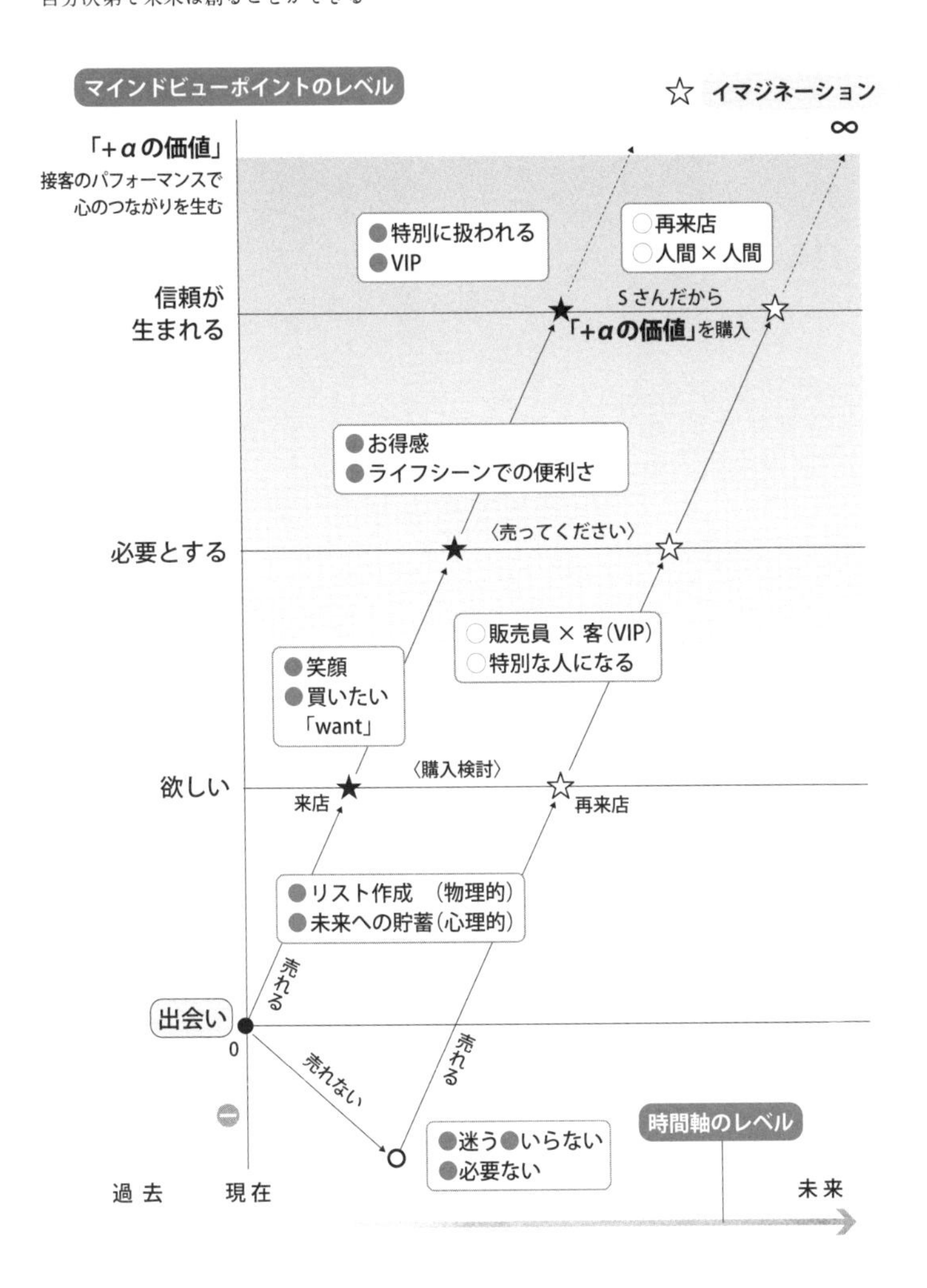

図15 「+αの価値」を生む

- 1つ先の未来形でビジョンを共有することで、今到達したいレベルはクリアする
- 携帯電話が「売れる売れない」⇨「喜んでいる笑顔の未来」
- 潜在意識を動かし、ビジョンを創りだしていくことで、相手の潜在意識も動きはじめる

【マインドのパラダイムシフト】は、実際に接した人だけではなく、直接交流のなかった第三者にまで影響を与えていったのです。

彼はこの時点で、単に○○店舗で携帯電話を売っているSさんではなく、携帯電話の販売を通じて、販売員の枠を超えた一人の人間として成長しているのです。いうなれば、個人商店を開いているようなイメージです。

このように、【マインドのパラダイムシフト】が起きると、環境や職業は同じでも、組織や人に対する関係がまったく別のカタチで社会に機能しはじめ、変化をもたらすのです。

「売れる／売れない」の葛藤をやめる

Sさんの場合、商品の売上げではなく、お客様の満足が自分の「ｗａｎｔ」であり、目標設定しているビジョンです。買わずに帰ったお客様には「＋αの価値」をお渡しすることで、たとえそのときは売上げにつながらなくても、何かのカタチでまた戻ってくるとSさんは捉えるようになったのです。

「マインド・ビューポイント」を上げると、潜在意識の力によって、目に見える物理空間での出来事だけではなく、未来の展望も見据えたパフォーマンスへと変わっていきます。このSさんの生みだした「＋αの価値」は、彼の接客パフォーマンスから2カ月を経て、その場にいなかった他のお客様の潜在意識にまで働きかけていきました。このようにSさんは接客パフォーマンスにより、お客様に感動を与えているのです。その感動は時間を超えて波及していくことによって、Sさんのさらなる目標が達成されていったのです。

私は、人それぞれの個性を何より大切にしています。販売員の数だけ、接客スタイルがあっていいと考えています。**短所や欠点を克服し補うのではなく、長所を活かして伸ばすのです。平均点を目指すのではなく、スペシャリストへの進化を目指します。**〇〇の達人、〇〇のスペシャリストとはそうした意味において群を抜いて優れているといえるのです。

Sさんの場合は、当初は買わなかったお客様に対し、自分のパフォーマンスが至らなかったと、無力感に苛まれるタイプでした。そこで私はSさんにこう伝えました。

「『買わないお客様のことが気になる』のは、Sさんの性格であり個性です。たとえ気にするなと言われたとしても気になってしまうのです。それであれば、その性格を逆手にとって活かせばいいのです。もちろん、人によっては、買わないお客様などをどんどん切り捨てていく、合理的な接客スタイルを目指す人もいるでしょう。けれども、Sさんらしさが何より重要で、買わないお客様が気になるのであれば、その一人一人に対してこだわりを持って、『+αの価値』を常に与え続けることです。

そうすれば、携帯電話が売れたか売れなかったかではなく、自分の目指すパフォーマンスができたかできなかったかが、その判断の基準になっていきます。

あなたの価値は、売上げで決められたりしない。接客というパフォーマンスの善し悪しを自分なりに追求していくことで、売上げも変化させることができるのです。売上げは自分が伸ばしていくことができる。お客様のせいではないと捉えていくのです。自分の価値は自分が創る。自分で築くものであって、人に左右されるものではありません。そうした意味において接客は受動的なものでは決してなく、能動的に関わっていくことで、自分らしさが明確になっていきます。たとえすぐに販売成績に現れなかったとしても、むしろいろいろな工夫をしようというモチベーションが高まるはずです。お客様の喜びのために『+αの価値』を追求する、Sさんらしい接客スタイルを一緒に創っていきましょう」

自分らしさを失わず、潜在意識の［want］によるエネルギーを最大限に引きだすことが何よりも重要なのです。

このように、Sさんは「売上げを上げなければならない携帯電話の販売員」から、自分ら

職業	売り物		パフォーマンスの効果	
販売員	携帯電話	商品を売る	売れる　二分の一の確立 or 売れない　二分の一の確立	お客様次第（他人軸） ＝ 他者コントロール 〈不可能〉
俳優	演技（チケット）	感動を売る	パフォーマンスできる（達成感） or パフォーマンスがNG（向上心）	自分次第（自分軸） ＝ 自己コントロール 〈可能〉

図16　パフォーマンス（演じる）比較

しさを活かした「お客様に喜びをもたらすパフォーマンスの表現者」へと変わりました。「マインド・ビューポイント」を高めることで、これまでの接客スタイルとは別の視点を獲得し、店頭で別人格を演じることが喜びとなるまでに変化を遂げました。

一時、転職を考えるほど自信を失い消極的だったSさんでしたが、今では売り場に出てパフォーマンスをするのが楽しみになっています。制約のある売り場の中で、「want」に基づき自由に自分を表現しているのです。販売員は目に見える商品を売っているのではなく、商品の「＋αの価値」を売っていく。それがパフォーマンスの善し悪しにつながるのです。パフォーマンスがよければ、売上げという実績は必ず後からついてくるのです。

たとえば俳優は演技をすることで感動を届けます。それは目に見えないモノですが、その質によってチケットの売行きは変わってきます。目に見えない感動を生むパフォーマンスが、チケットや商品の売上げにつながるのです。

Sさんはメンタルトレーニングを始めた当初、「もっとクリエイティブに表現すればいいのですよ」という私の言葉に、「でも、自分は販売員でクリエイターではないから」と尻込みしていました。けれど振り返ってみれば、お店でパフォーマンスをする別人格のSさんはすでに表現者であり、目に見えない感動をお客様に提供している。そのこと自体が表現者なのです。

そしてSさんはついに、職業の枠を超えた人の心を動かす本質を掴んだのです。○○支店の店員Sとお客様の関係から、一対一のパーソナルな人間関係を築くことができました。その瞬間から、相手にとって「特別な存在」になることができるのです。相手の人生に影響を与えるとは、こういうことなのです。

組織の中にも［want］は見いだせる

Sさんと同様、組織の中で自分の［want］を見つけるのは至難の業だと感じている方は多いと思います。しかし、**会社からの要請とお客様からの要請など自分が板挟みになる「have to」の中でも、あなた自身が［マインド・ビューポイント］を引き上げ、物事の捉え方を変えていくことで、［want］は必ず見つかるのです。**制約のある組織においても、自分らしい働きがいやパフォーマンスは、高い［マインド・ビューポイント］を保つことで見いだすことができます。

たとえば、Sさんが会社から要請される月々の数値目標は対前年同月比です。彼は当初、その目先の数字を達成しなければならないといった「ｈａｖｅ ｔｏ」の中でプレッシャーとストレスを感じていました。そこでＳさんは、「マインド・ビューポイント」を引き上げ、その数値は会社がどのような理由で設定しているのかという観点で、会社の「ｗａｎｔ」をイメージしてみました。

企業経営の視点で捉えれば、会社の目標は、最終的に会社全体の売上げを伸ばし、利益を上げることです。対前年同月比の数値目標を月々達成することよりも、数カ月単位、または一年トータルの売上げを上げることが求められているはずです。

早急に結果を出すことばかりに気をとられてしまうと、自分らしさや本来の能力を発揮できずにかえって業績不振に陥ってしまいます。それよりは、自らの「ｗａｎｔ」に忠実になって行動することで、普段は眠っている潜在意識に働きかけて、いつも以上の能力を発揮できたほうが、社員にとっても企業にとってもメリットは大きいはずです。

Ｓさんの例でいうと、Ｓさんの「ｗａｎｔ」と会社の「ｗａｎｔ」が高い次元で重なり合い、ビジョン共有すること。つまり、組織からの要請である「ｈａｖｅ ｔｏ」をいかにして、自らの「ｍｕｓｔ」として、自分自身の「ｗａｎｔ」につなげていけるかが大切なのです。Ｓさんのように「ｈａｖｅ ｔｏ」の業務を「ｍｕｓｔ」に変換させることができれば、行動動機がたとえ外的要請によるものでも、それは「ｗａｎｔ」のための「ｍｕｓｔ」として自らの意志で実行できます。

Ｓさんは、《マインドの法則》を使って、与えられた場所でいかにパフォーマンスを向上させるかに集中することで、結果的に企業が要請した売上げ目標の数値をクリアしたのです。

組織で働く人の場合は、成長したい自分や、やりがいといった「自らのビジョン」と、組織の一員としてやらなければならない「組織人としてのビジョン」――この「ｗａｎｔ」と「ｈａｖｅ ｔｏ」のバランスをとることが重要なポイントです。

人は組織にいること自体、組織が掲げる目標を全うしなければならない「ｈａｖｅ ｔｏ」が課せられているといえます。言うなれば、**社会で生活をするということは、「ｈａｖｅ ｔｏ」の中であなたにとってのやりがい＝「ｗａｎｔ」を常に探し続けることなのです。**

私のメンタルトレーニングでは、個々人が潜在的に持っている「ｗａｎｔ」を導きだします。そして「マインド・ビューポイント」を高めていくことで、一人一人の自らの「ｗａｎｔ」によって自発的に組織とビジョンを共有させていきます。そうすることで、潜在意識は動きだし、最終的には会社から求められる結果が導きだされるのです。

Ｓさんはこの方法で売上げを向上させ、目標を達成することもできました。

同様に《マインドの法則》によって、自分らしさを損なわずに、また自分の「ｗａｎｔ」を犠牲にすることなく逆に活かすことで、多くのクライアントの方々が組織の要請である「ｈａｖｅ ｔｏ」に応え、成果を上げています。

自分次第で未来はいくらでも変えられる

このトレーニングによって、Ｓさんは一つ一つステップアップしていきました。「売上げを達成しなければならない」という会社の「ｈａｖｅ ｔｏ」に囚われ、最初は見失っていた自分の本当の想い＝「人に喜んでもらうことが自分の喜びである」という「ｗａｎｔ」を探り当てました。そして売上げ目標を追いかける販売スタイルではなく、自らの「ｗａｎｔ」発信の販売スタイルにシフトしました。

Ｓさんは「マインド・ビューポイント」を高めて、お客様が何を求めているかを「イマジネーション」し、そのビジョンに基づいてパフォーマンスをしていきました。このパフォーマンスは、「人に喜んでもらいたい」という利他的な行動でありつつも、あくまでＳさんの「ｗａｎｔ」から生まれた能動的行動です。だからこそ、Ｓさんが売り場でパフォーマンスをすればするほど、在りたい自分に近づけるのです。同時に接客したお客様に喜びの気持ちを抱かせることもできるので、お客様から「ありがとうございます」といったお礼の言葉までかけられるようになっていました。このような周囲の反応によって、Sさんはさらに大きな自信を得て［want］を強化させていきました。

こうした経験を一つ一つ積み重ねることにより、組織の制約の中で力を発揮できずに悩んでいたSさんは、自らその壁を乗り越えることによって、【マインドのパラダイムシフト】を起こし、人間的な成長を遂げたのです。彼は、営業成績が上げられるかどうかを会社から試される日常から、能動的な自己探求の世界にシフトしていきました。そして、組織の中で見いだした自分の［want］に従って、どんな場面であっても、自らの意志決定で一歩踏みだし、成長することに喜びを感じはじめました。

現在のSさんは、メンタルトレーニングを続ける中で、さらに次のステップに進もうとしています。組織の中で見いだした［want］を強化させ、「マインド・ビューポイント」をさらに高めることで、新たなステップに移行しているのです。現場販売員から新たに、会社の営業というポジションをやってみたいという想いが生まれてきています。Sさんはもともと営業部へ異動することを「have to」に感じていましたが、それは、「自分には営業なんて向いていない。無理に決まっている」という想いが根底にあったからです。

人は皆、これまでそうであった過去に囚われ、自分の未来の可能性を決めつけてしまいます。それは本当にもったいないことです。それができるかどうかは決して能力の違いではありません。未来の自分に対して「信じる勇気」があるかどうかが重要なのです。

Sさんは、「**［マインド・ビューポイント］を高めれば、未来は自分次第で変えていける。**そして、組織においても自分らしさの追求はでき、自分のパフォーマンス次第で売上げはつくれる」というようにマインドを切り替えていけるようになったのです。「これまでになかった新しいスタイルの営業を自分なりに追求してみたい。これまでの自分が現場で感じてきた経験を活かし、在りたい理想の営業としてのパフォーマンスを目指したい」という未来のビジョンを持てるようになりました。

販売員としての「ｗａｎｔ」を大切にすることで、お客様とビジョンを共有していけるような営業スタイル。そんな想いを抱けるようになったSさんは、「売り場の販売員思いの営業マン」という、在りたい未来の自分のイメージがはっきりと見えてきました。

第四章

相手とビジョンを共有し、人を動かす

あなたの能力の限界は

イマジネーションの限界です

真のリーダーシップを発揮させる

私はこれまで様々な分野の方のメンタルトレーニングを行ってきましたが、その中にはリーダーシップを発揮しなければならない立場の方や、企業経営者が数多く含まれています。

経営者の方というのは、自らの「ｗａｎｔ」によって起業します。しかし、経営を維持させるためには「ｈａｖｅ ｔｏ」も必ず生じます。経営者とは、その狭間において日々決断を強いられる非常に難しいポジションともいえます。

経営者は組織のトップにいる以上、組織の中での制約「ｈａｖｅ ｔｏ」や、果たすべき義務「ｍｕｓｔ」があります。事業を通して企業の社会的ミッションも担うなど社内外にわたる役割を求められる経営者ほど、利他的な在り方が必要とされるポジションはないのです。

また、経営者は組織の中でリーダーシップも発揮しなければなりません。企業理念を掲げ、大勢の従業員とその「ｗａｎｔ」を共有し、なおかつ利益を上げるために彼らを導いていく「ｍｕｓｔ」という、経営者には幾重もの「ｈａｖｅ ｔｏ」がつきものなのです。

通常、経営者の傍らには「経営コンサルタント」というプロフェッショナルがいます。彼らは、その業種や業界の知識や情報をもとに経営上の問題に対処し、経営をサポートしていきます。

私の場合は、経営者の「心」、とくに潜在意識をサポートする専門家です。ですから、経営コンサルタントとはまったく異なった角度からのアプローチをしていきます。この「心」は数値化できません。「こうだから、こうなる」といった経験値や統計値では計ることなどできません。これまでの過去データではなく、むしろ未来、「これからどうしていきたいか」といった心の在り方、つまり彼らの潜在意識の「ｗａｎｔ」を探り当てていきます。

企業のトップは、目の前に山積みになった問題や事情の対処に追われ、日々、「こうしなければならない」といった「ｈａｖｅ ｔｏ」を多く抱えているのが常です。目先のことや過去のことを意識しすぎると、現実的な問題の対処の連続となり、経営をまったく楽しめなくなっているケースが多くあります。

メンタルトレーニングで私が行っているのは、本人の盲点となる無意識にアクセスし、言語化すること。そうすることで本来の心をとり戻し、自由に発想できるように解放していくのです。その中で、いかに「ｗａｎｔ」を強めていくか。たとえ日々積み重なる業務が「ｈａｖｅ ｔｏ」であっても、「ｍｕｓｔ」に転換し、その先のビジョンとなる「ｗａｎｔ」

にどのようにつなげていくのかが課題となります。

そして、何よりも肝心なことは、自身の［ｗａｎｔ］が動きださなければ、絶対に人の心を動かすことはできないということです。誰かの［ｗａｎｔ］ではなく、自らの［ｗａｎｔ］で能動的に動くことがいかに大切なのか、そのことを私は多くの心と向き合い、感じてきました。とりわけ組織のトップであり、リーダーシップを発揮しなければならない立場においては、人の心を動かす能力が求められます。

自分の［ｗａｎｔ］で動いて、［マインド・ビューポイント］を引き上げていくことで、人の心を動かし、相手とビジョンを共有していくのです。その視点の取り方がわかってくると、一瞬にして、他者のビジョンと自分のビジョンを重ね合わせることができるようになります。

そして［マインド・ビューポイント］をさらに高く引き上げることで、社会的意義のあるより大きなビジョンを創っていくことができるのです。

経営者の方や人材を育てていくマネージャーの方、そしてリーダーシップの能力を求めるクライアントの方にお伝えするのは、このことです。この［マインド・ビューポイント］のとり方こそが、人との関わりや絆を生み、本質的に物事を変えていく、本当の意味でのリーダーシップなのです。

これは現代のコミュニケーションには欠かせない、利他的な行為であり、今まさに時代に求められている能力なのではないかと強く感じています。

珈琲一杯で何を伝え得るか

全国にチェーン店を持つ珈琲店の経営者のTさんが、私の元へ訪れた理由はこうでした。

「今まさに事業拡張のタイミングがきており、これまでの自分の能力では到底さばききれない状況になっています。そこでメンタルトレーニングで、自分の器を大きくして、人間力をつけていきたいんです。これまでは、がむしゃらにやってきたんですが……。うちの珈琲を一度飲んでいただければきっとご納得いただけると思いますが、珈琲の味には自信があります。チェーン店としても全国展開している状況ですが、新旧交代の狭間にあって競合とどう戦うか、これまで経営コンサルタントと相談しながらやってきました。しかし、ここにきて自分自身の問題も含め、もっと抜本的な改革、会社の理念から創り直し、手つかずだった社員教育を自らの手で施していきたいのです」

私はTさんのお話を伺いながら、まず、「イマジネーション」を膨らましていきました。一杯の珈琲を淹れるとき、そこにどんな感情が生まれているのか、その珈琲にどんな想いが込められているのか、そこはどんな空間だろうか、従業員はどんな想いでそこにいるのか、それらすべてを視覚化し、そこで働く従業員の一人一人の立場になって、「イマジネーション」を展開していきました。

そして、お客様の一人として店に入った瞬間、醸しだされる空間の中で、珈琲の薫りや挽きたての豆の匂いまで想像し、その空間から感じとれるメッセージに意識を集中していきます。一杯の珈琲が放つ〝想い〟のようなものです。お客様の一人としてお店に入ったことをイメージしながら、その店が創りだしているこだわりを体感していくのです。

次に、私はTさんがこの店で具現化させたいこと＝「ｗａｎｔ」を見いだしていきます。それは、一杯の珈琲で何を伝えたいのかというビジョンです。一杯の珈琲をお客様に提供する側の在り方です。何を伝えたいのか、お客様へのメッセージとなるビジョンを見いだしていくのです。

Tさんの話では、豆は必ず営業数時間前に挽くそうです。チェーン店展開を始めてからも、

「薫りが命」というこだわりは持ち続けています。水にもこだわり、豆との相性がいい産地の天然水を使い続けています。先代が最良の水を訪ね歩き、いろいろと掛け合わせたそうです。

こうしたお話を伺うと、先代の珈琲への情熱、究極の一杯を淹れたいという姿勢が伝わってきます。そういったこだわりはお客様もきっと知りたいはずです。**創業者がどんな想いで豆と水を一つ一つ丁寧に探して訪ね歩き、誕生した珈琲にまつわるストーリー。それを紹介文に記し店頭に置いて公開することで、訪れるお客様一人一人にそのメッセージは伝わっていくのではないか。そうすることで珈琲店の創業者の「伝説」が誕生します。**

さらに「マインド・ビューポイント」を引き上げていくと、そのストーリーとともに珈琲をいただくお客様の姿が思い浮かびます。お客様が求めているのは、ゆったりとした時間、あたたかいおもてなし、人とのふれあいの中で、一杯の珈琲で心が満たされていく感覚です。

しかし、「伝説の一杯」を淹れる若い店長に、豆の扱い方、淹れ方、水との調合、温度、分量などは伝えられてはいても、先代の想いは伝わっているのでしょうか。先代の創業者がどんな気持ちを込めて珈琲を淹れていたかという想いです。またどのように珈琲のレシピが生まれたか、そういった創業当時のストーリーを伝えていくことは大切なことではないでしょうか。それがこの珈琲店の行った文化の伝承となり、伝統として継承されていくものとなるからです。

創業者の想いは、世代を超えて確実に伝わっていきます。それは他の珈琲店にはない唯一無二のオリジナリティです。先代からのプライドやこだわりが確固としてあるのが、この珈琲店の強みなのです。そして大量生産のフランチャイズ店にひけをとらないために、オリジナルへのこだわり、信念とプライドこそが売りになるのです。

文化の継承という役割と企業理念

一杯の珈琲で創業者のこだわりを伝えていくというミッションは、この珈琲店にとっての社会的な役割といえます。「奇跡の一杯」は世代を超えて、文化として継承されていく。それこそが二代目のTさんに託された役割であり、会社の企業理念となります。

創業者とは、アーティストのようなものです。無から有を生む作品づくりのようにこだわりを貫き、一つの作品をクリエイトしていく。先代は「こんな珈琲を淹れたい」といった［want］に突き動かされて、様々な試行錯誤を経て、苦労の末に「奇跡の珈琲」を創りだしたのです。その意味では、一杯の珈琲はアート作品のようなものです。珈琲という単なる飲み物以上に、人の心を動かす「＋αの価値」が宿っているのです。

Ｔさんには二代目として、この父親が創りだした珈琲のレシピ、味や薫り、世界観を一つの文化として継承していく役割があります。親子の絆の中で父のスピリッツをリスペクトして、伝承の新たな道を創っていくのです。

彼は、先代が創り上げた珈琲をより多くの人に飲んでもらいたいと全国に店舗を拡げました。新たな事業計画です。創業者の珈琲へのこだわりは、商品に「＋αの価値」を生みだしました。そしてＴさんは、その「＋αの価値」や一杯の珈琲にかけた創業者の想いこそが、企業理念になるということに気がついていきます。従業員の一人一人の心にその想いを浸透させることで、創業者、現経営者であるＴさん、全国で働く従業員とともに同じビジョンを共有することができるのです。これができれば、これ以上の社員教育はありません。お店で働くウエイターもアルバイトも、４８０円の珈琲の価値を、創業者のプライドとして扱うようになっていきます。

ただ機械的に淹れられた珈琲と、店主が「価値ある珈琲」として淹れられた一杯をウエイターが心を込めてお客様にお出しする場合とでは大きく異なるはずです。

お客様にオーダーを伺うところから、ウエイターの態度も異なってきます。「ようこそ、いらっしゃいませ、何になさいますか」という言葉一つをとっても、そのお客様に絶対に満足を与えられる、喜んでもらえるという店側のプライドが現れてきます。一杯の珈琲を「どうぞお召し上がりください」とワクワクしながら差しだす喜びを、ウエイター自身が感じることで、お客様に伝わる「＋αの価値」は生まれてきます。

さらに「一杯の珈琲で想いを伝えるのが、私たちの役割」と自負を抱いていれば、それが一度でも達成することができたとき、従業員の仕事に対するモチベーションは変わってきます。お客様に「美味しかったです。この珈琲にはなんだか心まで癒されますね」「幸せになる一杯でした。ごちそうさま」と言われると、この珈琲をもっと多くの方に味わっていただきたいという気持ちにもスイッチが入ります。

お客様に珈琲をお持ちするたびに自分自身も仕事に対する満足度が高まります。そしてお客様にも満足していただくことで、「その気持ちをもっと味わってもらいたい」と思うようになっていきます。その一杯をお客様に飲んでいただくことが従業員一人一人の「want」になるのです。それがこの珈琲店の強みになります。一杯の珈琲に創業者の伝説が宿っていくのです。

企業理念を創る際には、従業員にどういう心意気を伝えたいか、その理念によって各々にどんな気持ちを抱かせたいかといった、情動に訴えかける言葉や内容を盛り込みます。そうすることで一人一人の潜在意識に働きかければ、従業員は活字にされた内容以上のメッセージをそこから汲みとっていきます。彼らの［ｗａｎｔ］によるエネルギーが、経営者とのビジョンを共有していきます。そして、全国の従業員にまでその理念が深く浸透していき、一杯の珈琲はお客様の潜在意識に働きかけるメッセージとなって拡がっていくのです。

潜在意識を使って、相手の潜在意識にアクセスする

経営者は、自らの［ｗａｎｔ］で独自のスタイルを創り上げていく方々が多いのですが、その過程で、今以上の力が必要となるタイミングがやってきます。そんなとき、その先に進むために彼らの無意識を見いだしていくのが私の役割です。こうしたほうがよい、悪いを決めるのではなく、自身では未だ見えていない無意識にアクセスし、本人の「こう在りたい」ビジョンを共に見つめていく作業です。

これは本人の「自分を信じる力」を強化し、自らが潜在意識にアクセスして［ｗａｎｔ］

の原動力で力強く動きはじめることを目的としています。「ｈａｖｅ ｔｏ」の制約の多い中で生きる人々の心にアクセスして［ｗａｎｔ］を引きだすためには、言葉や行動、目や耳で聞こえる情報では歯が立ちません。それは潜在意識にアクセスすることでのみ受け取れる情報なのです。それが「フォーカシング」です。［ｗａｎｔ］を引きだし、ビジョンを共有するためには、まず心の情報を言語化していく作業が必要なのです（「フォーカシング」は次の五章で詳しく説明します）。

私のメンタルトレーニングへのこだわりは、本人が意識化できていない心の底に在る本質を見極め、根本からの改革につなげていくことです。

珈琲店のＴさんに対しても、業績データの解析に基づく経営コンサルティングとは異なるアプローチをしました。経営者（創業者と二代目）、従業員、お客様それぞれの［ｗａｎｔ］を［イマジネーション］し、彼らの心に「フォーカス」してきたのです。それは、

「創業者がいかなる想いと努力によって一杯の珈琲を生みだしたのか」
「二代目はその珈琲をいかに伝えようとしているのか」
「従業員はどのような気持ちと姿勢で働いているのか」
「そしてお客様はその一杯の珈琲に何を感じているのか」

などです。

私はTさんとの2時間近くのトレーニングの間、心の視点［マインド・ビューポイント］を引き上げて［イマジネーション］をフル活動させ、高次の潜在意識にアクセスしていきます。そうすることで、一杯の珈琲に関わる人々の心の動きをリアルに体感できるのです。まるで珈琲の薫りが空間いっぱいに満たされているような錯覚を起こすほど、想像を膨らませ感じとっていくのです。そして、その世界観を「心のスクリーン」に映しだしていきます。それにより、その空間が求めている目に見えない［ｗａｎｔ］を感じることができます。そして、そこに存在するすべての本質が、私の潜在意識に語りかけてくるのです。

企業は競合他社とは差別化を図っていきたいと常に考えているものです。そのために、自社が現在持っている情報と環境をいかに活用していくかがポイントとなります。クライアントの心に触れ、その人の世界観を感じながら、相手の［マインド・ビューポイント］をも同時に高めていきます。クライアントの［イマジネーション］を拡げ、メンタルルームに居ながら疑似珈琲店をビジュアライズさせ、よりリアリティのある体感をクライアントの内側に創り出していく共同作業を行っていきます。

人間の［イマジネーション］は無限に拡がります。そして現在・未来へと時間軸も移行させながら、来店するお客様にはどういう感情が起こるのか、実際に珈琲を淹れる従業員の感覚、珈琲を飲むお客様の感覚まで自由に想像します。そのフロアにいる人、一人一人の気持ちが体感できるように「イマジネーション」をしていくのです。

普段、Tさんのような経営者は予算、人員削減、コスト削減といった様々な「have to」の存在する物理空間で生活しています。それゆえ物理空間の中で対話を重ねても、物理的な制約に捉われて上手くいきません。そこで「マインド・ビューポイント」を高め、「イマジネーション」を自由に膨らませていきます。クライアントも、この「イマジネーション」によって創られたビジョンを共有し、情報空間に入り込むことができれば、物理空間からもっと自由になれます。そうすることで型にはまった思考や、こう在らねばならない「have to」の制約から抜けだすことができるのです。

「イマジネーション」を働かせ、現実的な制約のある物理空間から自由な発想を許す高次の情報空間で対話を始めると、クライアントの潜在意識のエネルギーが実に何倍も発揮されます。なぜなら、人の意識の約90％が潜在していて、普段は眠ったままだからです。この使われていない潜在意識にアクセスし、フルに稼働させることができる《マインドの法則》の真実に、多くの方が驚愕し、その結果を手にしているのです。

従業員一人一人が「want」を見いだす

「一杯の珈琲で伝説を創る」
「一杯の珈琲で文化を継承する」
「その一人として、あなたはここにいる」

Tさんが、従業員に、企業理念として伝えたメッセージです。このメッセージは彼らの無意識に強く刻まれていきました。

経営者のマインドに変革が起こると、その周りの人々にも影響が現れます。従業員も経営者と同様に、「want」に突き動かされ、潜在意識が稼働しはじめます。つまり、【マインドのパラダイムシフト】が次から次へと伝播していくのです。

Tさんが伝えた企業理念は、現場で働く従業員たちの無意識に働きかけたのです。それによって、各々の原動力となる「want」を見いだし、「マインド・ビューポイント」を引き上げて、経営者Tさんとビジョンを共有しはじめました。Tさんの心に起きた変革と同様の心の変革が従業員の中にも現れはじめたのです。

経営者が実際に一人一人に指導するまでもなく、その理念が従業員の無意識に働きかけ、各々の［ｗａｎｔ］につながることで、ビジョンは共有されるのです。

経営者が生みだしたビジョンを共有する従業員は、「自分はそのビジョンを共に達成するための一員なのだ」という意識が高まります。自己の存在理由を見いだすのです。すると、時給で働いているウエイターでさえも瞳が輝きはじめます。

それぞれの［ｗａｎｔ］に従い、高く引き上げた［マインド・ビューポイント］によって、そうしたビジョンを共有しながら、自発的に社会的視点に立った行動をすることができるようになります。

私は、経営者の行う「事業」と交わるのではなく、経営者である以前に一人の「心を持つ人間」としてパーソナルに向き合うことで、よりクライアントと近い視点をとることができると感じています。そうすることで、より明確に「ｈａｖｅ ｔｏ」の中に埋もれている潜在意識の［ｗａｎｔ］を見いだすことができます。そして、［マインド・ビューポイント］を高く引き上げることで、この［ｗａｎｔ］をさらに高次に引き上げていきます。潜在意識に直接アクセスして、心に変革を起こすのです。そうして起きるこの【マインドのパラダイムシフト】は、また人から人へと伝播していきます。高まった［マインド・ビューポイント］で掲げた企業理念のビジョンが人々に共有され、確固としたものになっていくのです。

一人の人間が心のパラダイムシフトを起こす。それが周りに波及して、それぞれの心の視点が引き上がる。この現象そのものが、感動的で素晴らしいことだと私は思うのです。

それが心の世界＝情報空間の持つ力です。情報空間につながると、可能性が無限大に拡がっていきます。心の視点を高め、心で感じさせる世界です。潜在意識の力はいまだ計り知れないほど大きいのです。

答えはその人の中にある

一人の人間に起きた【マインドのパラダイムシフト】は、人から人へと伝わり、組織全体にまで及ぶような波及力を発揮します。このような力が発揮されるのは、多大なエネルギーを秘めた人間の潜在意識のおかげです。潜在意識から見いだされた［ｗａｎｔ］が、その人の原動力となって行動を支えると同時に、周りの人の心を動かす原動力となり得るからです。

それは、私自身の仕事においても同様です。

私が今のような〝心〟を扱う仕事に入ったのは、「目の前の泣いているその人を笑顔にしたい」という、自らの［want］に突き動かされたことが始まりでした。

最初の心理カウンセリングで出会った、ドメスティック・バイオレンス（DV）に苦しんでいた女性を笑顔にしたいという想いがまさにそれです。傷ついた心、悩みを持った、明日を生きられないと打ちひしがれた人々を目の前にして、「自分はいったい、この心に何ができるのか？」――傷ついた心に出会った瞬間に、その人の心をあたためることができるかどうかを自分自身が試されているのだと感じたことを鮮明に覚えています。これは決して受動的なものではなく能動的に関わるものであり、自らの［want］に突き動かされる強い信念を要する仕事だと。

自分の［want］発信による、相手の心に寄り添う在り方。相手のためにその瞬間、何ができるのかが試されているということです。根拠となる実績や経験ができるのを待つことでも、学んだ療法によって相手の心を診たり、試したりすることでも決してないのだと感じました。

私は人間の底力を、どんな場合でも、どんな状況においても信じ続けています。その根拠などどこにもないのですが、ただあるのは、それは「信じる勇気」なのかもしれません。相手の無意識に到達させることができるのは、知識や方法論では決してないのです。知識や方法論にあてはめてクライアントを診るのではなく、目の前のその心が震えているから、その痛みを持った生身の心にフォーカスするのです。

「今この瞬間からあなたは絶対変われるのです」。過去にどんな出来事があっても、それに囚われる必要などないのです。あなたが変われないのは、過去でも、社会でも、他人のせいでもないのです。

人間というのは本来、どんな場合においても自分を信じるという意志決定さえできれば、潜在意識がその解決策をすでに持っているものなのです。けれども、過去の経験がトラウマになって現状を肯定できない人は自分を信じることが恐いのです。言い訳という保険をかけて、本当に欲しいものから目をそむけてしまう回避行動などがそうです。

だからこそ、大切なのは、「自分を信じる勇気」なのです。自分を信じる勇気を持つことではじめて、他の人の人生に対しても根拠なく信じることができるのです。たとえば私が初対面のクライアントの心と向き合うとき、理屈抜きに未来は絶対変われるのだと信じる勇気が私に強くあるから、相手も「もしかしたら、自分も変われるかもしれない」と思えるのです。「マインド・ビューポイント」を高めることで、それが可能となります。

今回の経営者Tさんの場合も、最終的に彼と彼の会社に変革を与えたのは、Tさんの中にある人間の底力＝潜在能力でした。潜在意識の中に、彼自身が意識していなくてもその答を持っていたのです。私は自らの［want］に突き動かされて、「一杯の珈琲を生んだ奇跡を伝えたい」想いと、Tさんの［want］と重なり合ったビジョンを共有していました。だからこそ、Tさんの潜在意識に働きかけ、埋もれていた［want］を引きだすことができたのです。

同じようにTさんが従業員の潜在意識に働きかけることで、彼らの［want］を引きだし、ビジョンを共有し、一人一人に【マインドのパラダイムシフト】を起こすことができたのです。

私は、**あなたの明日を変えるのは、究極はあなたでしかない**と思っています。

そのために必要なのは、あなたの信念であり、「信じる勇気」や潜在意識に眠る［want］なのです。そして他者との関係においては、お互いのビジョンを共有することによって、まさにそれぞれが［want］で思い描いたような新しい未来が創られていくのです。私はこれこそ、今まさに求められている真の利他的な行為ではないかと感じています。

現在の医療現場は、心を診せにくるクライアントに対し、心を診る人がいない現場となっていることが時としてあります。必要なことは、自分のニーズを追求するのではなく、受けとめ、相手のニーズに応えてあげることなのです。自分の前にいる人の［want］を相手の視点に立って自分の中に受容し、感じていく視点が必要です。それを医療現場の社会的視点とすべきであると考えています。

世の中には、本質がずれ、本末転倒なことが多くあります。経営者や企業は、利潤追求に没頭し利益ばかりを優先させてしまうと、大切なことを失っています。会社を存続させるために目先の対処に追われ、効率ばかりを追求してしまいます。

真に重要な本質は、社会に必要な人を育て、生みだすことです。社会に役立つ力を創造していくことなのです。

第五章

「フォーカシング」で感情をコントロールする

心の周波数を合わせれば

見えない心は感じられる

フォーカシングの威力

「感情のコントロールができるようになりたいんです」

メンタルルームを訪れる多くのクライアントの方が求めることです。

感情というものは常に揺れ動くものです。感情そのものが揺れ動くことが問題なのではなく、感情の波に呑み込まれて自分を見失い、身動きがとれなくなることが問題なのです。**感情を持った私たち人間は、感情をコントロールできなければ多くの大切なものを失ってしまいます。**

感情に呑み込まれるのではなく、乗りこなすようなイメージで感情を扱うことが大切です。生まれてくる感情を抑えつけるのではなく、達観して見る視点の高さが必要なのです。

「フォーカシング」では、「自分の感情は揺れている。不安になっている」ということを在りのままに受けとめ、それを言語化していきます。自分の感情そのものを高い「マインド・ビューポイント」から見るのです。それにより心の視点が引き上がり、自らの感情を一つ上の視点から見つめることで、揺れ動く不安定な感情から離脱することができ、自然に制御することができます。

無意識に沸き起こる不安や緊張といった負の感情の揺れは、身体各部の緊張や体温、呼吸など生理現象としても現れる心のサインです。それを無視しようとすればするほど大きくなります。感情の揺れは周囲の状況に対し、危険やストレスをキャッチし伝達します。また危険を回避する効果的な役割も果たしています。感情の揺れを無視することなく受けとめ、意識化することで揺れがおさまり、コントロールすることが可能になるのです（図17・175ページ参照）。

心理学者であるシュワルツは、感情に信号機能があるとの「感情信号説」（1990年）を発表しました。感情は、重要な事態が生じていることを、私たちに伝える信号なのだと考えられています。

私のトレーニングでは、この「フォーカシング」を巧みに使い、感情の動きを見つめる様々な体感ワークを行います。

潜在意識の奥深いところでうごめいている「ウー」「アー」といった言葉になる以前の心（情動）の状態にフォーカスし（焦点を当て）、「モヤモヤしている」「イライラしている」また「重苦しい」「つらい」というように、うごめいている感情を認識し、言語化することによって意識化していきます。

見えない心の闇に光を当てていくイメージで、潜在意識の中にうごめく感情の揺れに対し、「この感じは何だろう？　どこからきているのか」と丁寧にアプローチして、意識へと注意を向けます。言葉になる以前の情動にフォーカスして、「ああ、こういう気持ちがあるんだな」と感じとっていきます。

何が眠っているかわからない暗い海中にサーチライトを当てていくような作業です。潜在意識に何があるかは本人には無自覚なので、それとの出会いは本当に感動的です。

そこには、今はまだ見たくない自分や、触れたくない心の傷があるかもしれません。しかし、それも捉え方次第で、自分の内面を見つめ認識していくことは、新しい自分を発見し、世界を劇的に変えていくという感動的な体験となるのです。

心は目には見えませんし、耳で聞こえるものでも、触れられるものでもありません。けれど、心は確実にあなたの中に存在していて、「フォーカシング」によって感じることができます。心の声を聞いたり、思い描いたりすることでビジュアル化することは可能なのです。

また、**目に見えない感情というものを意識化し捉え直していくことで、自分の様々な感情の動きのパターンを知ることができます。**感情の波がやってきたとき、「ああ、あの感情だな」

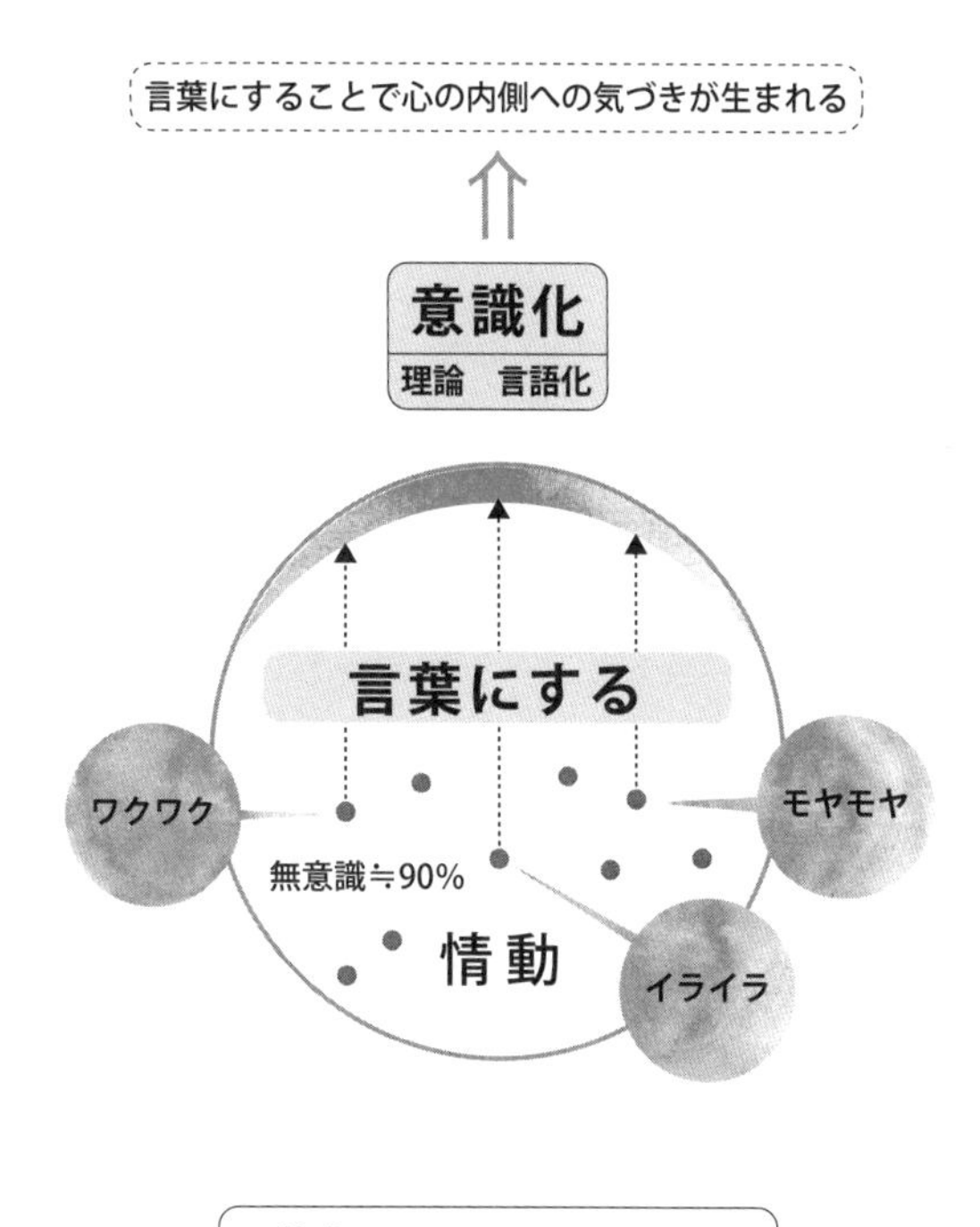

図17　「フォーカシング」＝潜在意識の情動を言葉にする

とマインドにフォーカスすることで冷静に対処できるようになるのです。

最終的には、心の深層部にフォーカスしながらクライアントの潜在意識の情動、コントロールできていない感情を言葉にするところまで持っていきます。「その気持ちに意識を向けていってください。どんな感じがしていますか」と静かに問いかけながら、「とても熱いです」「そこには何がありますか」とフォーカスしていく。こうしてクライアントの想いを言葉として表現する作業を一緒に行っていきます。

これにより、あなたの中に突き刺さっていたもの、気に障っていたこと、自分を傷つけていたものを〝トゲ抜き〟していくこともできます。そして、自分自身の心に背負っていたものに気づいていきます。目に見えない囚われの重荷を降ろすことが意図的にできるのです。これまでどうにもコントロールできなかった感情を言葉にできた瞬間に、涙があふれだし、カタルシス（浄化）を感じることもあります。

16の形容詞を使ったフォーカシング

それでは、ここで自分一人でもできるフォーカシングのワークとして、「16の形容詞を使ったフォーカシング」を行ってみましょう。自然と心に浮かんだ形容詞を179ページの枠の中に書き込んでいきます。潜在意識に在る心の声に耳を傾け、くり返し自分の内側にフォーカスして意識と無意識を行ったり来たりさせていくことで、「マインド・ビューポイント」を高めていくトレーニングにもなります。

以前、私のセミナーに参加した方は、セミナー会場でこの方法をやってみて、「形容詞を書き込んでいくだけで、こんなにも自分の感情が動くとは思わなかった」と驚いていました。言葉になっていない漠然とした情動に光を当てる感覚を体験してもらうためにも、ぜひ試してみてください。はじめはリラックスできる静かな部屋で行ってください。慣れてくればどんな場所でもスラスラと行えるようになります。

①まず、頭に浮かんだ形容詞を16個書きだして、8個ずつ2列に並べましょう。

②次に、隣同士になった形容詞から連想する名詞を書きます。たとえば、「青い」と「広い」が隣り合ったとすれば、「青い」という言葉からイメージを視覚化し、同じようにイメージした「広い」というイメージと重ね合わせ、「青く広い」→「空」という具合にイメージした体感から生じた情動を言語化します。これで名詞が8個書き込まれました。

③その8個の名詞を好きなように2個ずつ組み合わせて、そこから連想する名詞を書きます。「湧き水」と「大地」を組み合わせるとしたら、たとえば「泉」が浮かんだりします。この際には、イメージを膨らませて情景を思い浮かべ、体感を意識しながら、今の自分の情感にぴったり合う名詞を探してみてください。ここで4個の名詞が書き込まれました。

④その4個の名詞をさらに、好きなように2個ずつ組み合わせ、それぞれから連想する名詞を書きます。その2個の名詞にそれぞれ修飾する形容詞をつけて、内的イメージをより自分らしく表現するため、2組の「○○な××」という言葉を書きだします。

⑤その言葉で感じた情感をそれぞれイメージしながら、ゆっくりと心に触れていきます。

⑥最後に、その2個の言葉から連想される言葉を書きます。心の内側でうごめく情動・体感をじっくりと味わいながら、言葉にしようしようと無理に考えないで、心で感じとっていくイメージを強めていくことが重要なキーポイントです。ラストに近づくと、ついつい思考を使って言語のカタチにしようということが優先されてしまいがちになります。単語ではなく、短い文章になってもかまいませんので、心に沸き上がったイメージをキャッチしてください。

最後に出てきたものが、あなたの深層心理に宿っているものです。

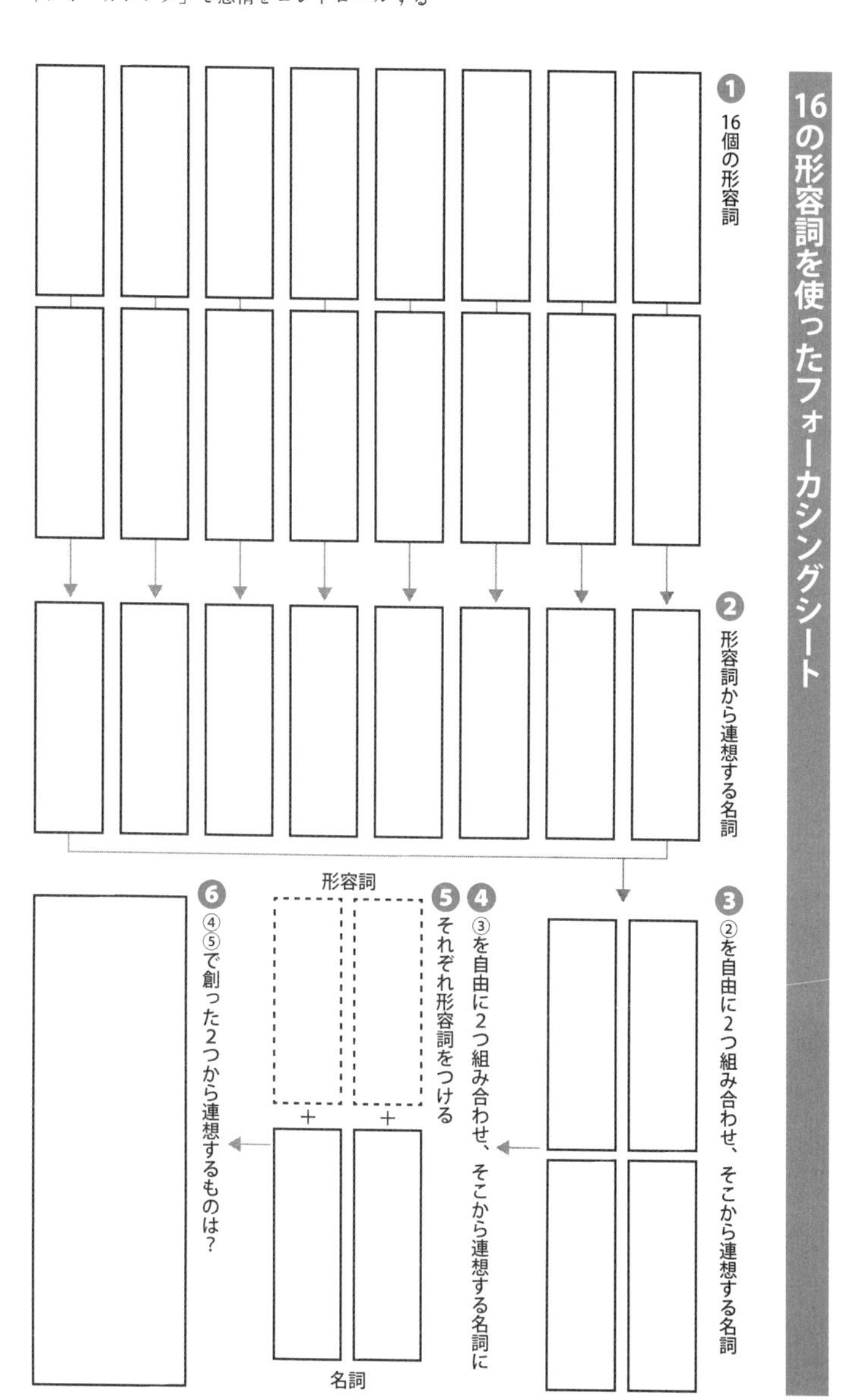
16の形容詞を使ったフォーカシングシート
❶ 16個の形容詞
❷ 形容詞から連想する名詞
❸ ②を自由に2つ組み合わせ、そこから連想する名詞
❹ ③を自由に2つ組み合わせ、そこから連想する名詞に
❺ それぞれ形容詞をつける
形容詞
＋
＋
名詞
❻ ④⑤で創った2つから連想するものは?

言葉やイメージにならない〝感じ〟を「フェルトセンス」と呼びます。このフェルトセンスを言葉や内的なイメージで象徴化するプロセスによって、心の奥深くに存在する情動へと接近し、意識に引き上げます。それによって内面への気づきを促すのが「フォーカシング」なのです。

感情にフォーカスすれば、不安や緊張は消える

私がパーソナルトレーニングで「フォーカシング」を行うときには、クライアントと共に目を閉じて、心を見つめていきます。そして、次のような導きかけによって直接、情動に触れていきます。体感を働かせながら読み進めていってください。

（K＝メンタルトレーナー久瑠／C＝クライアント）

K「心を感じてみましょう」

C「はい」

K「心はあなたの体のどのあたりに感じますか？」

C「胸のあたりに感じます」

K「どんな形をしていますか？」

C「楕円形のような感じです」

K「大きさはどのくらいですか？」

C「フットボールが2倍に膨れたくらいです」

K「今から心の中に入ってみましょうか」

K「中に入れますか？」

C「はい」

K「何か見えますか？」

C「うーん、暗くてよく見えません」

K「体感はどんな感じですか？」

C「なんだか温かいです」

K「足下はどうなっていますか？」

C「粘着質の……やわらかい感触です」

K「壁に触れてみましょうか？」
C「何か暖かいです」
K「天井はどうですか？」
C「手を伸ばせば届く高さです」
K「少し歩いていきましょう」
C「はい」
K「窓はありますか？」
C「近くにはないみたいです。あ、でもその先にありそうです」
K「そちらに行ってみましょうか」

といった具合に進めていきます。

心にフォーカスすることに慣れてくると、自分一人でも、潜在意識の情動に触れていくことが日常的にできるようになります。

たとえば、過去自分に起きた理不尽な出来事や、大きな憤りを感じたときの情景を思いだし、そのときの自分自身の感情も喚び起こしていきます。そして、喚び起こした感情に問いかけるようにフォーカスし、感情を言語化していくのです。

C「あのときは、とてもつらい気持ちだった」
K「それはどんな感じ？」
C「どんよりした感じ」
K「どんよりしたその感じにフォーカスしていくと……今度はどんな感じ？」
C「なんだか、ふつふつした感じが湧いてきた」
K「そのふつふつとした感じに意識を向けていくと……」
C「自分が言ったことを、受け入れてもらえなくって……」
K「……受け入れてもらえなくって……」
C「少しくらいは、聞いてほしかった」
K「聞いてほしくて……どう感じてる？」
C「腹が立って……すごく悔しかった」
K「その悔しい気持ちにフォーカスしていくと……どんな感じ？」

このようにして、過去、抑圧されていた感情に自らが気づいていくことで、本人の心の奥で引っかかっていた、意識できていない感情は言語化されます。

自分の感情にフォーカスして、それを言語化する。また湧いてきた感情にフォーカスして、さらに言語化する。というように、自分の感情をどんどん深く掘り下げてフォーカスしていくのです。

過去に起きた出来事だけでなくとも、現時点での感情にもフォーカスできます。たとえば「緊張している」「不安になっている」といったときの体感から、その緊張している心そのものにフォーカスします。キュッと縮こまって締めつけられているあたりにフォーカスし、それを感じとっていくと、自分で自分を強く締めつけている原因に気づきます。

緊張によって心拍数が上がったり身体が震えるといった徴候は、緊張感を客観視できた時点でそのサインは弱まり消えていきます。前述したように、緊張や不安、恐れといった感情は、無意識の心が発するメッセージなのです。

「自分は緊張しているんだ」と言語化して気づいてあげる。不安な気持ちを、不安という感情として意識に上げ、「あぁ今、自分は不安なんだ」と、在りのままに認識した時点で、そのサインはだんだん消えていきます。

このように、**自分の内側の言葉にならない想いにフォーカスを当て、自分の内側に在る感**

情を在りのままに受け入れ、達観視することで、これまでコントロールできなかった感情は、あなた自身で制御できるようになっていきます。

心の声に周波数を合わせる

あなたの内側には、本当に豊かな内面世界があります。目に見えない、形のない心というものを、もっと立体的に重層的に捉えていかなければなりません。

日常生活において、どうしても形あるものの価値に意識が向いてしまいがちです。物理空間では「何を持っているか」で、その人の価値は決められていきます。資産、役職、名声や人気など、自分をとりまく外側の世界で下される他人や社会の評価ばかりが、価値あるものとして注目されるからです。しかし、人の価値は誰かに決められるものではなく、自分自身が決めていくものなのです。人間の真の喜びや満足というものは、本人の内側からのみ生みだされるものだからです。

それが価値あるものであるかどうかは、最終的にはあなたの心（潜在意識）が決めているのです。他人や社会が決めた成功の価値基準に照準を合わせ生きることで、人は自らの内側の奥深いところにある多くの感情を見失っていくのです。その価値基準を自分で決めておかないかぎり、「どこまでいっても達成感がない」「喪失感に苛まれる」「ときおり無力感に襲われる」といった想いは消えることがないのです。

そういった意味で、社会的な成功者というのが、本当の意味で幸せなのかどうかは、外から見ただけでは決してわからないのです。頭ではこれが成功のカタチであると思い込んでいても、それは他人の評価や社会通念で考えられている成功であって、当の本人が本当に願っていた幸せとはまったく別のものであることが往々にしてあります。成功しているかのように見える人であっても、心に空虚さを感じているなら、それがその人にとっての真実です。

私は、人の無限の可能性を引きだすためのセッションにおいて、その人の本質的なところ（潜在意識）に近づいていくとき、その人物の持つ一切の情報はシャットアウトされます。本質を見たいという私自身の［want］が原動力となって、高次の潜在意識にアクセスするからです。そうすることで、［マインド・ビューポイント］は高まり、その人の本質（潜在意識）に照準を合わせて言語化していくことができます。

その過程においては、社会的評価、肩書き、名声、ましてや他者がつけたレッテルなどは、その心を捉えるのに必要のないものとなります。その人が「**これまで何をしてきたかではな**

く、これからどうしていきたいのか」、それが本質的に重要なことなのです。内面世界を見つめることではじめて、その本質を探し求めることができるのです。

それにより、年齢・性別を問わず、様々なジャンルのクライアントを受け入れることができます。これは、私が専門を決めない理由でもあります。

本人すら自覚できない心の深い場所（つまり潜在意識）を見にいく場合、顕在化された情報などはむしろ邪魔になります。テニスプレーヤー、経営者、販売員、主婦、不登校児。どんな人であっても、心そのものを感じていく。私にとってセッションとは、こちらが専門を決めておく保守的なものではなく、目の前に存在する人の心というものをライブで感じていくといったカタチなきものなのです。

そのために私は、目に見えない、耳にも聞こえないクライアントの内面世界に在る、声にならない想いを感じていきます。ラジオの周波数をチューニングするように、クライアントの心の周波数に、私の心の周波数を合わせていくイメージです。互いの心の周波数がピタリと合う瞬間が必ずあるものなのです。

そうして波長を合わせることができると、心はとても軽く自由になります。「メンタルブロック」が外れ、囚われが解き放たれ変容を始めます。本来、私たちの心は本当に自由です。

意識の世界では、どこへだって行けるし、何にだってなれるのです。その心の存在に気づき、奥深くにある底知れない力を発揮する、潜在意識の存在に気づくことが何より大切なのです。

心の居場所がなかったアーティストの孤独

成功を手にし、これ以上ないほどに賞賛され、幸せな人生を送っているように世間の目には見えても、その人の内面世界では虚しさや喪失感、そして深い孤独を抱えていることが多々あります。ここで、あるアーティストNさんの事例をご紹介します。彼は現在でもスポットライトを浴び、華々しく活躍をされています。そうした光り輝くステージ上の彼とは対極的に、彼の内面には暗い闇が隠されていたのです。

大成功をおさめた国内ライブツアーの最終公演を終え、終演直後に行われる関係者との打ち上げで、皆から「最高のステージだったよ」「ぜひまた一緒にやらせてほしい」と絶賛された直後、一人になった瞬間に、

「無理だよ……もう何も出ないよ」

喪失感の入り交じった切ない言葉が口を突いて出ました。多くの人に囲まれて高い評価を

受け、拍手や歓声を受けたわずか後に生じた無力感。掴んだはずの栄光が、指の間からすり抜けて落ちていくような感覚。

「俺には、もうこれ以上何も出せない。もう無理だ。これ以上、みんな何を望んでいるんだ。あんなに拍手して、いったい何を俺に期待しているんだ？」

最高のパフォーマンスで数万人の観客を湧かせたNさん。観客たちがそのステージから多くのエネルギーを受けとっていった、とても感動的なステージでした。しかし賞賛されればされるほど、彼に向けられた評価は、次へのさらなるプレッシャーとなってしまうのでした。次のステージに今以上のパフォーマンスを期待する観客。その期待に応えることで、得られるという条件付きの賞賛。そのことが焦燥感と喪失感を彼に抱かせてしまっていました。

これまでステージで誰から認められても、何を言ってもらっても、自分自身が満たされることはありませんでした。それは、彼が幼少期に欲しくても手に入らなかった、母親の愛情に起因するものでした。

幼少期、彼は母子家庭で育ちました。母親は離婚して女手一つで彼を育てるために、昼も夜も忙しく働き、帰宅は深夜になることもありました。そんな母親の姿を見た彼は、幼い頃から母親のために食事の仕度をしたり掃除をしたりと家事を担い、「できるかぎり手伝ってあげる」「母親を支える人間にならなくては」と健気に思っていたのです。

しかし、母親との親密な時間はほとんど持てず、母親からのねぎらいの言葉、自分を気にかけてくれる言葉はかけてもらえませんでした。それでも彼は、母親を一人で待つ寂しさをまぎらわすように手伝いを続けたのです。

母親は、息子に十分愛情を注いでいたつもりでいました。しかしNさんは、忙しく疲れている母親に遠慮して、甘えたい気持ちをぐっとこらえていたのです。本当は、寂しくて強がっている自分をごまかして、何でもないふりをしながらも留守番をして、いつもずっと一人で家事をしていたことを、母親に気づいてもらいたかったのです。

寂しい想いを抱えて待っている自分に、「いつも寂しい想いをさせてごめんね」と言葉をかけてもらい、「おまえがいてくれるから助かったよ」と独りで頑張っている自分を認めてもらいたかったのです。しかし、そんな言葉はいつまで経ってもありませんでした。

しだいにNさんは「どこまでやったら、認められるのだろう」「もっと認められたい。もっと認められなくっちゃ」と、いつまでも満たされることのない想いを募らせていきました。

母親の関心を惹(ひ)きたいがため、健気にお手伝いを続けていたのです。

そんな中で、母親は再婚。新しい父親ができて、新しい生活が始まりました。彼はさらに、

「自分はここにいていいのか」と、幼心ながら気を遣いはじめました。自分の居場所さえ失いつつあったのです。「どれだけお手伝いして頑張っても、お母さんは僕を見てくれない」「愛される価値が、自分にはないからだ」と感じてしまったのです。母親に甘えたくても甘えられない、女手一つで育ててくれた母に反抗もできない、新しい父親と仲良くやってくれることを期待している母親の想いもまた、Nさんは敏感に感じとっていました。

そうして、彼の居場所はしだいになくなり、家からも、そして唯一の心のよりどころであった母親とも距離が生じはじめました。物理的にも精神的にも居場所を失った彼は、独り部屋に閉じこもり、こっそりと音楽を楽しむようになったのです。そして音楽で自分を表現することで、自分の居場所を見いだしていったのです。

大人になってプロのアーティストとなった現在では、ライトと喝采を浴びるステージの上が彼の唯一の居場所です。しかし、一旦ステージを降りてしまうと、同じようにまた居場所のなさを感じてしまうのです。どんなにもてはやされても、彼の心が満たされることはありません。幼い頃に母親から自分の存在を認めてもらえなかったという心の傷、どんなに求めても愛されていると実感できなかった失望感が、彼の未来に影を落としていたのです。

現在の自分が音楽の分野でどんなに認められても、幼い頃に受けたぽっかり空いたそうした喪失感を克服することができずにいたのでした。それゆえ、どんな賞賛でさえも彼を満たしてくれることはなく、ステージの光の中にいる自分さえも喪失感を生みだす対象となってしまうのでした。彼は無意識のうちに自分の本当の居場所、心の居場所を求めてやまなかったのです。

潜在意識にフォーカスする

Nさんと最初に話をしたとき、彼自身は心の闇の存在について気づいていませんでした。私はそんな彼に、「人は誰しも言葉にならない想い、抑え込んだ感情を持っているものです」と伝えました。すると彼は、自分が潜在意識の中で求めていたものを探りはじめたのです。

彼が本当に求めていたのは、認められたいということでした。周りには十分に彼は認められているように見えます。しかし、確かにステージの上では誰からもカタチある存在として認められたけれど、ステージを降りてしまった自分は誰からも認められていない、どこにも居場所がないと感じられ、「人から認められている」という感覚を潜在意識が認識できていなかったのです。それにより、極度の自己否定を繰り返していたのです。

うわべでは自分は認められているけれども、本当の意味では誰からも認められていないのではないか。幼い頃、「母親に認められていないのではないか」「どんなに頑張ったって、やっぱり僕を見てくれないんだ。別の父親を連れてきたじゃないか」「僕はどこへ行ったらいいんだ」――そういった過去の想いが、彼の潜在意識を暗いベールで覆っていました。

愛してくれて当然のはずの母親が、自分を認めてくれていない。自分の存在が肯定されていない。こうして満たされなかった愛の代償をステージに求めて光り輝く。けれども、やはり心の空虚感は埋まらなかった。ステージを降りて、どんな言葉をもらっても、一人になれば、やはりその孤独と向き合わなければならなかったのです。「俺はいったいなんなんだ」と。

私はNさんの話を聞きながら、幼少時代の彼の心の闇にフォーカスし、その言葉にならない心の声に耳を傾け、周波数を合わせていきました。心の闇にチューニングし、相手の心の周波数にぴったり合ったときに、共鳴し響き合うことができます。彼の心には、虚しさでいっぱいになった強い負のエネルギーがあって、だからこそ、あれほどまでにステージでは強く光ることができるという相対的な彼の潜在意識を共有したのです。彼はその渇望感ゆえに、ステージでははじける力がとてつもなく大きく、感動を巻き起こします。このアーティストのケースだけではありません。**欠落した部分やコンプレックスという傷を持っている人は、**

その闇があるからこそ、光り輝けるということが大いにあるのです。

このように、人間は、コンプレックスをバネにして飛躍できるのです。幼少期の彼が苦しかったのは、物理空間で生活する中で、目に見えるカタチとして母親の愛情も、自分の居場所も見いだすことができなかったからです。人間は意識の次元が下がると、感情の渦に巻き込まれてしまいます。彼が今もなお苦しんでいたのは、心の視点すなわち「マインド・ビューポイント」を上手くとれていなかったからです。

彼の潜在意識にフォーカスすることで、「マインド・ビューポイント」のとり方をトレーニングしていきました。

フォーカシングにより、少しずつ無意識の中の抑圧された感情の声に耳を傾けていきました。やがて、在るがままの自分を受け入れられるようになります。つまりパフォーマンス後の喪失感と、母親に認められない空虚感が同じところから発していることに気づき、無意識のうちに囚われていた負の感情から解き放たれることができたのです。

そして、自分が、「ただそこに在る」と認められた瞬間に、「孤独」が自らの表現につながっていたのだということに気づきました。すると、今まで障害に思えていたものが、逆に表現者としての武器になります。このように、自分が向き合いたくなかった心の痛みさえも、すべて余すことなく自らの個性にすることができるのです。

トレーニングを終えて、Nさんは私にこう言いました。

「もう迷わない。ステージにいても、どこにいても、自分の居場所は自分で創れる。今は心からそう思えている」

「マインド・ビューポイント」を上げていくことで、彼は進むべき道を見いだしたのです。自分はなんのためにステージに立つのか、何を伝えていきたいのか、なぜ曲を書き歌うのかというアーティストとしての社会的存在意義を考え、より高い「マインド・ビューポイント」を獲得したからです。彼は自分自身の心と向き合い、そして高い視点から、自分自身の姿を、自分と周りの人を、社会全体との関係性を把握したのです。そのことで、これまで以上に、能動的に自分の想いをステージ上で思いっきり爆発させるエネルギーに変換することができるようになりました。

それからNさんは、人々の埋まらない孤独感を埋めていこうという、彼自身のミッションを明確に抱くようになりました。世界に向けて自分のメッセージを伝えていきたい、自分の想いをまだ見ぬ人々へも伝え、世界につなげていきたい。彼は懸命にその活動を自らの意志で続けているのです。

レオナルド・ダ・ヴィンチの視点

レオナルド・ダ・ヴィンチ（1452―1519）は15世紀から16世紀に活躍していた人物です。今から約550年前にあらゆる分野で、その才能を余すところなく発揮した偉大なる天才といえます。以下にそれらの才能を羅列します。驚異的な能力です。

彼は物理学、解剖学、天文学、建築家、音楽家、発明家、生物学、画家として超越した才能の持ち主でした。

私は彼のマインドの使い方は、まさにその「マインド・ビューポイント」がとてつもなく高く引き上げられた状態、かなり高次な潜在意識の階層にアクセスされていたのではないかと感じています。その一つの例として「モナリザの微笑み」を例に挙げます。

「モナリザの微笑み」はどこの位置から眺めても、なぜ彼女は常にこちらを見ているかのように私たちを見つめてくるのでしょうか？

モナリザが観る者に微笑みかけてくるのは、ダ・ヴィンチがモナリザをモデルとして描いてはいても、彼が主観的に見たモナリザを描いているのではなく、モナリザからこちらを見ている視点、彼女の主観を描いているからだと感じます。つまり、ダ・ヴィンチの心の視点が自分ではなく、自我を超えた高い視点から描いているからなのです。
ルノワールなどの印象派の画家の肖像画と比較するとわかりやすいのではないでしょうか。
ルノワールの描く女性はあくまで彼の主観で捉えた美、モデルへの深い想いを強く感じさせます。

ルノワールの場合は画家の想いが描かれているのに対し、ダ・ヴィンチは、モナリザの心の存在を描いています。ダ・ヴィンチはかなり高次の潜在意識で捉えることで、ダ・ヴィンチ自身は彼女の眼になり、自分を見つめているかのような視点で、モナリザの眼を描いています。だからこそ彼女の想いや存在、無意識までを感じとることが可能なのです。

それは、モナリザの存在に画家のダ・ヴィンチが同調して描いているといえます。それゆえ、絵の中のモナリザが意志ある瞳でこちらを見つめてくるのだと思います。そして、ダ・ヴィンチがあのように立体的に重厚な存在感を醸しだすのは、ダ・ヴィンチの視点が物理次元ではない高次の潜在意識にアクセスされた心の眼で、モナリザをまるで設計図のように立体的に捉えているからなのではないでしょうか。

こうした物理空間に居ながらにして高い「マインド・ビューポイント」をとることで、目に見えるものに囚われることなく、対象を多次元に捉えることができるのです。

あなたの[want]度指数チェックシート

①～⑫の項目ごとに、今の自分が目盛り（－５から＋５）のどこに位置しているかを記入してみましょう。表の左半分の危険ゾーン（＝ダークゾーン）にチェックが入った項目には注意が必要です。それがあなたの今の［have to］となります。これは［have to］を［want］に据え直すことを目的としたトレーニングでもあります。

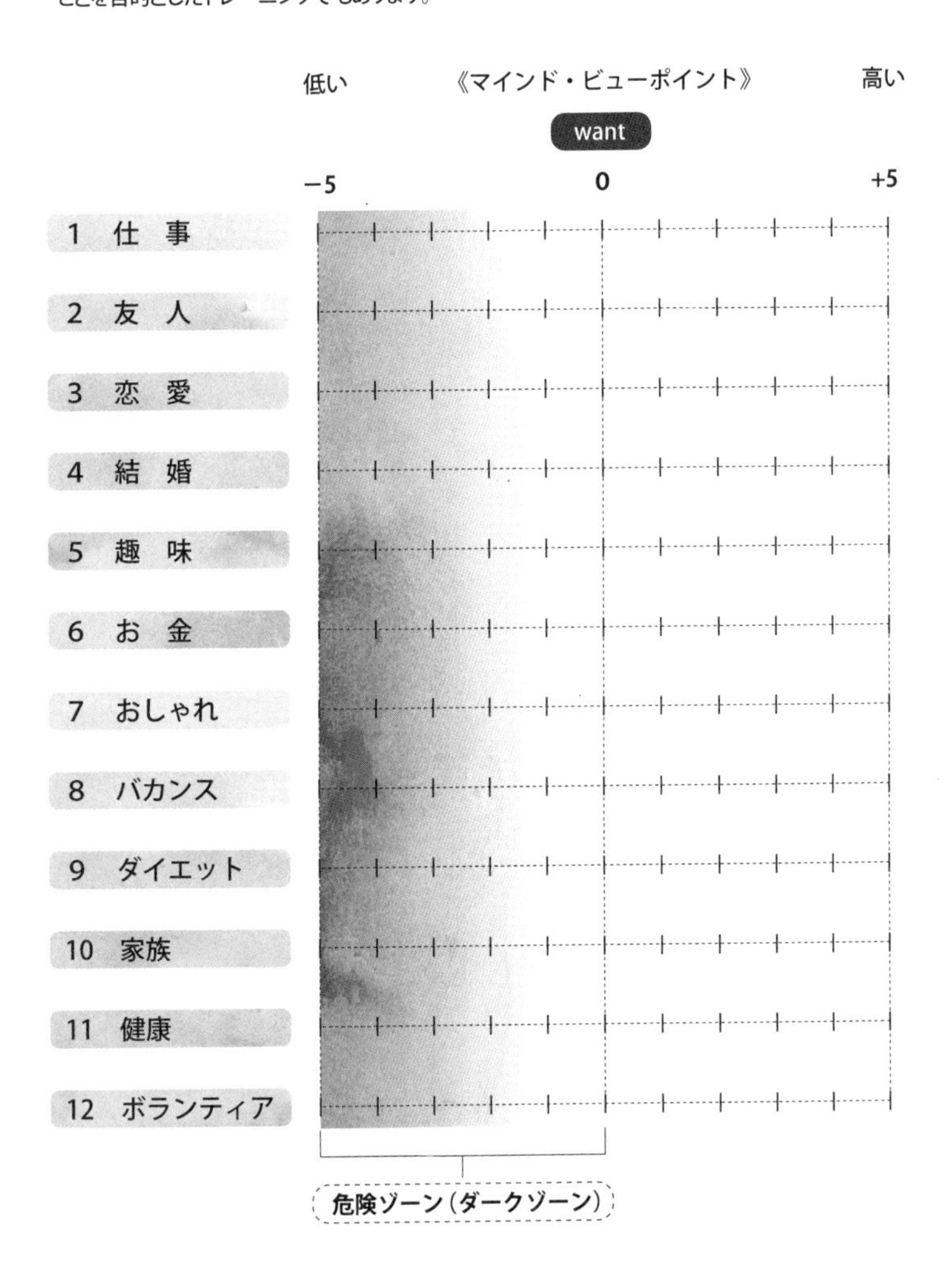

エピローグ

【マインドのパラダイムシフト】は、あなたにも起こる

あなたが変われば、組織が変わる
組織が変われば、社会が変わる

ある編集者のメンタルトレーニング

ある日、私のオフィスに出版社の編集長のMさんが訪ねていらっしゃいました。《マインドの法則》を活かした「自己プレゼン」をテーマにした本の相談のためです。

私が日々、行っているメンタルトレーニングの基本的なメソッドを伝えながら、クライアントの心にどのような変化が起き、仕事でどんな結果がもたらされていくのかをお話しました。Mさんは、身を乗りだすようにして話を聞いていらっしゃいました。そして自分も一度体験してみたいということで、パーソナルトレーニングを受けることになりました。

実は当時、Mさんは、出版社の中での自分がどう在るべきなのか迷っていました。一編集者として現場で本づくりに当たる一方で、管理職として会社の利益も考えなければならない。自分がそう在りたいと願う［want］と、企業としてなすべきこと［have to］の狭間で悩んでいたのです。

私はすぐにMさんの潜在意識に在る葛藤を感じました。そして切りだしたのです。

「これまでMさんは、自分自身でこうしたいと感じられたときに、しかるべき行動を起こしています。言うべきことも言ってきました。それがなぜ、今は迷い、動けなくなってしまったのでしょうか。職場でのポジションが上がって、「have to」が多くなっているからなのでは。でも、答えはすでにMさんの潜在意識にあるのです。ただ、答えがあるにもかかわらず、それを表に出すことをどこか躊躇しているように見えます。感じるままに表現していったらいいのではないでしょうか」

Mさんの潜在意識に「こう在りたい」という「want」があったとしても、組織の中の立場を守ろうとして、表現に歯止めがかかってしまっているのです。

「先日も会議で今期の売上げについて追及されましたが、正直、目の前のことに精一杯で、先のことについては考える余裕すらなかった状況でした。数字という結果は追及されますが、編集者として目先の売上げを追うだけで本当にいいのか。編集者の社会的役割はいったいなんなのか。それを私自身がはっきりさせなければいけない時期にきているのではないかという焦りがあるんです。でも、自分には組織の中での役目もあることは確かなんです」

そう語るMさんの言葉には、「こう在らねばならない」といった彼を遮る壁がダブルで見えました。一つは「have to」である社会や組織からの要請や期待、もう一つは「must」であるMさん自身の中で生みだされる葛藤やプレッシャーです。目の前の現実や社内での立場が手かせ足かせになってしまい、「ｗａｎｔ」を表出することができなくなってしまっているのです。Ｍさんに限らず多くの方が、「自分はこう在るべき」という「ｈａｖｅ ｔｏ」に囚われ、「ｗａｎｔ」を見失い、自分は変われないのだと無意識に思っています。私は再びＭさんに伝えました。

「答えは、Ｍさんの中にあります。出版社の編集長としての立場、会社の未来を担う立場、やりたいことを自由に選択し、一編集者としての独立する立場など、将来のビジョンの中にたくさんの選択肢がある一人の男性として、何よりもＭさんが、自分がやりたいことはなんであるのか、それを抑え込まずに表現していくことがまずは大切なのでは。

やりたいことをカタチにしていけば、自ずと答えは出てくると思います。そうすることで、もし会社の枠を超えていくのであれば、それも一つの答えです。どんな選択にせよ、一冊の本へ託した編集者の本気の想いであれば、出版社としての社会的ミッションにもつながっていくのではないでしょうか。枠からはみだしてしまいそうな熱い本づくりへの想いを、責任あるポストに就いたことにより、どこかでおさめようとしているのではないでしょうか。Ｍさんが本づくりを通して自身が伝えたいこととは何なのでしょうか。

組織の中で、より責任のあるポストに就いて、新たな役割ができたことによるプレッシャー

はもちろんあるかもしれない。けれど、自分のやりたいといった熱い想いは、カタチにして表現していかないと決して伝わらない。会社の枠の中におさめなくてはいけない、はみだしてはいけないと、やりたいことや伝えたいことを抑えるのは、どこかで自分がその地位を守りたいという想いがあるのかもしれない。何に価値をおくのかを決めるタイミングなのでは。Mさんの人生はMさん自身のものです。Mさんの人生の主導権はMさんが持っているのですから」

一回目のメンタルトレーニングで、Mさんの潜在意識に在る［want］にフォーカスし、組織の役割の中で閉じてしまっていた心を開く鍵となるような言葉を投げかけました。その後は、Mさんは自ら自身の潜在意識に向かい合って、それまで抑え込んでしまっていた自分が本当に伝えたいこと、こうで在りたいという［want］を探り始めたのです。

プレゼンが人の心に火をつけた

数週間後、別の打ち合わせでMさんにお会いしました。そのとき、彼の身に最近起きた〝奇跡〟について聞かせてくれたのです。感動の報告でした。

「会社の方針発表会があったんですが、そのとき人生で初めての感覚を得たんです。私のプレゼン後に、みんなが褒めてくれたんです。『Mさんの話、じーんときましたよ』『Mさんって、意外に情熱的なんですね』って。プレゼン中に何人かうなずいて聞いてくれているのは見えていたし、自分としてはみんなの気持ちを動かして、もうウェーブが起こるぐらいのイメージで臨んではいたんですが……」

「それは凄い。すっかりプレゼンの達人ですね。なりたい自分を見事に演じられたじゃないですか」

「先日、久瑠先生がおっしゃっていたことを真似して話したんです。今回のような震災があったときに、自分たちは水や食料や物資を届けられるわけではないんです。我々が届けるのは、紙にインクで印刷された単なるモノでしかないんですが、それでも、自分たちは感動が届けられるのではないかと。本は言葉の贈りものなんだって。それを届けるのが私たちなんだって。先生が教えてくれた『商品＋αの価値』の発想です。そうしたら、その後の打ち上げのとき、社長の前でみんなが口々にそのキーワードを言ってくれたんです。Mさん、『言葉の贈りものですよね』って」

「それが能動的に『仕掛ける』ということになるんです。単にその場でプレゼンが上手くいけばいいという利己的な何かではなく、その先のビジョンをMさんが利他的な視点で、鮮明に描けていたことで、その言葉はその場にいた人たちの無意識に届いたんです」

「前日、入浴中にふと思いついたんです。でも、話しているときは『みんな本当に聞いてくれているのかな?』と半信半疑だったんですが、上司である役員も『M君、いいこと言うよねぇ、感動したよ』と言ってくれたんです」

「やりましたね、Mさん。もうMさんの中ではマインドの変化が起こっていたんですよ。これが潜在意識のチカラです。人は自分が変わることをどこか認めたくないものなんです。それでも実体験として、プレゼンですっかり積極的になった自分自身にMさんも違和感がないでしょう。人の目を通して、自己イメージはどんどん変わっていくものなんです」

「自分の思っていた、『こう在るべき自分』というのも、実は自分が勝手に決めつけていたイメージだったのですね」

「そうなんです。自己イメージを創りだしているのは自分だというのが、いわゆるホメオスタシス(恒常性維持機能)です。人が決めたのではなく、勝手に自分で在るべき姿と決めつけた自己イメージを演じていただけなんです」

「本当ですね。先生が言われていた、気づかぬように抑圧していた内に在る熱い感情が、先日の先生の言葉によって動き始めたように思います。これが想いを表現するということなんですね」

「はい。人間は言葉にしないと伝わらない世界に生きているんです。自分の心の在り方も、カタチにすることや伝えることではじめて、存在を確かめられるんです」

　さらに数週間後、また新たな動きがありました。彼のいる編集部の新プロジェクトに割り当てられる予算が、これまでなかったほど大きく上乗せになったのです。またMさんの編集部だけ、出版点数を増やすように言われたそうです。

「Mさんが高い「マインド・ビューポイント」で届けたプレゼンでの言葉が、社長や経営陣にも届いたのでしょう。人の心を動かすのは人の心です。その心が、また誰かの心を動かす。物理次元を動かすことができるのは、心の在り方なんです」

　Mさん**の心の視点＝「マインド・ビューポイント」が高まったことによって、抑え込まれていた「ｗａｎｔ」に突き動かされた**Mさん**の想いが言葉になって、未来のビジョンが皆にも見えてきたからなのです。これこそ、人が人にできる最高のプレゼンです。**

　期待した以上の結果、感動的なことが起こったのです。言葉に込めた想いを心に届けることで、聞いている人たちと瞬時にビジョンを共有することができたからです。

相手の心にも変化が起こる

［マインド・ビューポイント］を高く引き上げ、そこから想いを届けると、聞いている人のマインドにも変化を起こすことができます。話を聞いている人も、自分の想いを口に出したくなったり、あるいは応援したくなったり、一緒にそのビジョンを実現したくなるのです。

「私のプレゼンを聞いていた部下の女性編集者と先日たまたま話をしていたんです。これまでの彼女は、自分が苦手なジャンルや著者を担当することを避けてしまうようなタイプだったんです。仕事も『やらなくてはいけない』という感じで、何事にも受け身の姿勢でした。けれどあのプレゼンの後、『自分はなんのために本をつくっているのか』と考えはじめたら、エネルギーが溢れてきたらしく、中途半端に投げだしていた企画に真剣に取り組みはじめてるんです」

高い［マインド・ビューポイント］から紡ぎ出されたMさんの言葉は、エネルギーを増し、その場にいた人々の潜在意識に働きかけ、彼女の内側の［ｗａｎｔ］を突き動かすことになったのです。

人は多かれ少なかれ、「夢を実現したい」「そこに賭けてみたい」「その夢を信じてみたい」という情動＝［ｗａｎｔ］が潜在意識に在ります。また、そういった情熱を持った一人の人間の［ｗａｎｔ］である夢を共有できたとき、目に見えない高い次元で共鳴が起こり、自分もその夢やそのビジョンを一緒に実現したいという情動に駆られるのです。

それは自我を超えた視点でのビジョン共有となります。こうした一人の高まった「マインド・ビューポイント」から、目の前の人の心に働きかけることによって、その想いは人から人へと伝達され、一人一人の［ｗａｎｔ］も動きはじめます。

私がこの仕事を通して感じるのは、人間の言葉による心の連鎖です。メンタルルームで目の前のクライアントに向かって投げかける私の言葉や想いが相手の潜在意識に届くと、相手の「マインド・ビューポイント」は高く引き上げられます。そしてまた、そこから投げかけられる言葉が他の人たちにも投げかけられていく。その想いは次から次へと、人から人へと伝播し、ついには社会的な拡がりを持っていくのです。

これは、一人一人に起きる【マインドのパラダイムシフト】の進化形です。「マインド・ビューポイント」を高めることで、年齢も性別も役職も超えたところに届く「人を動かす言葉」が

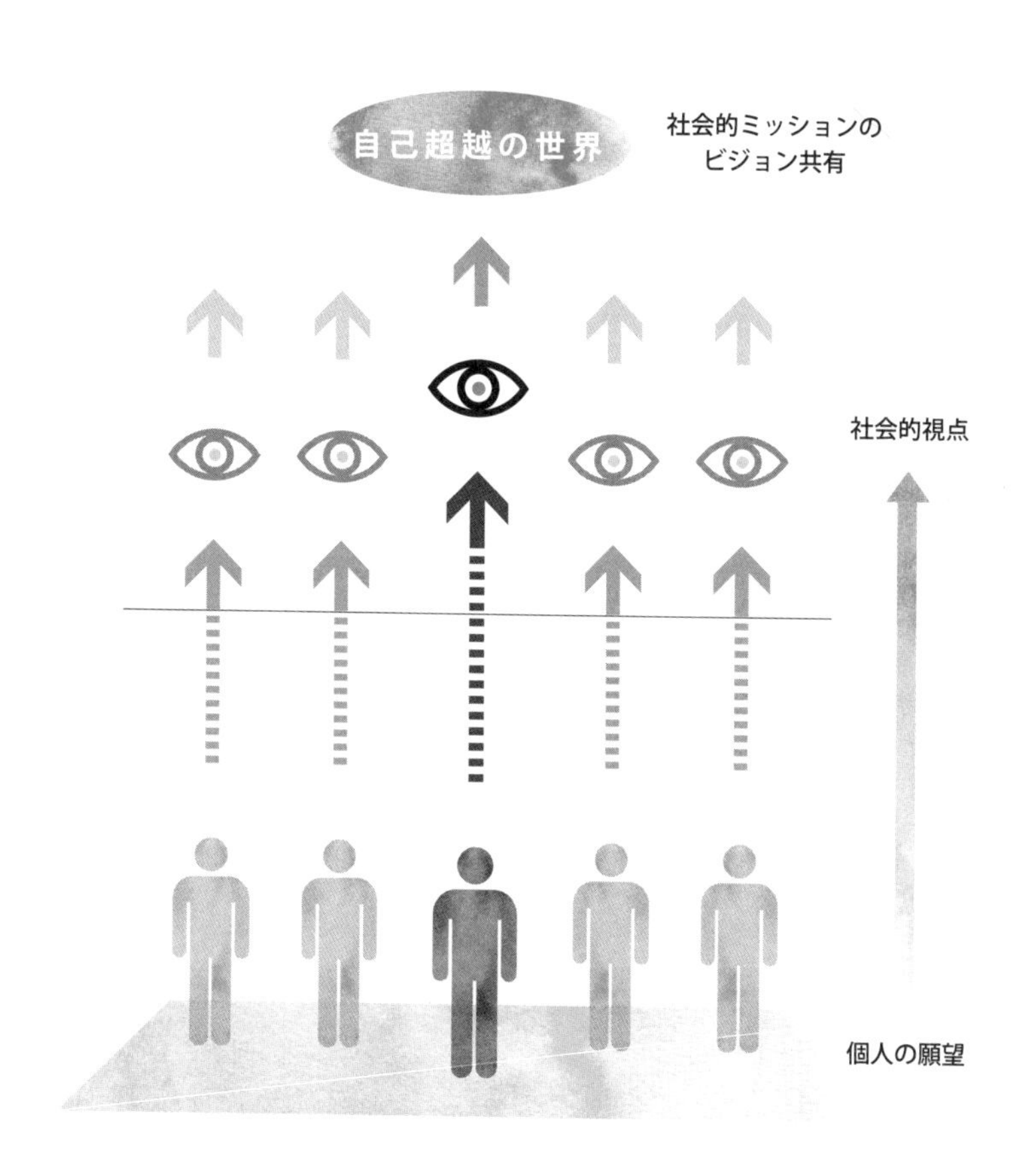

個人の願望から社会的ミッションの共有へ
真の調和はこの視点から創られていく

図18　マインドのパラダイムシフトの進化形

生まれるのです。一人の心と向き合うこと。そして、その心の変革が社会的な拡がりを持って影響を与えているのです。私は《マインドの法則》によるこのメンタルトレーニングの仕事に、個人といった枠組みを大きく超えた、社会的な意義を強く感じずにはいられません。

本に託した言葉の贈りもの

私とのメンタルトレーニングを経験されたMさんと、本の出版について打ち合わせをしていました。すると、Mさんは言いだしました。

「当初は、プレゼンをテーマにした本の企画でしたが、久瑠先生のトレーニングを経験して思ったんです。私自身、こんなに自分が変われるなんて思っていませんでしたし、しかも自分だけではない、現実に自分の周りにも変化が現れました。今回の企画には、自己プレゼンといった枠組みを超えた、もっと本質的で普遍的なテーマがあると実感しています。どんな人でも、潜在意識にアクセスして能力を発揮することができるのが、《マインドの法則》です。この本のテーマをもっと掘り下げませんか」

私はMさんのこの言葉を受けて、即答しました。

「それならこちらが教える《マインドの法則》を伝えるだけの一冊ではなく、一人一人の路上の哲学となるような《マインドの法則》にしましょう。この本を読む人の人生を変えるための一冊、それを創り上げましょう」

実はこのMさんが、本書の編集者です。トレーニング後のMさんは、自身の［want］を探り当て、同時に編集者として手掛ける本とは「言葉の贈りもの」だという「＋αの価値」に気づいていきました。

そして、お互いが［マインド・ビューポイント］を高く引き上げて、本を出版する意義について話し合っていくうちに、あるビジョンを共有しはじめました。本を通して一人一人の心に変革を与えることができるのだということ。と同時に、その一人一人に起きた変革が連鎖していき、広く社会そのものにも変革をもたらしていくというビジョンです。たった一人の心で起きた変化が波及して、社会にまで変化が及んでいくというビジョンです。

ですから、私はこの本に大きなミッションを託しています。本というのは、執筆して終わりではないのです。完成して書店に並ぶところで終わりでもないです。本を手に取ってくださった一人一人の明日が変わる、そして、その一人一人が心の変革を起こすことで、周囲の人の未来も変えていく――こうしたビジョンがこの本の真の目的です。

繰り返しますが、人の心を動かすのは、人の心でしかありません。本とは確かに物理次元で見たらモノに過ぎません。しかし、この本はそういった想いを託した「言葉」のプレゼントでもあるのです。その「言葉」は、著者である私の［ｗａｎｔ］によって導かれた心の声で、あなたの心に語りかけます。本とは活字の詰まった印刷物ではなく、想いを言葉に込めたメッセージなのです。そして、その届けたいメッセージは、読者の明日を変えるためにあるのです。

この本を執筆することは、私にとってきわめて社会的意義の強い試みです。「人生を劇的に変える《マインドの法則》を伝えたい」という強い［ｗａｎｔ］に突き動かされて、この本を創り上げました。この本に書いたメッセージを通し、あなたの人生を変えられるのかどうかということが、私にとってもこの先のビジョンとなるのです。

私は、著者と読者は運命共同体であると考えています。それは、私がこれまでクライアントと二人三脚で、運命共同体としてトレーニングしてきたことと同じなのです。一人一人の心に触れて、当人自身も気がついていない、あるいは抑え込んできた心の奥底にフォーカスし、《マインドの法則》をクライアントに伝えてきました。

この一冊の本で、あなたの人生がどう変わるのか。私が目指しているのはその一点です。

あなたが［ｗａｎｔ］を本気で見いだし、［イマジネーション］に限界をつくらず、自分のビジョンを実現しようとする気持ちを抱き、いつか夢に到達していくこと。それは必ず実現するのだと信じてもらいたいのです。あなたの［信じる勇気］を奮い立たせてください。あなた自身が自分の心をクリエイトしていくのです。［イマジネーション］を拡げる可能性を持っているのは、あなた自身です。

そしてあなたの願いが叶うこと。それが私の願いでもあります。私の［ｗａｎｔ］があなたの［ｗａｎｔ］と重なり、《マインドの法則》によって自分と他人とで願いと想いを共有し、［マインド・ビューポイント］を高め、ビジョンの共有が生まれること。これこそ私が望み、考えている真の利他的な行為です。さらに高く［マインド・ビューポイント］を引き上げていけば、今度はもっとたくさんの人々の集団＝社会全体が見渡せてきます。しだいにあなたの［マインド・ビューポイント］も個人的な願望から、社会的な視点へと移行していくはずです。自らの［ｗａｎｔ］で他の誰かのために利他的になれたとき、一人では得られないもの凄いエネルギーが生まれます。そのときあなたはすでに、より大きな社会的なミッションも抱きはじめているはずです。

こうなってくると、メンタルトレーニングそれ自体が、個人的なレベルを超えた社会的な意義を帯びてきます。一人一人の高く引き上げられた［マインド・ビューポイント］は、各々に社会的な使命感を生みだします。それは各人の信念となり、自分の社会的な役割を明確にしていきます。自らの信念で動く使命感を持った人間のエネルギーは、とてつもなく強いのです。そうした人々が社会で機能しはじめることで、揺るがすことが不可能に思えた現実世界そのものまで変革していくことでしょう。

自分の［ｗａｎｔ］が誰かの［ｗａｎｔ］と交わるところにあるビジョンを共有すること。そして社会の［ｗａｎｔ］が自分の［ｗａｎｔ］に重なること。私はこうした無限に続く心の連鎖を、一人でも多くの人に届けていきたいと思っています。メンタルトレーナーとして、目の前の一人の人間の心にパラダイムシフトを起こし、その一人一人が社会において機能し、輝いていく姿を見ることは何より嬉しいことです。そして、そういった連鎖が社会を動かし、世界を変えていくのではないでしょうか。それこそが私の願いでもあります。

社会的視点に立ったあなたは、世界とつながっていきます。あなたに【マインドのパラダイムシフト】が起きるとき、それは周囲にも伝達され、いつしか世界の人々の中に変革が起こることも夢ではないのです。社会的視点に立てたあなたは、もうそれまでのあなたではありません。

私たちは、物理空間という制約に強いられた、本当に不安定で不自由なところに存在しています。そうした目に見えるものや、耳に聞こえるものに翻弄されることなく、「マインド・ビューポイント」を高めていってください。これにより、あなたの無限の力を引きだす潜在意識は動き始めます。確固とした存在価値を見いだしたあなたは強く、そして自ら輝きだすのです。

あなた次第で、人生は変えられる。そして世界を変えていけるのです。

おわりに――

あなたが存在する意味

2011年3月11日、私たちはこれまでの価値観や世界観を一変してしまう衝撃的な出来事に遭遇しました。東日本大震災は、私たち日本人に物質的にも精神的にも堪えがたい痛手を与えています。

この局面の中で、私はある信念がさらに強くなりました。人は困難や試練に直面したときに、それに立ち向かう勇気と底力を潜在意識の中に秘めていると。

震災に直面し、誰もが「どうにかしたい」「今の状況を変えたい」「自分も何か力になりたい」と強く思ったはずです。それはいつしか、個人的な願望にとどまることなく、社会全体、さらには国境を超えて世界中へと拡がり、復興への想いが強い絆で結びついていきます。

このように、心と心の結びつきが、私たちの内なる世界に確実に存在しているのです。そういった意味においても、この震災は奇しくも大きな転機になったように思います。目に見えるもの、カタチあるものは有限であり、その一方で人間の内に在る心の世界は無限であるということを、また知ったのです。物質的な豊かさばかりを信望し、手にしたものを喪失することを恐れ、しがみつく時代は終わりを告げたのです。今ほど、心のチカラが重視される時代はありません。

私が本書でお伝えした《マインドの法則》は、まさにこの心のチカラを発揮して、自らの人生を切り開くためのトレーニングなのです。

この本を読み終えたあなたは、すでに心の底に在る潜在意識の力を実感しはじめているはずです。この潜在意識にアクセスし、内に在る本当のあなたの［ｗａｎｔ］にたどり着いてください。その先には、新たな人生が待ち受けています。

私はメンタルトレーニングを通し、一人一人の心と向き合う中で、本当に多くの人たちが自分の存在の答えを求めて、物理空間で居場所を探し、彷徨(さまよ)っている孤独な姿を目の当たりにしています。

自分の存在理由を物理空間で追い求めることは、自分と他人との間に境界線を引くことでもあります。存在への問いと孤独とは、いわば背中合わせの状態です。この物理空間に肉体を持って生まれた〝個体〟である以上、孤独とは私たちの宿命なのです。

人は目に見える日常的な物理空間に、自分の居場所を探してしまいがちです。しかし、物理的な次元で居場所を見つけたとしても、「心の居場所」が見つからなければ、人は本当の意味での、存在の不安からも孤独からも解放されません。私もまた、子どもの頃から切実に「ここにいていいのだろうか」といった不確かな自らの存在に不安を抱いていました。友人や姉妹と過ごしても、両親と一緒にいても、私が孤独から逃れることはできませんでした。

物理空間を見つめている間は、その想いから解放されることは決してありませんでした。そんな中で私が見いだしたのが《マインドの法則》でした。

存在の不安と孤独から私を救ってくれたのは、内なる世界、つまり自分の潜在意識だったのです。その潜在意識への道筋を示してくれたのが、《マインドの法則》でした。《マインドの法則》の中でも、私が強調してきたのは、本書でも繰り返し述べた「マインド・ビューポイント」を高く上げることです。

視点を高い位置に移せば、高次の情報空間から自分の心と肉体が存在している物理空間におかれた環境を俯瞰できます。そして初めて、自分の存在や社会での自分の役割を感じ、認識することができるのです。近すぎたら全体像が見えないのと同様に、少し距離をとって見てみることではじめて確認できる真実もあるのです。

さらに高い次元に視点を引き上げれば、自分の姿だけではなく、周囲の人と自分の関わりが見えてきます。より広い範囲で、社会に存在しているあなたの姿が確認できるはずです。

そして一人一人に起きた心の変革【マインドのパラダイムシフト】が、周囲の人に次々と伝わっていったように、社会の中で人と人とは相互に影響し合っていることも見えてくるはずです。人の心と心の連鎖の中に、あなたの存在はしっかりと組み込まれているのです。世界をつなぎ止めているあなたは、もはや世界にとっても欠くことのできない大切な存在なのです。一人一人の内に在る潜在意識が、世界を輝かせるのです。

だからこそ、私は日々人々の心に向かい合いながら、その輝きに満ちた世界へと想いを馳せずにはいられません。

この本は、物理空間において一つの物体として存在するものですが、私がこの本の中に込めたメッセージは、物理空間を超えた私の潜在意識から、あなたの潜在意識に働きかけていきます。

それは、私が日々パーソナルトレーニングを通して、目の前のクライアントの潜在意識に働きかけていることと同じ行為です。心は目には見えず、物理的には存在してはいません。けれども、目の前のクライアントの心が確実に存在しているように、あなたの心も目の前には見えていなくても、同じようにそこにしっかりと存在しているのです。

私が執筆にあたる間、［マインド・ビューポイント］を高く引き上げ、［イマジネーション］を働かせ、まだ見ぬあなたという存在を感じ、あなたの心に伝えたい［ｗａｎｔ］の想いで言葉を綴ることは、メンタルトレーニングで目の前の人の心へ言葉を届けることと同じだからです。そうして一冊の本を執筆することにより、読者一人一人の潜在意識に働きかけることができると信じています。

《マインドの法則》を伝えていくことは、私のライフワークであり、社会的ミッションです。しかし《マインドの法則》自体が大切なのではなく、《マインドの法則》を通じてあなたの人生が変わることが何より重要なのです。

この本を手にしたあなた自身が《マインドの法則》を用いて、あなたの潜在意識にアクセスすることで、それは可能となります。

潜在意識の中で生まれるあなたの内なる勇気が、あなたの存在理由を見いだしてくれます。あなたの存在理由は、あなたの社会的ミッションを生みだしてくれることでしょう。そうして高められたあなたの想いで社会とつながっていくこと。そして、あなたの存在が、また別の誰かの存在を輝かせていくこと。

その高まった想いで、あなたは何をするか、社会にどう機能していくのか。それこそが私たち人間に与えられた、人生からの問いなのではないでしょうか。その問いに答えていくことに人生の意味があるのではないでしょうか。

そして、そこに私たち人間の本質的な価値と、存在する意味があるのだと信じています。

2012年1月

久瑠あさ美

復刻版に際して

――今から、8年前に僕は、書店で本書『人生が劇的に変わるマインドの法則』と出逢いました。その僕が今こうしてペンを取っていることが、まさに人生は劇的に変わるということの証でもあるかもしれません。

これから僕なりにその醍醐味をお伝えしていきたいと思います。途中、久瑠先生の言葉や、記事の抜粋なども織り交ぜながら、我々が先生から学んだことすべては到底、書ききれませんが、少しの手引きとなれば嬉しく思います。

お伝えしていくのは、《マインドの法則》による、
「久瑠あさ美という一人の人間に起きた劇的な変化」と、
「久瑠先生自身が起こしてきた劇的な変化」の数々です。

先生はすでに幼少期から、自らの人生において、当たり前のこととして《マインドの法則》を実践され続けてきました。
その後、本書の執筆に取りかかられたのが、10年ほど前だったと聞いています。

《マインドの法則》について書きはじめた頃、周囲の反応は、

「そんな目に見えないことを本にまとめられるんですか」

「人間の無意識の世界を本当に言語化できるのか」

このように普通の常識や概念で捉えれば、疑心暗鬼になりがちですが、その中で、

「どうであれ、ぜひとも読んでみたい。その実体験から掴みとった何かを言葉にしていくことができるのなら、それは知識を超える普遍的な学びの一冊となる……」

「そんな世界があるのなら、ぜひ多くの人に届けてほしい」

そうした周囲の想いから書籍化されることが決まったのです。


普段、当たり前のように先生が行っているパーソナルトレーニングの全貌を、そこで起きている内面的なやりとりを、紙の上でどこまで伝えきることができるか、読者にどれほど届けることができるのか。当然ながら当時はまだ誰もわからない、それは先生にもわからないことでした。

しかし、次のように本書の冒頭で、きっぱりとこう伝えています。

あなたは人生を劇的に変えることができるのです。そして、これはあなたの人生を変える本です。

――「この人には偽りがない」僕が最初に先生にお会いしたときの印象です。それは10年経った今も変わりません。それがなぜなのか。それはまさに、先生の在り方そのものから来るのだと思います。

その当時からすでに先生は、未来へ向けて全身全霊を込めて、本書にこう書き刻まれたのだと思います。

私は日々、パーソナルトレーニングの場で、クライアントの心に向き合っているのと同じような心の在り方で、この本を執筆しました。いわば一冊の本を介してあなたの心にも向き合っているのです。あなたも、この本に私が込めたメッセージに、あなたの心で向き合ってください。

この本は、物理空間において一つの物体として存在するものですが、私がこの本の中に込めたメッセージは、物理空間を超えた私の潜在意識から、あなたの潜在意識に働きかけていきます。

あなたの願いが叶うこと。それが私の願いでもあります。

――こう記されているように、本書は、三つのプロセスである「ｗａｎｔ」、「イマジネーション」、「マインド・ビューポイント」によって書き上げられたことで、まさにすべてが現実となっていきます。《マインドの法則》を通して、読者の潜在意識に届けるために何をするかを、この一冊の本を書き上げる中で先生はすでにやられていました。読んだ人の心に響く〝何か〟が、その先にどのように拡がっていくかを「イマジネーション」し、先回りして読者の「ｗａｎｔ」と重ね合わせたところに自らのビジョンとして、そのもう一つ先を見据えてくれる。「そんなことできっこない」その限界に挑むことを先生自ら、やってのけてしまう。そうでなければ、常識で考えてみても、まだ会ったことのない、一読者がたった一冊の本を読んだだけで、人生が変わりはじめるなどということは、むしろ起こりようがない。

けれど実はここにすでに確固たる《マインドの法則》が存在していて、本書がどのようにして誕生したのかということを通じて、間近で学び続けてきたからこそ見えてきた、聞こえてきた多くの真実に触れていきたいと思います。

本が出版されるとすぐに、この本は書店から姿を消したちまち入荷待ち状態となりました。そして《マインドの法則》を実践したいと全国の読者が先生を訪ねてやってきました。

本というのは、執筆して終わりではないのです。完成して書店に並ぶところで終わりでもないです。本を手に取ってくださった一人一人の明日が変わる、そして、その一人一人が心の変革を起こすことで、周囲の人の未来も変わる——こうしたビジョンがこの本の本当の目的です。

——こう記されているように、この本を読んだ読者の方たちの心が動き、行動を起こしたことで、久瑠先生のパーソナルトレーニングは3年待ち状態となり、「少しでも早くトレーニングを始められないか」という声に応えて、毎月開催する講座『マインド塾』をスタートさせたのです。初日には長蛇の列ができて会場内に人が入りきれないほど、全国から多くの方々がお越しになりました。

「こんなこと初めてなんです。本を読んだだけで会いたいと思うなんて」

「読み終わる前に、問い合わせの連絡をした」

当時を知る塾生は、そんな言葉をよく耳にしたそうです。

——まさに、本に書かれた想いがこの本を通じてたくさんの人たちに拡がったのです。

「いてもたってもいられなくなり、新幹線に乗って先生のところに向かっていました」

「これまで他人に相談なんてしたことがなかった人生だったのですが、なぜだかとにかく行ってみよう！　と気づいたら電話を入れていたという感じでした」

先生に会いたいと訪れる人たちの感想には、「気づいたら、動いていた」という声を多く耳にします。共通するのは、誰もが気づいたら行動を起こしていたということ。そしてそれがこれまでの自分ではあり得ない行動であるということ。僕もその一人で、本を読み終えるとすぐにマインド塾の初回体験コースに参加していました。いつもの自分なら「もう少し検討してから……」と頭で考え、行動していないでしょう。本を読み、理屈ではなく会いに行かずにはいられないという衝動が沸き起こったということ。つまり潜在意識が働いたからなのだと思います。

――久瑠先生のところにやってきて自らの心と向き合うことで、誰もが「もう一人の潜在意識の自分と出逢う」という体験をします。それは間違いなく、「マインドのパラダイムシフト」が起こるという実体験です。それを先生は言葉だけではなく、空間で働きかけていきます。

僕もその体験を一番最初のグループワークに参加したときに体験しましたが、不思議と先生との距離感はまったく感じませんでした。それは親近感から来るものではなく、引き込まれていく感覚です。今思うと先生の中にすでに、参加する人間の潜在的な可能性を引きだしていこうとする、本に書かれている強烈なビジョンがそこにはやはりあって、それを直に体験しに、「人生を本当に変えられるのかどうかを確かめたくて、自分もここにやってきたんだ」と感じられたことを覚えています。そこで出逢った先生は、本のそれ以上の〝何か〟を目の前にいる人々に、惜しみなく投げかけていました。

初回のトレーニングの際に「生き様診断テスト」を受けます。このテストだけで、自分のこと、人間というものはどういうものか、という新たな見方を持てたことで、人づき合いが楽になったのをはっきりと覚えています。今でも時々やるのですが、自分のポジションが変わっているのが確認され、それを見ると確かにそうだと感じられます。これはいわゆる性格診断テストとかとはまったく違うもので、自分の在りたい姿が結果を通して、日常の何気ないところで現れていきます。それはこの質問がまさに潜在的なところへ届いている証で、そういった意味において、テストというよりは、むしろワークに近い。改めてこのテストの凄さ、先生の創られた無意識に届く質問の精巧さに驚かされます。

そもそも、どうしてこのようなテストを創ることができたのか。このテストは、ＮＨＫ教育センターも興味を持たれ、当初から何千人の方を対象に実施できたことで、より精度の高い質問項目を短期間で抽出することができ、その効果が実証されたものです。このことも普通ではありえないことです。

そして、グループに分かれて行うワーク中にも、先生はそれぞれ個別に声がけをされながら動き回っています。何より受講者の質問に真っ直ぐに答えている姿を見ていて僕が感じたのは、やはり「あっ、この人、偽りがない、『素』でやっている」というものでした。まさしく無意識で本気というか、「本物ってこういうことなのか」とその在り方から、教えられたという感じがしました。

だから、その場でパーソナルトレーニングに申し込もうと決めました。


パーソナルトレーニングは、マンツーマンの空間です。

当時の助手の方からお話を聞く機会がありました。トレーニングに訪れる方が部屋に入られるタイミングで、その助手の方がいつもお茶を出されるのですが、

「トレーニングが始まる前になんとなく小さく見えたクライアントさんの姿が、その部屋を出られて帰るときには、まったく別人のように輝いていました」

これは日常茶飯事で、部屋の外に居てもその部屋の空間が変わっていくのがわかると言われていました。

「その部屋から、声は聞こえてはこないんですが、温度感が変わりはじめて何というか、色が変わるといいますか、グラデーションのようで、空間が変わるんです……」

トレーニングルームを訪れる方の中には、先生のところにただ来るだけの人もいたと言います。

「何も話されないのです。しばらくの時間この空間に居るだけで涙を流された後、笑顔でお帰りになられるんです」

うまく言えませんが、このように何か目に見えない大事なもの、心が欲するものが先生の空間には絶対的な何かというものが生まれているようで、潜在意識に働きかけるというのはこういうことなのだと思います。

僕自身も次回のパーソナルトレーニングで、これとこれを相談しようとメモに書いて持っていくのですが、先生にお会いしたときには、その相談メモはもう聞かなくてもよくて、気づいたらいつもその先の話に拡がっていました。普通は答えがほしいはずですが、会った瞬間にその先に居るのです。先生のところに来ると、何かしら普段と違うスイッチが自ずと入り動きはじめる。理屈で考えるのではなく、自分の心の声が聞こえるようになるような何かそんな感じでした。

そして、パーソナルトレーニングを受講後、すぐに「マインド塾」にも参加しました。

――マインド塾は本書が刊行された後に、第1回目が開催されたのですが、当時はまだ存在していなかったのです。その後に始まるこの「マインド塾」が彷彿されるようなことが書かれています。

私がメンタルトレーニングを通して感じるのは、人間の言葉による心の連鎖です。
メンタルルームで目の前のクライアントに向かって投げかける私の言葉や想いが相手の潜在意識

に届くと、相手の［マインド・ビューポイント］は高く引き上げられます。
そしてまた、そこから投げかけられる言葉が他の人たちにも投げかけられていく。
その想いは次から次へと、人から人へと伝播し、ついには社会的な拡がりを持っていくのです。

これは、一人一人に起きる［マインドのパラダイムシフト］の進化系です。
［マインド・ビューポイント］を高めることで、
年齢も性別も役職も超えたところに届く「人を動かす言葉」が生まれるのです。
一人の心と向き合うこと。そして、その心の変革が
社会的な拡がりを持って影響を与えているのです。
私はメンタルトレーニングの仕事に、
個人といった枠組みを大きく超えた、
社会的な意義を強く感じずにはいられません。

――マインド塾はワークショップです。塾では、先生が先回りしてワーク（課題）を投げていきます。パズルのようにストンストンとはまっていく、とんでもない難問を解けたときの爽快感のようなとても拡がりのある感覚です。腑に落ちるというのがこんなに心地よいことなのかという、そこには

常に感動があります。一つ一つワークがすべてつながっていて、気づくと無意識に視点が引き上がっていくので、潜在意識を自ずと扱えるようになれるのだと思います。

一般的なセミナーや勉強会では、知識を学ぶ、方法論を教わるので、頭には入るのですが、実際に自分では使いこなせないことが多いのは、無自覚な潜在意識にはアプローチされないからだと思います。

僕のように塾生の変化を目の当たりにしていると、先生が塾で創りだしていく空間には、高い階層での愛（信頼）という目に見えない何かが確実に生まれているのを体感できます。

先生の世界においての高次元の愛というのは、言ってしまえばほとんど自然界の太陽や月のようなイメージです。そんな圧倒的な次元から、一人一人の視点を引き上げていくのだから、そうして創りだされているこの空間に入り込むだけで変われるのです。

「参加するだけで、視点が引き上がる空間を創りたい」

そう先生が言われる言葉の通り、まさに、この場に来ると視点が自然に引き上げられてしまうのです。

あなた自身が知らなかった、あなたの本当の姿に出逢うことができます。

さらに高い次元に視点を引き上げれば、自分の姿だけではなく、周囲の人と自分の関わりが見えてきます。
より広い範囲で、社会に存在しているあなたの姿が確認できるはずです。

一人一人に起きた心の変革［マインドのパラダイムシフト］が、周囲の人に次々と伝わっていったように、社会の中で人と人とは相互に影響し合っていることも見えてくるはずです。

——マインド塾は社会全体からすれば小単位ですが、この小さな社会で、それぞれの人がお互いの心の視点を引き上げていくという連鎖が始まっていきました。その連鎖は、塾生が家庭や職場に戻ったときにも、その引き上がった視点を体感しているので、自ずとその発言にも変化が出始めます。するとその人々の周りにもそうした変化が拡がっていくという現象が、実際に起きていきました。

人の心と心の連鎖の中に、あなたの存在はしっかりと組み込まれているのです。
世界をつなぎ止めているあなたは、
もはや世界にとっても欠くことのできない大切な存在なのです。
一人一人の内に在る潜在意識が、世界を輝かせるのです。

だからこそ、私は日々人々の心に向かい合いながら、
その輝きに満ちた世界へと想いを馳せずにはいられません。

——まさに、この未来に向かって書いた勇ましさを纏った言葉は、先生そのものの在り方から発せられるのだと思われます。今まさに人間に人類に、一人一人の潜在意識への問いかけとなっていて、こうしたパンデミックの時代においては、なお一層、覚悟が要る想いで受け取られる方が多くいるのではないか。そう思われるのです。

本書が刊行されて4年目の秋に《マインドの法則》は文庫本として刊行されたのですが、その本の冒頭にも、こんなことが記されていました。

多くの方の「変わりたい」「自分の人生を変えたい」という本気の願いが、
私自身の本気の［ｗａｎｔ］（原動力）となったからです。
そして、再び、そこから先はまた、

やったことのない未知なるチャレンジが始まりました。
それは今も続いていて、日々チャレンジの連続です。
それらを可能にしているのが、やはり自分自身の、
私自身の潜在能力なのです。

――そして、今、この「復刻版」の刊行により、次の10年間の始まりです。

先生はこの先を見据え、《マインドの法則》を実践し、自らの人生の体験として話せる人、伝えられる人を育てていくことや、様々な分野での事業創出、ＡＩの感性化など幅広い展開を進められていきます。僕自身、何が引き起こされるのかワクワクしています。

と、ようやくここまでが次の10年間も含めた、これまでに至るまでの大まかな流れです。

書き余すことなく触れていきたいと思うのですが、それこそ久瑠先生のお話ですので、非常に重層的で一度では伝えきれません。次からは、具体的なことも含めて少し詳しく続けます。

メンタルトレーナーとして、目の前の一人の人間の心にパラダイムシフトを起こし、
その一人一人が社会において機能し、輝いていく姿を見ることは何より嬉しいことです。
そして、そういった連鎖が社会を動かし、世界を変えていくのではないでしょうか。

それこそが私の願いでもあります。

――一見、綺麗ごとのように聞こえるこの言葉の真意を受けとめることができるのは、一体どれほどの視点の高さの持ち主なのだろうか。こうした世界をたとえ想像はできても実際に、「素」の状態でこの次元に立ち続けることができるのとでは、自ずとそこには差が生じるのだと感じます。

それこそ、何千冊もの本を読み勉強したからといって、このようにはなれない。きっとこのようになりたくて哲学や思想等を勉強するのでしょう。心の底から純粋にこの在り方になれる人が行きつく境地というものなのかもしれません。

――そして、この在り方そのものが《マインドの法則》を生みだしたとも言えます。

――なぜ、このようなことが「素」の状態でできるのだろうか。

それは何もなくとも先生の「ｗａｎｔ」は、その先にある「何か」を信じているからです。どんな状況だろうと、どんな相手であろうと、その潜在的な可能性を信じている。１％でもそれを感じられたら１２０％信じる。たとえ０からでもマイナスからでも、先生にとっては同じこと。それが限界をつくらないという在り方なのだと思います。そこに必要なのは、未来を信じる勇気だけだと言われる。

「『イマジネーション』の限界が、人間の能力の限界をつくる」とはまさにそのことなのだと先生から教わりました。そんな風に本気で立ち向かう人間を間近にして、心を動かされない人間はいないと思います。たとえ逃げ腰で自らの人生から目をそむけ、ごまかして偽って、どうしようもない自分を自ら見捨てようとする、臆病でずるい人間であっても、先生はその手を決して離したりしない。うまく伝えられない人間、こんがらがっている人間、たくさんのものを持った才能豊かな人間の喪失感であろうとも、先生は決して軽んじない。そういう人です。

見えなくなった希望をどこからか探しだし、真っ直ぐに見せてくれる。そして気づくと誰もがそれに向かって自ら歩きだす。そこに先生の言う勇気が生まれているからです。そういうトンデモナイことをやってのける人です。

――先生は、《マインドの法則》＝地球規模の綺麗ごとを、自ら実践しているのです。

あるとき世間ではよく知られている著名な作家の方が、こんなことを話してくれました。

「僕は、社会のことや世界のことなど、日常ではまったく考えたりしない。だからそれについて何気ない会話なんてできない。自分のこと、自分の周りにいる人の幸せはもちろん願うけれど、まして自分を知らない他人や、自分に無関心な人に何かしたいとか、関わりたいとも思わない。けれど、久瑠あさ美という人は、まったく僕の周りにはいない人間で、超過密なスケジュールの日にも、何かそういった次元においてのスイッチを持っていて、自分云々をまったくそっちのけで、無心で勇敢に跳び越えていく。それこそ地球レベルの観点で言葉を発する。いつだって本気で全然、もう芽なんて出ないんじゃないかというような植物に水を与えるようで、その潜在的な根っこをちゃんと見極めていて、だから信念を持って与え続けることができる。困っている人を助けたいとか、何かしてあげたいという個人レベルのいわゆる優しさというのではない。絶対的な愛というか社会次元の勇気というか、何か本当にそんなことをやっている人がこの時代にいるんだと思うと驚きでしかないし、いつ会ってもまったくそこはブレずにいて、本当に信じられなくて……」そんな言葉で先生を表現されていました。

先生のベースが、日常が、何気ない時間においても、地球的視点、社会的視点。だからこそ、素のままにして、《マインドの法則》を伝えられるのです。

本書『人生が劇的に変わるマインドの法則』は2012年2月に出版されましたが、執筆を始めたのはその数年前からで、長きにわたる作成期間を費やしたとお聞きしています。

当時のことをこう語っています。

「それは音階のメロディー、リズムやテンポといったような内側の感覚的な世界を言葉にして記していくうちに、原稿は真っ赤になっていった……「ｆｆ」フォルテッシモに、「ｐｐ」ピアニッシモ、クレッシェンドに、スタッカート、「て、に、を、は」においては、「＃」や、「♭」で半音上げたり下げたり、リフレインで繰り返し強調したいパートを誇張する……言葉を音符のようにして気づいたらまるで譜面のような原稿になっていました……」

先生は、《マインドの法則》をこのように音楽家が作曲するかのようにして書き上げていったと言います。

「文字が並ぶ中に音楽の記号も飛び交って記していたようで、ここは強く、ここは優しくと、独特のリズム、独特の間も使う。無自覚な潜在意識に届けるために、話し言葉はどうしても左脳での言語処理となってしまう。だから、感覚的な音の響き合いを奏でるようにして、重層的な和音やリズムを、一文字一文字、一音一音のように扱っていく」そんなイメージだったとお聞きしています。

先生の中では、すでに読み手の体感、つまり潜在意識にどのように届くか、響かせるかをイマジネーションされていて、その体感を創りだすための音響を、言語処理で創りだすという、それこそとんでもなく、意識の遠くなるような人間の仕業ならぬ、神業とも言える〝心の業(ワザ)〟。そこに潜在能力が引きだされたということなのかもしれません。

当然ながら、こうして書いている僕自身はすでに何を言っているのか、理解などできるお話ではないのですが、ここはあえてそのままにお伝えさせてください。あくまで僕の想像を交えてお伝えすれば、この本を読んだ人のその先の先まで「イマジネーション」しながら、高次元の「ｗａｎｔ」のビジョンを重ね合わせるようにして、オーケストラ交響楽団が奏でる重層的な譜面のように表現されているのだと思うのです。

私が執筆にあたる間、「マインド・ビューポイント」を高く引き上げ、
「イマジネーション」を働かせ、まだ見ぬあなたという存在を感じ、
あなたの心に伝えたい「ｗａｎｔ」の想いで言葉を綴ることは、
メンタルトレーニングで目の前の人の心へ言葉を届けることと同じだからです。
そうして一冊の本を執筆することにより、
読者一人一人の潜在意識に働きかけることができると信じています。

――ここに潜在意識に働きかけるという証をお伝えできるのではないかと思います。書かれた当時には言えなかったことが、僕のみならず多くの方のマインドにそれが起きたという真実が、まさに現実になっているのですから。

本というのは、読んで意味がわかるのは当たり前、読んで何か発見があるのも当たり前、感動があるのも当たり前。先生が目指したのは、読むことによって自ら行動を起こし、その人の人生が変わること。そのためには9割の潜在意識に働きかけなければ、それは実現不可能ということになる。そんな大それたミッションを持っておられたということ。


この本を執筆することは、私にとってきわめて社会的意義の強い試みです。

「人生を劇的に変える《マインドの法則》を伝えたい」という強い［ｗａｎｔ］に突き動かされて、この本を創り上げました。

この本に書いたメッセージを通し、あなたの人生を変えられるのかどうかということが、私にとってもこの先のビジョンとなるのです。

この一冊の本で、あなたの人生がどう変わるのか。私が目指しているのはその一点です。

――そのために、もう一段もう一段と上げていく（原稿に赤字を入れていく作業）と言われていました。上げていくということが当時はどういうことか、わかったようなわからないような感じでしたが、それはきっと潜在意識に語りかけるために必要な、想像を絶することだったのだと思います。文章がおりてくるというか、バーっと一気に書かれた後、そこに入れ込んでいく作業が始まり、ぴったりと来るところまで妥協せずに書き上げたというのだから、繰り返しになりますが、だからこそ一回読んだら潜在意識に届くという本になったということです。


社会的視点に立ったあなたは、世界とつながっていきます。

あなたに「マインドのパラダイムシフト」が起きるとき、それは周囲にも伝達され、いつしか世界の人々の中に変革が起こることも夢ではないのです。

社会的視点に立てたあなたは、もうそれまでのあなたではありません。

メンタルトレーニングそれ自体が、個人的なレベルを超えた社会的な意義を帯びてきます。


――こうして今振り返ってみると、前述しましたように一冊の本を通して《マインドの法則》と出逢い、久瑠先生に会いに行った。ここで無自覚な潜在意識に「何か」が届いて、それを見に行きたいと思って、実際に行動を起こしたのです。もちろん会いに来てくださいなどとは、どこにも書いてない。自分が自分に、潜在的な可能性に出逢いたいと行動を起こしたということです。

きっと僕だけではなく、先生のところを訪れる多くの方は皆そうだと思います。親や親戚にすら会いに行かない人たちが、全国から「その自分」と出逢いにやってくる。

「気づいていようがいまいが、人間は皆自分と、その潜在的な自分と出逢うことで、〝何か〟が動きだすことを細胞レベルで求めているのかもしれません。そしてその潜在的な自分以外に、その自分を動かしてくれる存在はないのです」

——先生のこの言葉が思いだされます。潜在意識の自分に気づくことなんてできない。僕はずっとそう思っていました。しかし、先生はそれを〝心の業〟として教えている。そんなことを教えられる人がいるんだということが何よりの驚きであり、出逢った人間の人生にパラダイムシフトを起こす。

まさに「一期一会」という言葉があるように、そうした存在と出逢ったというところから、自らの在り方が変わり、新たな人生が始まっていくのだと誰もが感じることができるのだと思うのです。

一人一人の高く引き上げられた「マインド・ビューポイント」は、
各々に社会的な使命感を生みだします。
それは各人の信念となり、自分の社会的な役割を明確にしていきます。
自らの信念で動く使命感を持った人間のエネルギーは、とてつもなく強いのです。
そうした人々が社会で機能しはじめることで、
揺るがすことが不可能に思えた現実世界そのものまで変革していくことでしょう。

――出逢う前からすでにこうしたスケールで一人一人のトレーニングを捉えていて、それを自ら創りだしていくことをビジョンに掲げている。こうした使命感で生きている人が存在しているという証が、この一冊の本の随所に、久瑠あさ美という一人の人間としての存在すべてが凝縮されているのだと改めて思うのです。

――そもそも《マインドの法則》はどのように誕生したのか。

《マインドの法則》の種は先生が幼少期にバレエを習われたときにすでに芽生えはじめていました。幼少期の頃の先生は、人前に出ると恥ずかしくて泣きだすというような子供でした。

当時の先生にとって、人前で踊るということ自体が拷問に近いようなものだったと、その頃のエピソードを語られています。過酷な稽古に励むということで、自らの自意識をコントロールする〝心の業〟というものを、自ずと体得されたというお話は、まさに《マインドの法則》そのものであることに驚かされました。

「私は、どうにもならない状況（自意識が過剰に働いてしまう状態）から脱するために、［マインド・ビューポイント］を引き上げるという、言語化できない感覚を体得したのです」

――こういう場合、上手く踊れないならば単純に練習を重ねて、その場に慣れるしかないと思うのですが、先生は、このときに自ずとこのような感覚を掴まれていることがすでに普通ではなかったということです。

バレエが上達していくにつれ、舞台に立つ自分視点、それを観る他人視点（観客の視点）、劇場全体を観ている空間視点という三つの視点を、同時に持つことができると表現の幅が拡がるという体験を重ねていかれたのです。

我々がよく客観的にとか、第三者目線が大事ということを単に理屈から教わるのとは違い、この三つの視点を駆使することで、より立体的な表現力を発揮することができるようになるということを、無意識に体得されたということです。

それぞれの視点を統合させることで、全体の状況を容易に把握し、自らマインドポジションを上げたり下げたりすることのできる〝心の業〟として、すでにマスターしてしまっていたということです。そんなことを自然にものにしてしまったというのだから、驚きでしかありませんでした。

当時先生はこのように表現されています。

「バレエの世界に身を置くことで私自身が体得したものは、『リアルな自分の視点』、『自分の内側にある無自覚な視点』、『全体を俯瞰する達観視点』、という三つの視点。

この三つの視点を持つことで初めて表現できる〝無自覚な美〟を、私はバレエを通して体感的に掴みとることができたのです。

三つの視点を同時に感じながら踊るために必要な、もう一つ上の心の視点［スーパー・マインドビューポイント」を、同時並行に体得するトレーニングになっていました」

――まさにこの幼少期に《マインドの法則》の泉が湧き出はじめたのです。

その後、本書にも書かれているように、カメラの前で等身大の自分で表現するモデルの世界に挑み、やがて、女優の道へと歩まれます。

人間の感情や人生を体現する俳優の世界に身を置くことで、空間の中にいくつもの視点と視座が存在することを、いつしか感覚的に掴み取ったのです。それこそがまさに「マインド・ビューポイント」であり、心の視点を引き上げるという〝心の業〟と言えます。物理次元で自由自在に飛び交う人間の視点、そして人間の意識を操る〝無自覚な美〟の世界を創りだす側の「視点と視座」、それらを表現者としてマスターできたのです。

――以上、《マインドの法則》の誕生を簡単に紹介しましたが、幼少期の先生は、人前に出ることが苦手で、体も弱く、親をてこずらせるほどの引っ込み思案だった方です。しかし、それは表面的に引っ込み思案でも内面的には先生の心のセンサーは非常に繊細であり精巧であったという証であり、我々が感じとれない些細なことも一瞬で鮮明に感じられていたからこそ、階層を引き上げるという概念を自ら生みだされ、潜在的な力を引きだすことにつながった。それらは、考えてどうにかできる次元のことではなく、まさに潜在意識のなせる業であり、自らの人生の中でこの《マインドの法則》の核となるものを体得されたのだとしか言いようがありません。

――2013年出版の『マインドの創り方』には、演じるということを通して次のようなことも書かれていますが、演じることに関しては「配役理論」としてこのように伝授されています。

俳優の「俳」の字は「人」に「非ず」と書きます。
自我を持つ人間であっては、役を演じきれないのです。
一度、自分というものを無くして、その役になりきる。
それが俳優の仕事です。
自我があっては、演技にならず、
ましてや観客に届けられるわけがありません。

――この俳優という仕事においても、「自我を消す＝自意識を引き上げる」という《マインドの法則》

が働いていました。要するに、自意識が過剰に働いてしまうと、役になりきれないということです。自分の感情でその役を解釈してしまったり、上手く演じたいとか、いい演技だと思われたいという、自分そのものの感情が出てきます。そのため「まっさらな自分というもの＝自我を抜いた自分」にマインドセットすることが必要になると説いています。

こうした体感的な理屈ではどうにもならない、無意識の扱い方についても、自らワークショップで『役創りメソッド』として直に教えておられます。本当に多くの方が、日々の実践的なパフォーマンスとして活用されています。

——あるとき、こんなことを言われたことがあります。

「心の視点」を高く引き上げる、ということは地上で生活をしている「自分」、つまり「自分が、こうしたい」、「自分が、こう見られたい」

——そういった自意識という類の〝自分〟にこだわる想いを断つことです。

——先生からこのお話を伺い、自意識という言葉の認識ががらりと変わりました。いかに自分の自意識というものが過剰に働いてしまうことが、人生のいろいろな局面で邪魔をしていたかを思い知りました。

　この「自分が」ということが当たり前だったのですが、これでは伝えたいことが相手に伝わるわけがありません。この日以来、何か問題が起きても、自意識過剰を消すように意識すると落ち着いて問題と向き合えるようになりました。

――先生のメソッドが実践的なのは、まさに先生が限界を超えようとされる瞬間に生みだされた、究極の極意だからなのだと感じる瞬間がいつもあります。


メンタルトレーナーとしてクライアントに向かい合うとき、当然、私は［心の視点］を高く引き上げて、相手を感じとっています。

そのときの私には主観的「自分」というものがありません。自分を無にして、ただ相手の心にピタリと寄り添い、相手を感じとることに徹します。

その意味で、私は「相手が無意識の中で求めている役を真に演じきることを自らに課している」とも言えるのです。

究極的に言えば、「自分」を手放せないでいることは、「心の視点」を引き上げることを難しくさせているのです。

――視点を上げるためには自分を手放さないと上がらない。ということは《マインドの法則》を実践していくことで、自我を消すことができるようになるということ。そうすることで自分事が他人事として捉えられるようになります。

僕自身、他人事を自分事にできることで、人生が大きく変わるという体験を何度もしました。

私の「want」があなたの「want」と重なり、《マインドの法則》によって自分と他人とで願いと想いを共有し、「マインド・ビューポイント」を高め、ビジョンの共有が生まれること。これこそ私が望み、考えている真の利他的な行為です。

――このように言われているのは、《マインドの法則》を学んでいくとそうなれるということ。もの凄い希望でした。先生とのトレーニングで、こんなことも言われました。

「最初は自分のことから始まってもいいんです。無理に変える必要はない、利己から利他へ、自然にそうなっていきますから……」

——自意識があっての自分、でもそれがあるがゆえうまくいかない。その矛盾と葛藤を抱えながら生きることを許されたような、救われたような穏やかなエールだった気がします。

ああしたほうがいい、こうするほうがいいと先生は言いません。どうしたいかは一人一人の中にすでにあって、それこそが潜在的な力の源泉なのだと、そうやって信じてくれる勇気に、何度も人は救われる。そのまだ起きていない何かを信じる力というのは、どこから来るのかと思うと「先生の在り方」、つまりマインドポジションから来るものなのだと感じられます。

「それなら、そうなれるはずだ」と誰もが、自分が今の自分を信じることはできなくても、そのきっかけになる「もう一人の自分」として、先生はいつもその誰かの前に現れる。それがメンタルトレーナーとしての先生の役割なのだと感じています。

目に見えなくとも感じていくことで、見えてくる世界があるのだという真実を、何度も身をもって教えていただいたのだと思います。自分の世界から大きな世界へ、自然に視界が拡がっていくから、必然的にそのように進化成長していけるということなのだと。

こうした感性の力を先生は自らの人生を通して、磨き続けてこられたことで、この《マインドの法則》というのは確立されていったのです。

久瑠先生のパーソナルトレーニングというのは相手の存在自体を感じとる、会話のないコミュニケーションも可能なのです。

ここでそのイメージを3コマ漫画にしてお伝えしていきます。

心の階層（感情、思考、感性）の高さで、どのように変わるのか、〈思考レベル〉の会話と〈感情レベル〉の会話、つまり視点を引き上げるトレーニングとの違いについてを体感していただけると思います。

次頁の図が久瑠先生の「潜在意識に働きかけるパーソナルトレーニング」です。

〈思考レベル〉の会話

- 相手の過去や現状を質問したり、自分の知りたいことを聞いている状態。表層的な情報量だけでは、本質は掴めない。

- 自分の知識、経験から答えを探そうとする。（1割の顕在意識）新たな何かは生まれない。

- 自分が見えたことを伝達している。相手のためにやっているつもりでも、結果的には、自分が相手を知るための時間になりかねない。

〈感性レベル〉の会話

● 潜在能力を引き出すためには深層的な情報を察する力が必要。この情報（本質）を掴むことにより圧倒的な情報量（インプット）が自ずと入ってくる。

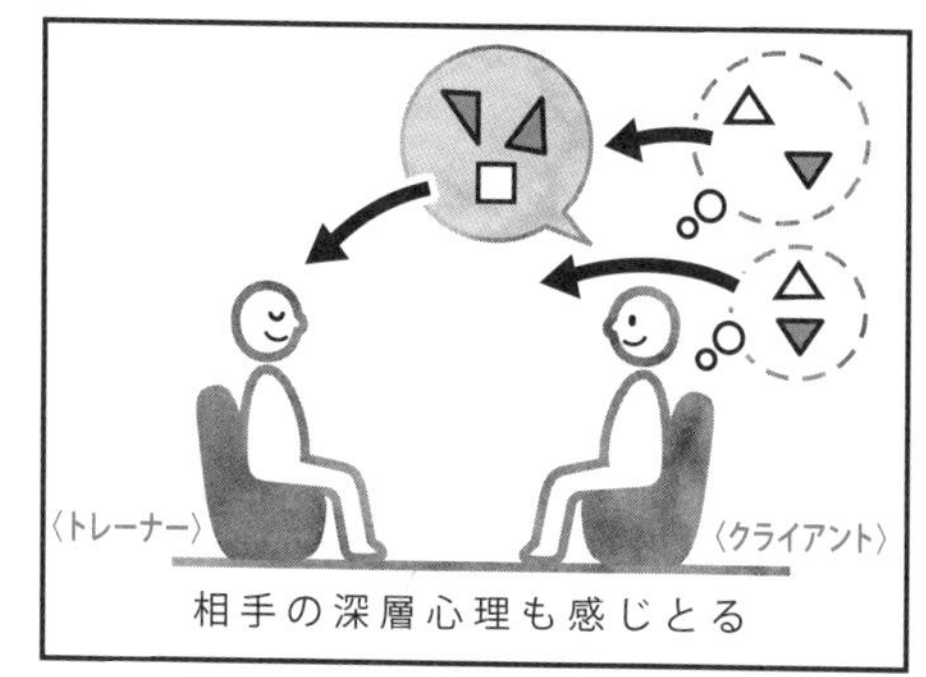

● 言葉にならない潜在的な情報までをキャッチする。相手の内にある無自覚な〝何か〟を統合し、新たな観点が創りだされる。

● 相手の可能性を拡げていく。相手のビジョンを相手の視点になって、自分ごととしてその潜在的なビジョンを見いだしている。

〈感性レベル〉と〈思考レベル〉の違い

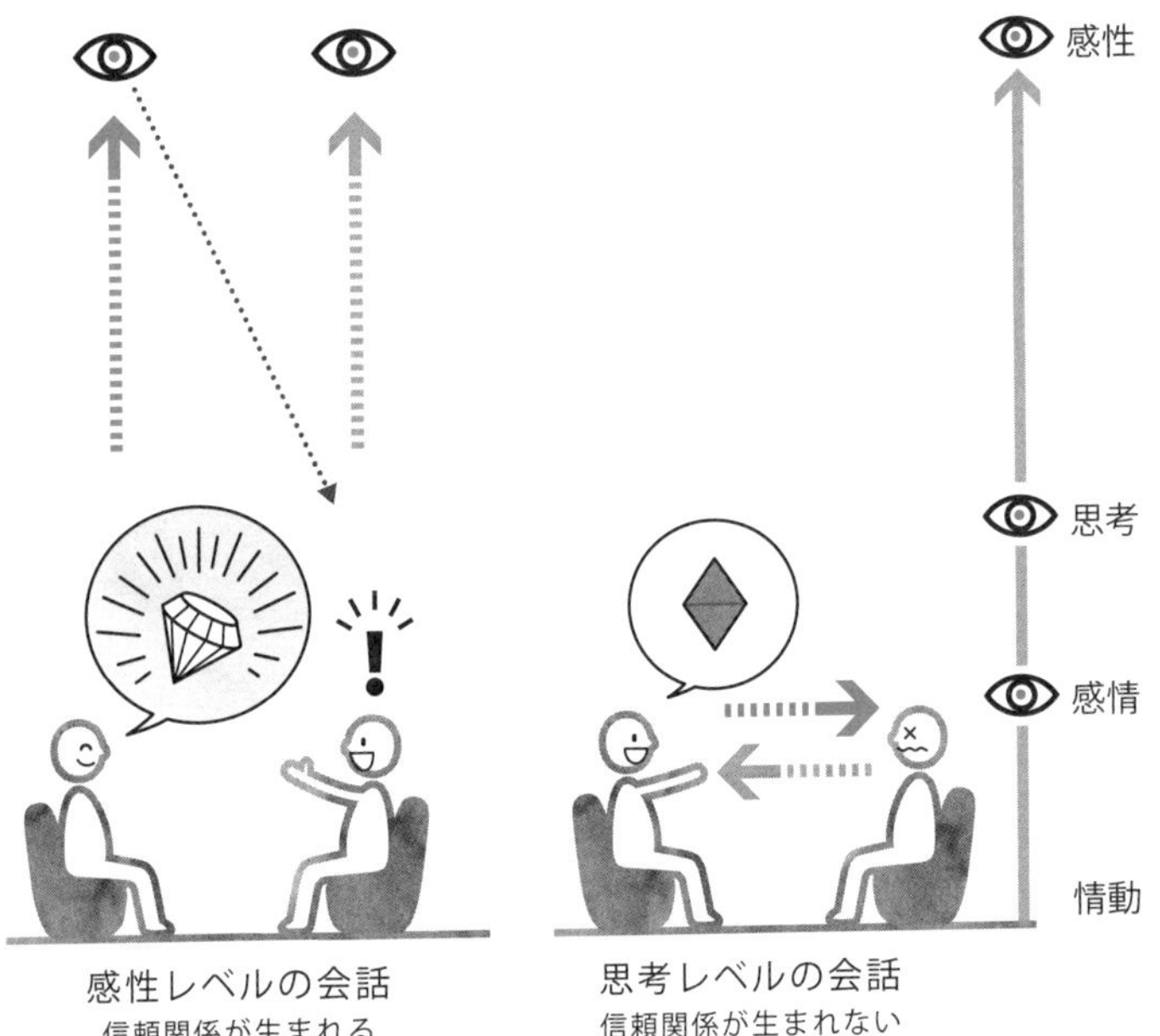

左脳的な思考での分析と違うのは、曖昧な情報、目に見えない情報も組み取り、統合しビジョンを掴むことのできるマインドポジション。
そこで感性の力が引きだされます。
マインド・ビューポイントを引き上げて感じとった潜在的な情報から、イマジネーション力を使い、表面的な物理次元の want ではなく、クライアントの深層的、潜在的なところに宿る本物の want（想定外の何か）を見いだしていきます。
クライアントが気づけずにいる盲点や、自分一人では受けとめることも判別もできないような見えない何かを、感性のサーチライトを当て、クライアント自ら掴み取れるようになるまで、「感性レベル」の会話は、その人のまだ見ぬ可能性や希望を創りだしてくれるのです。

「相手にとってまだ起きていない、この先、起こり得ることに対してパスを出せば、相手は無意識にそれをキャッチする。言葉や身振りで発していなくても、潜在意識がイメージしたその未来は必ず相手に伝わります。それが潜在意識の計り知れない凄さなのです……」

――「未来にパスを出せるのは、相手の潜在的な未来を描きだせているからです」というまさにこの奥義のような〝心の業(ワザ)〟を先生は、『プロフェッショナルマインド』に必要な課題として、「マインド塾」で伝授されています。

この言葉の通り、「未来のパス」を言葉にして出すために必要な情報として、話している言葉や目に見える表情だけでは実はないのだということを、体感としてマスターさせていきます。当然ながら現状、過去、未来に至っても目の前にいる方を俯瞰して感じとるという業を短期間で伝授してしまう。

だからこそ、本書の事例にあるSさんにおいては電話のみのトレーニングで、一度も対面で行わずとも、あそこまでの変化を出してしまう。

養成塾の卒業生で、トレーナーとして活動された方が、以前こう話していました。

「先生は電話であろうと、対面であろうと、言葉だけを聞いているわけでも、表情や仕草そのものを見ているわけでもない。そのもっと根っこの部分、潜在的なものをキャッチされている。それは、言葉で言えば、言葉にならない想い。その想いの中で言えば、無自覚な想いということになる。要は言葉と言葉の間で起きていること、会っていないときに何を見落としているのかどうか。相手の盲点や話せていないことに対しても、当の本人よりも、トレーナーである先生のほうが情報をキャッチアップできている。

それが「スーパー・マインドビューポイント」という心の視点の高さから、目の前のその相手の、潜在的な何かに触れていくという、心の業の本領なのだと体験者として目の当たりに感じています。

ここに、あるエピソードを紹介します。

「あのライブで、僕は武道館全体を俯瞰して演奏していました。全部見えているんです。演奏している自分を含め、会場全体、武道館全体を空から見ているように感じられて、そして、どのようなテンポとリズムがいいか体の中から湧きでてきたんです。何も考えていませんでした。僕のリズムが他のメンバー、ファンの方、会場全体に共鳴して、武道館全体を動かしているような感覚でした。今までに経験したことがないパフォーマンスができました。こんな感動を持ってプレイできるなんて今までの人生で初めてです。表現するということの本質的な意味が体感としてわかった気がしました。本当にありがとうございました」

――これは、先生のトレーニングを受けていた、一人のトップアーティストからの電話でした。いつものように先生は、当たり前のことが起きただけのような普通の対応でした。まるで、初めからこのようなことが彼に起きることを知っていたかのように。

――先生にはこのようなことが頻繁に起こる、というか起こしてしまう。潜在能力を引きだそうとするのではなく、在りのままのその人の「今」に入る。そういった潜在意識の扱い方、この達人業(ワザ)にかかれば、それはどんな人でも、どんな状況においても変化を起こすことはできるのです。

――一体全体、先生は何をしたのだろうか。

空間全体を体感するような感覚というのは、どのようなことなのでしょうか。

このアーティストMさんというのは、紅白に出場するような人気バンドのメンバーの一人でしたが、最初に先生を訪れたとき、どこかのバンドマンでドラムを叩いているというくらいのことは認識はしていたでしょうが、先生はそういったその人をとりまいている一切の情報を気にもかけずに、トレーニングに入られます。先生において重要なのは、その人の社会的ポジションではなく、マインドポジションのほうです。もっと言えば、目の前のその人と話す、ではなく、無自覚な潜在意識と向き合うということです。だからあえてそうしているというよりは必然的な流れで、その無意識の会話で表出してくるまでは、まったく先生から触れていくことはないので、その彼の場合も先生は、どんな有名なバンドかも知らないままトレーニングを続けているように見えました。

先生のこうした在り方は、その人の潜在的な「未来」にフォーカスを向けているからこその〝在り方〟です。社会のいわゆる履歴書から始まって、要はこれまでの経歴といった「過去」があって「現在」があるという概念を、180度塗り替えてしまう在り方です。

このことは、先生は「時間術」としても伝えておられますが、こういった何気なく見え隠れする、日常的な「素」、根っこからの在り方の違いが、いかに現実を、未来を、人生を変えていくのかということを改めて痛感いたします。

――そして、今も、『人生が劇的に変わるマインドの法則』を読まれて受講される方たちが全国から訪れてきます。

その中には2012年に購入され、自分で実践してみたら、ほんとに大きく変わったという実体験を持ってやってくる方も多くいらっしゃいます。

その方々の中でつい先日もまた、数年前に本を読み自ら《マインドの法則》を実践され、「この本を数年前に書店で見つけ、当時やりたかった仕事に思いきって転職を決めたんです。今では資格も取ることができて……当事、諦めずに挑むことができたのも、上手くいかないときに自分を肯定できるようになれたのも、この一冊との出逢いからでした。先日、偶然かたづけをしていたら出てきて……今まさにもう一つ超えたい壁があって、いよいよ本格的にトレーニングを始めていきたくって」と、ご自身に起きた数年間の変化について、お話しされていました。

それぞれの人生のタイミングのどこかで、こうして実際にトレーニングの場に訪れることもまた多いのです。

「気づいたら変わっていた、これが潜在意識の変化なんだと感じられた」

「優しい言葉なんて書いてないのに不意に涙が出ました」

「自分が今まで出せてなかったところに触れてくれている」

「人生を諦めたくない、そう思えたら何か始めたくなった」

「気づいたら過去と決別できていました」

等々、お話を聞かせてくれる方たちは、刊行当時から今なお止むことはありません。まさにこの本の言葉が、いかに読み手の潜在的な領域に届いていくのかということの証でもあります。

――『人生が劇的に変わるマインドの法則』は、文庫本も含めて累計10万部を超え、多くの方がこの一冊の本に出逢い、それを実践し、人生のバイブルとして活用されています。

そのことについて、文庫本として再度刊行された際にも改めてこのように語られています。

一冊の本との出逢いがその人のマインドに変革を起こし、人生を変えていく。

それは物理次元を超え、まだ見ぬ読者としっかりとつながっている。

発売当時から変わることなく続いているこの終わりなき「出逢いの連鎖」は、時が経つにつれてなお、真実味を帯びてきています。

「本屋さんでなんだか自分を見ている目線を感じて、それが先生の本で……何度も目が合うんです……そう、書店で出逢ったのです」

「出逢った」そう言われるのは、後にも先にもこの本だけです。

それは私自身が《マインドの法則》を実践することで、自ら起こした奇跡でもありました。何よりの確信は、前著がたった一冊の本でありながら、私の人生をも劇的に変えたということです。前著に綴った《マインドの法則》を実践することで、私の潜在意識が私の未来をまさに動かしたのでした。

「潜在意識に働きかけることで、あなたの人生は劇的に変えることができる」

《マインドの法則》でそう宣言した私に、さらなるアクセルを踏み込ませたのは、全国の読者の方々から寄せられた声でした。

この引き起こされた奇跡というのは、まさしく先生から紡ぎだされた言葉が、読者の潜在意識に届いたからこそ、必然として起きたのだと思います。

——潜在意識に届く言葉について、２０１３年の著書『マインドバイブル』のエピローグにこのように記されています。

「人生を変えていきたい」

その想いが、世界を変えていく核になっていく。
目に見えるもの、形あるものは有限ですが、人間の内側にある心の世界は無限です。
潜在意識の中で言葉がはじけたとき、心に革命が起きます。
すると、心の内側から見える世界が変わりはじめる。
そしてまた、別の誰かの心に革命を起こす。
やがて波紋のように拡がり、世界に革命が起きる。
たった一人の潜在意識と向き合うことが、不可能とさえ感じる世界に、革命を起こす。
それは人間の潜在能力という無限のチカラによるものです。

そしてその瞬間、そこには言葉が生みだされる。

人間が在って、心がある。

心がうごめくから、言葉が生まれる。

そこに、あなたの真実がまた生みだされていく。

言葉が想いを超えるとき、その言葉が真実となる。

真実となった言葉は、あなたの人生を変え、そして世界を変えていく。


言葉が、人生を創りだすのです。


――先生はまさに表現者です。

言い換えると、アーティストが、感性を絵画、彫刻、音楽、ダンス等で表現するように、先生は、感性を「言葉」で表現することを選ばれたのだと思うのです。

感性の世界を言葉で表現するアーティストであり、トレーナー。

その代表作が『人生が劇的に変わるマインドの法則』。

読む者の心に響き、読んだ者の心を変えていく。

何かを説明しているという書物を超えた、読む者の潜在意識や未来へ響く、文字という音符で奏でられたアートそのもの。我々が思っている言葉とは、まったく次元の違う、潜在意識に響く言葉によって人生を創りだす表現者です。

——よく「言葉のカプセル」という言葉で潜在意識の世界を伝えてくれます。

先生の言葉は、ときに心にしみわたるような感覚で、聞いてすぐ理解できない言葉があります。その言葉というのは、未来の必要なときにカプセルが溶けて、時間差でじわじわ効いてくることも、無自覚のうちに、炎症を抑えてしまうような瞬間もあります。

たった一言で、これまでどうにも変わらなかった何かを劇的に変えていく力が、その言葉にはあるのです。唯一無二の真実がそこに宿っているから、一人一人の心に新しい世界が拡がっていくのだと思います。

——この感性の世界を言葉で表現された《マインドの法則》が、まさに先生の日常も大きく変化させてしまったのです。

その証として、「どうしてこんなことが起こるんだ」というエピソードの一つに次のようなことがあります。

《マインドの法則》が出版されるとすぐに、なんと7社の出版社から同時に先生のもとに執筆依頼が舞い込むということが起きました。

まず、7社同時にということ自体あり得ない話であり、普通ならば無理と感じてしまうところで、それに対して先生は、7社すべてに「イエス」と言われたのです。先生は限界を決めず、7冊同時並行で書くという未来を決められたのです。

先生は、よく塾生に向けて、

「すべてにイエスを言ってみる」

ということもよく言われています。普通の人は自分都合で主観的に段取りを考えてしまうから、それがチャンスなのに何もする前から断ろうとする人が多い。けれど先生ご自身は、当然これを実践されているので、無意識の「イエス」で受けて立とうとするのです。

「「イマジネーション」の限界が、その人の能力の限界を決める」

という言葉の通り、日常業務とこの7冊の執筆を同時並行でやる、という未来を「イマジネーション」され「マインドの法則＝時間術」で、見事にやり遂げてしまったのです。

――そしてさらなる展開をここでお伝えしていきます。

「マインド塾」が生まれてしばらくすると、久瑠式トレーニングも進化し続け、年2回の〝心の実学〟3日間集中セミナーや、「鏡面感覚」コース（アスリート専用のトレーニングを一般にも開講）、「コラージュ・トレーニング」コース等が次々と生みだされていきました。

どのコースもそれぞれに特徴があり、潜在意識に深く働きかけるものばかりです。

「心の実学」では、集団でありながら個別研修でもある、という空間で、3日間、自らの心と向き合います。

朝活、夜活、寝る活、昼活、連日連夜、一人一人のマインド空間を塗り替えていきます。

まさに人間の感性の凄さに気づかされ、使命をあぶりだされたり、心が浄化されたりということが、いつも当たり前に起きています。しかも、内容が毎回研修ごとに違うという、普通では考えられないものになっています。

「鏡面感覚トレーニング」は、もともとトップアスリートのハイパフォーマンスを引きだしてきたメソッドで、自らのメンタルブロックや心のクセを感覚的に知ることができます。

自らの行動を制限する潜在意識の働きを自覚し、「マインド・ビューポイント」を体感的にマスターすることのできる革新的なプログラムです。

当然ながら先生という人は、日常においても、未来を動かす、奇跡を自ら創りだす、といったとんでもない超人的な領域を、トレーニングにおいても本気でやってのけるのですから、こうしたワークショップはとにかく濃度が濃く、それこそ数値化すれば光の速度とか、何万光年先とか、そういった次元で、我々にとっては数値化できない天文学的な領域の学びを、何というか、圧倒的な情報量を伝授してくれるので、

「頭がヒートアップしてる」

「普段使っていない、前頭前野あたりが熱くなる」

と塾生は頻繁に話しています。

先生はそれを体感的に、感覚的に、僕らの一人一人の人生になぞらえて教えてくれる。

言語化された分厚い本を、何千冊読んだところで、結局のところ、単に知ったということで、人生は変わりようがない。けれど、先生のトレーニングでは、潜在意識に気づいたら扱えるようにしてくれる。


「参加するだけで心の視点が上がる、変化する空間」


そうした空間を創りだすことに先生が何よりこだわりを持っているのも、まさに潜在意識に無条件で働きかけるためなのだと、改めて感じている自分がいます。

本当に極めてシンプルに、初回から参加するだけで、その感覚をマスターさせることに重きを置いている。そうでなければ、潜在意識を普通の人間が扱えるようには、決してならないのだということを、先生は無意識の中で感じられているからこその証なのではないかと思うのです。

そういった意味においてもう一つ、「コラージュ・トレーニング」についても触れておきたいと思います。

このワークショップでは、毎回一人一枚の画用紙が用意されます。テーマに沿って、思い思いに写真やイラストを切り貼りしていくのですが、毎回、先生から何気ない問いかけが、初めに投げかけられます。実はそこにも極意がすでにちゃんとあって、意識していようがなかろうが、その一枚の紙の上には、「潜在意識の自分自身」が表れてきます。

何よりの醍醐味は、表れた「潜在意識の自分自身」を読み解いていく極意をマスターできるというところです。過去・現在・未来、自らの言語化できない想いを、先生が自ら解き明かしていきます。

視覚化された一枚のコラージュ作品自体は、肉眼で誰でも同じように見えてはいるけれど、先生と自分たちでは情報の取り方がまったく違う。

先生は、一つの対象（コラージュ作品）から、無限の情報をキャッチしていくので、それをすべて受け取ろうとしても、単なる想像では追いつかない。

まさに潜在的な力を発揮させる「イマジネーション」と「ｗａｎｔ」、高次の「マインド・ビューポイント」という、要は《マインドの法則》をいかにそこで活用していくのかを、先生自らが実演しながら、その極意を学ばせてもらえる。だから、先生と一緒に、その高次の階層から見えてくる「マインド空間」に入り込み、その異次元体験をしていくことで、「潜在意識を読み解く極意」を感覚的にマスターしていくことができるということです。

久瑠式トレーニングというのは、頭で考えてやっていては、決して到達できない領域のワークばかりです。

考えてみれば、先生が普段やっていることが、みんなの学びたいことになるので、受講者にとって久瑠先生は、最高の師ということになる。その普段やっているということの次元が、情報の取り込み方から、その何気ない情報の扱い方自体が、お伝えしたように神業的な領域の〝心の業(ワザ)〟によるもので、それを「体得すること」＝「潜在能力の引きだし方をマスターする」ということになる。だから受講者はただ参加するだけで、テキストなどなくとも、常に先生の創りだす最新の感性のワークで、実践的に体得できるのです。

――そして、先生が本書を通して多くの人とつながり、いろいろな場でそうした人たちの人生に、奇跡のような変化を与え続け、《マインドの法則》が、それぞれの人の中にまさに拡がりはじめているときでもありました。

塾には、まったく初めての人から、リーダー的存在の人が一緒に参加するようになり、そこに、上級者、中級者、初級者というような区別ではなく、心の階層が自ずと生まれてきました。

その心の階層を体感することによって、リーダー的塾生は、新しい塾生たちに、無意識のうちに《マインドの法則》を使っているということが、今では普通に起きています。

相手の心に響く言葉を、いとも自然に投げかけているのです。

一人一人が潜在能力を引きだすことを体感し、自ら実践できていることは本当に感動的です。

それは、現代人が錆びつかせてしまっている能力とも言えます。

メンタルトレーナーとして活動する前の先生は、「潜在能力=感性の力」を使うことは、誰もがやっていることと思っていましたが、実は多くの人にとって、それは簡単ではないということ、その力の引きだし方を知りたいと願う人が、こんなにもいるのだという現状を受けとめ、どうしたら皆が自らの人生においてその力を使えるようになるか、この「潜在能力=感性の力」を使えるようになると、なぜ誰もが想定外のことを目指せるようになるのかということを、学びたい人々に向けて、直に教えていける場があればという想いが、塾を始めたキッカケとなったのでした。

――本書、初版が出た当時、大学教授、心理学、臨床系の学会、教育関係の方々から著名な作家の方たちまで《マインドの法則》を読まれ、

「どこでこれを学んだのか」

「どうやってこんなことに気づいたのか」

と聞きに来られていました。

ある作家の方が付箋だらけの《マインドの法則》を手に訪れたときは、

「要点をまとめようと線を引きだしたら、ほとんど全部に引いてしまったよ、こんな本は初めてだ。どうしたらこのような形のない感覚的なことを、ここまで理論というか言語化されて本にまとめられるんだ」

と目を丸くされていました。

――こうした知識人たちの「なぜ?」に応えるかのように、こうした久瑠式トレーニングを体系化

させた一冊として、『マインドの法則 実践ワーク』が２０１７年に出版されました。先生が実際に塾や講座で実施してきているワークについて紹介した本です。

『人生が劇的に変わるマインドの法則』が出版され、この本を起点として、様々な信じられないような奇跡が現実に起きています。

さらには《マインドの法則》を実践で教えてしまうという、感性という形のない領域のことを見事に体系化され、一冊の本（こちらも絶対できっこないと思われていたもの）としてまとめあげられました。

何よりの証なのは、何もないところから前述の数々の講座やワークが次々と生まれ、多くの人たちにとって潜在意識を体感できる学びの場、学びの書があり、学んだ人たちがそれぞれの環境で活かしていく。すべては、先生の想定外の地球的視点、つまり［マインド・ビューポイント］、［ｗａｎｔ］、［イマジネーション］という《マインドの法則》により現実になった。

それが多くの人の人生に奇跡を起こし続けていると確信しています。

そして何よりこの《マインドの法則》は、先生の人生をも劇的に変化させたという真実を、ここに記しておきたいと思うのです。

――ある行政関係の仕事に携わっていた大学教授が久瑠先生を訪ねてみえたときのことです。

この方は、古典から哲学書など数千冊の本を読まれていて、ヨーロッパ、アメリカの大学院等でも勉強ばかりの日々を過ごしてきました。

『人生が劇的に変わるマインドの法則』と『マインドの法則 実践ワーク』を日本に戻られたときに偶然、書店で手に取り読まれ、

「感性について書かれた本はいろいろあるけれど、感性で感性のことが書かれた本には出逢ったことがなかった。どういうことかというと、モーツアルトはモーツアルトの本は書けない、アーティストはアートで表現することを論ずることはない。久瑠あさ美という人がやっている世界はアート、それをこの人は本の中でやってのけている、そしてそれらを本当に実践している、信じられない……」

そのように感じられて、

「この本は自分が求めていた世界へ連れて行ってくれる。様々なことを世界中で学んできたけれど、求めてきたものが《マインドの法則》にあった。それは想定外に崇高な世界観で、私はこのようなことを、365日継続的に考えたことがない。しかし、久瑠あさ美という人は、日常次元でそれをやっているというのが凄い。これを学び、体得されている塾生が、その世界をまた誰かに教えられているというのも、なんとも信じがたい」。そうおっしゃってしばらくの間、塾にも参加され自ら学ばれて

いました。

「この実践本はこの通りにやれば、ちゃんと本当にできるように書いてある。私が今まで学んできたことを一つ上の次元に引き上げてくれる。どんどん読んでいくと、感性を磨くのは簡単なことではない。実はそれはとてもハードなことで、一行、一行全部が凄く濃密で、でも全部が一つになっていくような感じで、読み手の手をずっとつないでくれている。全部理解なんてできっこないのが潜在意識、だからこそ真摯に向き合ってくれているのだと、非常にあたたかな体感さえ起こる。それが活字の世界で起こる、そこが凄い……。だから、第三章まではなんとかついていって、まるでトレーニングを受けているみたい（笑）。第四章でいつもの自分をたぶん超えていて、必死になりながらも、二人三脚だから気づくと楽になっている……。第五章においては非日常体験で倒れそうなくらい。ゴール間近で微笑んで待っていてくれる、そんなイメージ（笑）。今までで、こんなに夢中になって読み解いた本はなかった……こういった領域について、私にはそれを論理的にしか書けない。感性からおろしてこのようには表現できない……このような本を日本の書店の書棚で見つけられたこと、出逢えたことが奇跡だと思った……」

何年間もかけて世界のトップクラスの場で学ばれても、自分を奮い立たせるほどの感性を学べなかった――論理的には理解できても身につけることの難しさを知っている方が、しばらくの期間、集中的に先生の元で、その感性を磨かれていった、その希少性にすら、僕らはすべてを感じとれていないのだと思うのです。

ただ当時の僕にとっては、こうした世界を股にかけて勉学に勤しんだ学者、博士、学位ある人間をそこまで唸らせたということに、改めて《マインドの法則》の凄さを再認識した出来事の一つとなりました。

もっともそれを言われている先生というのは、これまた本当に「素」で、その方が見いだした世界観には共感はするのでしょうが、先生からすると、何を凄いと言ってくれているのか実のところわからない。それは先生にとっては普通のことだったからです。

ただ、その人の言葉から、先生のやられていることが、世界を知る見識者たちが、さらにその上をいくレベルのものだと、熱くなっているのを間近で聞けたことで、僕らは改めてそんな凄いものを、我々はこの先生から、直に学ぶことができているのだということに、その真価を目の当たりにして感じていました。

そして、理論ではなく、体感トレーニングによって実践を極めていくということが、どれほど重要であったとしても、それを教えられている人というのは、世界にはほとんどいない、ということも同時に知ったのです。

――この『マインドの法則 実践ワーク』の第5章に、このようなことが書かれています。

樹齢千年の大木をあなたは目にしたことがありますか。
数年前、旅の途中で訪れた地で、私はその大木を目にしました。
地面に巻き込むように根を張らし、大空に向かってそびえ立つ大木を前にして、
私はその圧倒的な存在感に衝撃を受けたことを今でも鮮明に覚えています。
その大木はただ「生」を全うし、大自然の中で今もなお自然体で生きている。
語りきれない年輪を超えて、生き抜くことをひたすらに体現していました。
そして地を這うその根は見るものの想像をはるかに超えるスケールで、
その大木を千年もの長い間支えてきたのです。
陽が当たろうと当たるまいと、雨が降ろうと風が吹こうと、
常に明日への希望を失わない。
「何があっても平常心、在りのままに生きていく」
その在り様が、その大木の生き様そのものでした。

私はそこに「生命」のダイナミズムを強烈に感じました。
樹齢千年という歳月を生きながら、
その大木は「過去」から流れてきた時間ではなく、
「未来」から流れてくる「今」この瞬間を生きている。
そこには「覚悟」がありました。
「生きるということ」、それを全うするということ……

先生から、「……『覚悟』は決めるものではない、自ずとそれは決まるものだ」ということを学んできました。また改めて大木の話から、「悟りとは覚悟の『悟』と書きます……」と教わったことを思い出しました。

先生という人は、千年という気の遠くなるほどの大木と向き合うことで、とんでもない何かに気づいてしまう。多くの場合、そんなもの眺めても賞賛し拝むことくらいで、自分の無意識で、その瞬間につながっていくということはできません。僕らの何気ない日常次元においては、こうした大木のような自分をゆうに超える存在を受けとめきれない。単に頭で考えても到底つながることのできない存在であり、ましてや先生のように自分の人生を重ね合わせ、その在り方の本質的な何かと共鳴、共感などということは、通常の思考や想像では追いつかない境地なのかもしれません。

そこには心の階層というフィルターを通して感じてみることで、人間を超えるもう一つ上の領域、それが先生の言われる、自我（自意識）の抜けた、真の自己超越という階層（禅的な言い方で言えば「空亡」）に行き着くのでしょう。先生はまさにその大木と向き合う瞬間に、そこにただ存在する何千年も生き抜いてきた「生」という尊い何かに、潜在的なビジョンを共有されたのだと思います。

こうした人間を超えた自然界の高次の視点を持たれていることが、自然の在り方そのものを享受することへと結びつき、その自然と共に生きていくことの喜びを創りだし、それを与えていく存在になっていくということ。すべてのモノと「人」との関係の「間」、そこに「人間」が存在する意味を伝え、こうなれるということをこうして僕らに見せてくれているのです。

たとえ自分をとりまく世界が、ある日ガラリと変わっても、
潜在能力を引きだしながら自らのチカラで生きていく。
そのチカラを私たち人間もちゃんと持っている。

そして、これから自分が何をしたいのか、どこに向かっているのか――
「未来のビジョン」が一気に溢れだしてきました。
大木のような在り方、存在、それこそが「愛」そのものなのだと感じられました。

人間力の源泉もまた、「愛」です。自分への愛が内側から溢れだしたとき、
自らをとりまく世界へと愛がつながっていく。
そのことを深く体感できる時間。
そして、じっくり自分の内側を掘り起こす場を創りだしたい……

――樹齢千年の樹を見て、「愛」の領域まで感じとる感性。これもインプット力、イマジネーション力のなせる業（ワザ）なのだと思います。

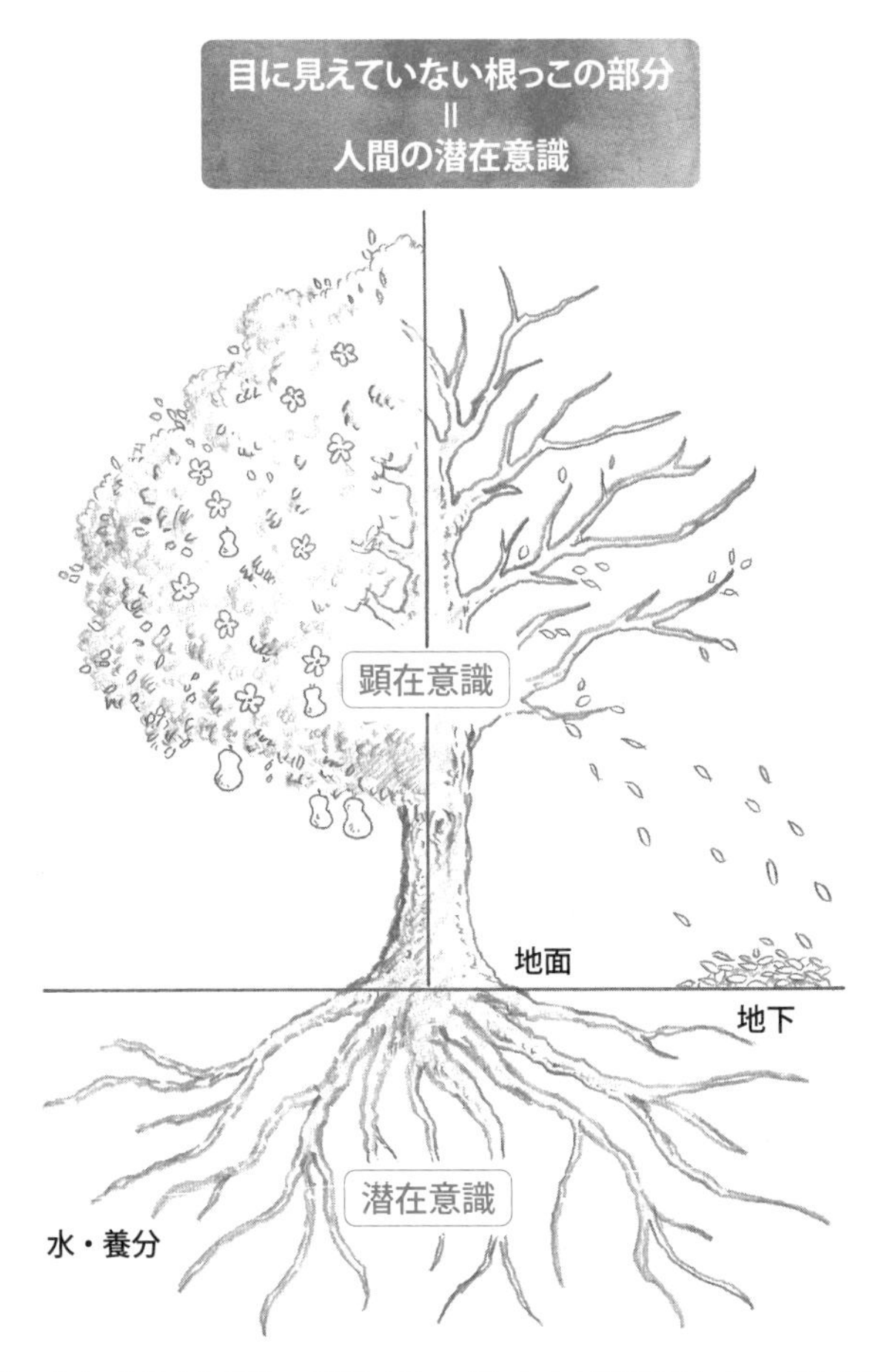

秋になれば葉は紅葉し、落葉する。春になれば花を咲かせ、また若葉を茂らす。
未来を担っているのは地下に在る根っこ。
人生のスケールを拡げられるのは、この根っこでしかない。
その根っこの領域まで感じとることのできる「感性」を宿らせる。

人は、どうしても社会や他人の人生を表面的に見てしまう傾向があります。

けれど、そういった情報というのは、人生のスケールを拡張してしまえば、実はそれほど重要なことではないのです。

問題なのは、その木の根っこが根腐れを起こしているかいないか、です。

それは目に見えていない部分、人間でいえば潜在意識の領域を指します。

未来を担っているのは、地中に根を張る根っこの部分なのです。


――人間は、ある程度根っこが育つと、そのまま放置して、葉っぱや実しか見なくなる。

知らないうちにバランスを自分で崩し突き進んでしまうから、大変な事態を迎えることになる。そしていつしか自分の根っこで、自分を支えきれなくなる。そのときに気がついても遅い。だから目に見えない「心の根っこの部分にフォーカスを当て、自分を掘り起こしていく内観トレーニング」によって、しっかりと鍛え、人生のスケールの次元を一気に拡張させていく、そのために日々、何をやるか。どう自分の日常と向き合うか。そのマインドの在り方を体得するための〝心の実学〟3日間集中セミナーが生まれたのです。

「心の視点を引き上げ、目に映るものではなく、
一気に見えない何かを感じとれるマインドを創り上げること。
そして一人一人の潜在能力を引きだすこと」
それこそが私が目指すメンタルトレーニングです。

マインドにおいても、成長したい［want］によって、
［イマジネーション］を働かせることで、樹齢千年の大木になるまで、
［マインド・ビューポイント］を引き上げていく。
根を伸ばし養分を吸い上げることで、「感じる力＝インプット」を強くしていきます。
芽を出した苗木が、美しい花を咲かせ、実を成らすようにして、
「表現する＝アウトプット」するということ。
［マインド・ビューポイント］が高く引き上がることで、
心のスポットライトはより一層照らす範囲が拡がっていきます。
［スーパー・マインドビューポイント］まで引き上がることで、
人生のスケールが格段に拡がるイメージです。

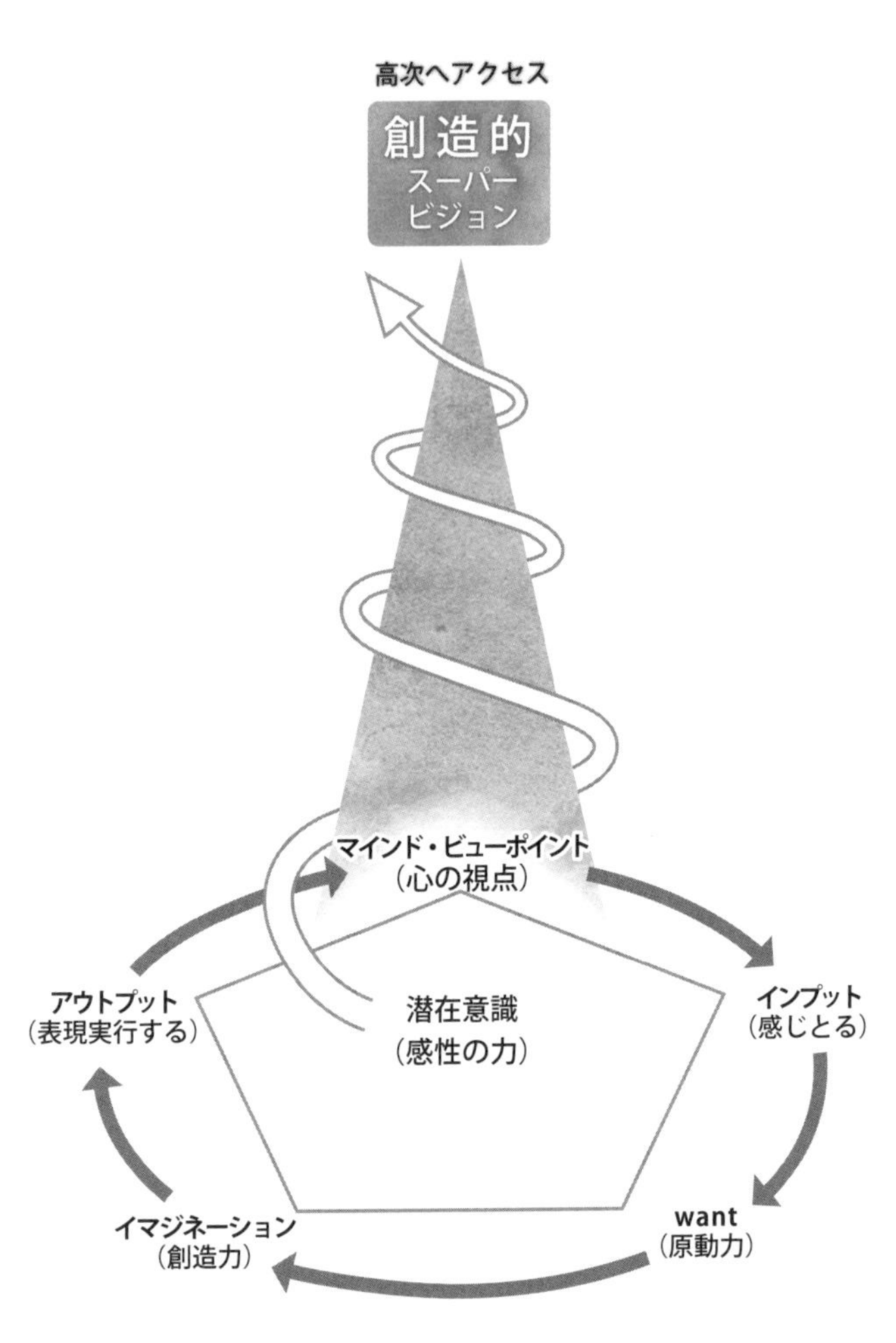

マインドの法則実践の図

心の視点を引き上げ、より多くのことを感じとる（インプット）。want の種を見いだす。未来をイマジネーション（創造する）。その未来実現に向けて道が創られていく。……潜在意識が動きだしより高次へアクセスし続けることで潜在能力は引きだされる。

実が落ちても、すぐにまた再起しリカバリーできる、
そんな大木のようなマインドを育てたいと願って、
日々、一つとして同じではないマインドを創り上げるため、
様々なトレーニングを重ねているのです。

――先生は、「インプットとアウトプット、この両方をバランスよくできる人は少ない。よくしゃべる人が情報を持っていると思われがちですが、表面的ではなく深層的には案外あまりしゃべらない人のほうが強く感じていたりすることも多くある」とバランスよく両方の能力を磨いていくことで、コミュニケーションが、「伝える」という一方的な方向から、無意識に「伝わる」になるよう伝授しています。《マインドの法則》は「マインド・ビューポイント」、「ｗａｎｔ」、「イマジネーション」の三つのプロセスと、「感じる力＝インプット」、「表現する＝アウトプット」を磨く、この五つにより潜在能力が呼び起こされます。前図のようなイメージで螺旋を描くようにして、どこからでも潜在能力は引きだされます。

長年、メンタルトレーニングに携わり、多くの人々のマインドと向き合ってきたことで、

最終的には「どう生きるのか」の生き様の指針を担っていくのが、「感性」であり、根底に絶対的な支えとなるものが、
誰もが持ち得ている潜在的な「愛のチカラ」なのだと実感しています。

いつだって自分のマインドにフォーカスを向け、心のスポットライトを自分に照らすこと。

心の視点が引き上がれば、マインドスポットは拡く世界を照らしだします。

その中に存在している自らのマインドが世界を取り込んだり、世界とつながったり自由自在に動き回る感覚を持つことができます。

すると、どこに誰といても、自分はちゃんとこの世界に存在していることを体全体で感じられるようになれる。心の視点と視座が変われば、パラダイムシフトが起きます。

それが《マインドの法則》だからです。


——自然界と樹全体（社会と自分）を達観して捉える［スーパー・マインドビューポイント］。

自由自在に心の視点である［マインド・ビューポイント］を、自ら操ることができる領域に到達できるようになると、自分の周りの景色が、こんなにも大きく変わるものなのかと驚かされます。

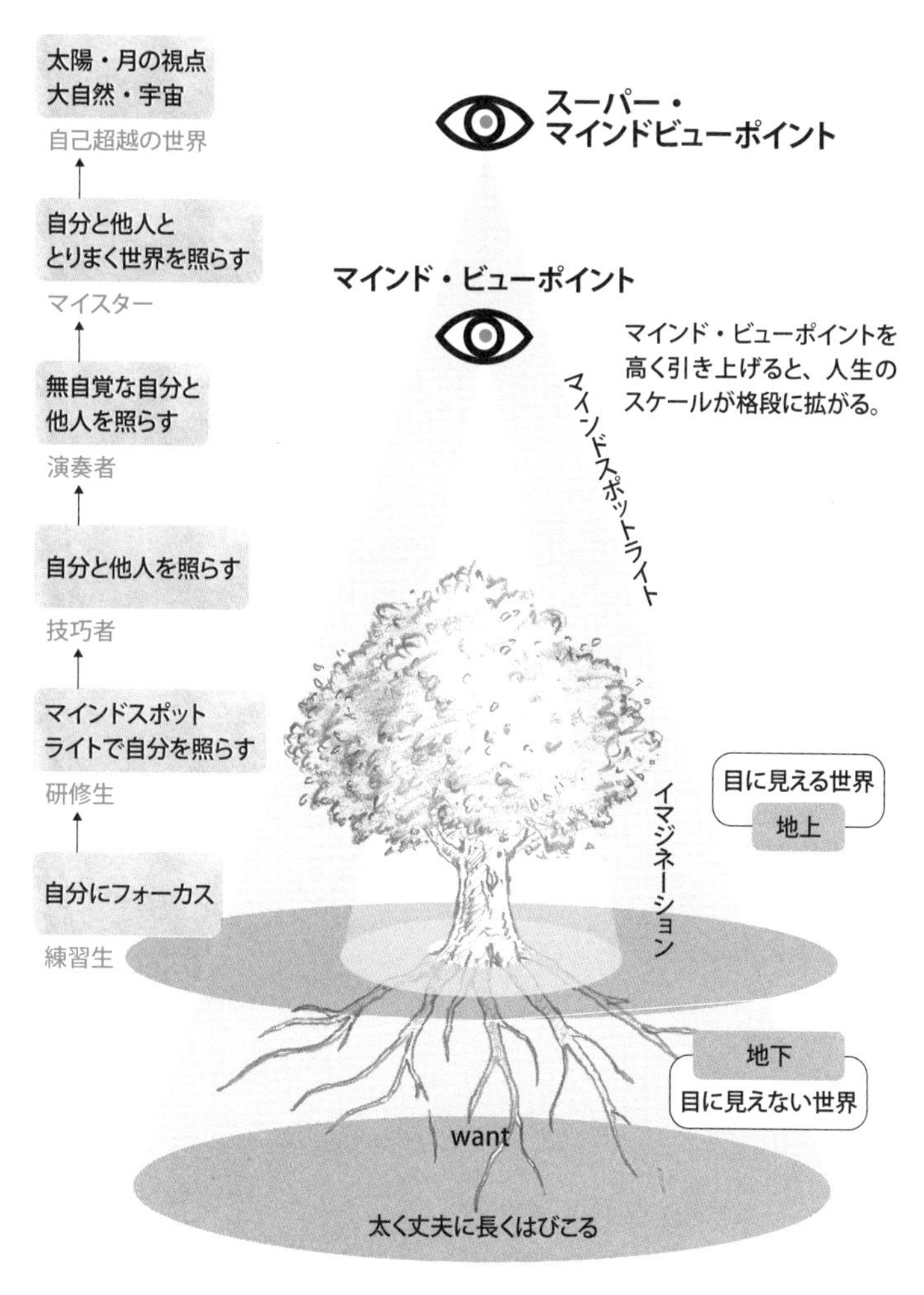

心の階層を高めるトレーニング

久瑠式トレーニングは、一つ一つの問題対処法を伝えるのではなく、
どんな問題が起きても、どんな状況に陥っても、
自力でリカバリーできるマインド力を、
その人の内側に創り上げることを目的としています。

そのためマニュアル的な知識を伝える、いわゆる「形式知」ではなく、
感覚的な体感を通して伝えていく「暗黙知」を大切にしています。
「形式知」とは、すでに形となって表に現われ、誰にでも認識が可能で、
客観的に捉えることができる知識のことです。
「暗黙知」とは、一人一人の体験に根差す信念、ものの観方、価値システムといった、
無形の要素を含んだ、言語化されていない状態で、持っている知識のことを指します。
この「暗黙知」を体感トレーニングで伝えるために必要なのが、〝心の業〟なのです。

《マインドの法則》は、人間のマインドが「主」で、法則が「従」です。
人間の数だけ、《マインドの法則》はあり、順応的に適応されていくものです。
法則を各々の人生で活用していくことが、何より重要なことなのです。

「法則通りにすれば、人生は変えられるのか」

「どうしたら、その通りになるのか」

と、人はすぐに形式知である方法論に、自分を当てはめようとします。

頭で理解したがる生き物だからです。

方法論として説明できるほど、人間の潜在意識のスケールは小さくありません。

潜在意識の法則を、暗黙知として伝えるトレーニングの意義は、だからこそ非常に大きいのです。


――スケール感が圧倒的に広くて深い。言葉にして言い尽くせないものを体感としてつなぐことができるのが先生のトレーニングであり、まさに劇的な変化を創りだす心の業でもあります。

それはいかに人間は顕在意識で考えているか、10％の顕在意識だけという小さな自意識の内側で、「これが自分だ、自分らしさだ」と縮こまって、無自覚な壁を自ら築いてしまっているかについても気づかせてくれる。

盲点だらけの人生観から、瞬時に一段引き上げ、高い層の視点を創り上げてしまわれるのはまったくもって物理次元ではない階層からのアプローチ。まさにそれが先生による潜在意識に働きかける体感トレーニングの醍醐味なのだと思います。だから、トレーニングを受けるが「そんなに簡単に変われない」「どうせ駄目だから」という人生を送ってきた方が、目の前にやってきたとしても、先生はその人の現状や、過去によって出来上がった顕在意識ではなく、この先の潜在的な可能性を、潜在意識を変えることで引きだしてしまわれる。その瞬間から「あれ、なんで自分、諦めていたんだろう」「気づいたら変わっていた！」という現象を自然に引き起こしてしまうのだと思うのです。

――ここで、『マインドの法則 実践ワーク』にも記述されている、〝心の実学〟３日間集中セミナーの代表的なトレーニングの一つでもある、「鏡のワーク」をご紹介します。

このワークは、特別な部屋を利用して行います。
まず、参加者Ａさんに部屋に入ってもらいます。部屋の前方の壁は、全面、鏡です。
そして、部屋の中央の立ち位置に立ってもらいます。
「鏡を見て、自分を確認してください」と先生はＡさんに伝えます。
Ａさんが、その位置に立つと、目の前の鏡の中に自分自身が映しだされます。
そして、鏡の中の自分自身と視線を合わせることになります。

次に「カメラマンを意識して、ポーズを取ってみてください」と伝えます。
全面が鏡になっている壁の右側に、ビデオカメラを肩に担いで、
ちょうど鏡に映ったAさんに向けて、カメラを持ち立っているカメラマンの絵が貼ってあります。
これは、Aさんがカメラマンと鏡に映った自分を、
リアルな一つの景色として体感できるようにするためです。
Aさんは、好きなポーズをとります。撮られている自分に意識を向けるのです。

次に、「鏡ごしにあなたを見つめている人と、目を合わせてください」と伝えます。
Aさんの後ろに、私の助手が鏡越しにAさんを見つめながら歩き、Aさんに近づいたりして、
その間、鏡を通してAさんと助手は視線を合わせています。

次に、「カメラマンのカメラに自分が写るポジションに、移動してみてください」と伝えます。
Aさんは、カメラマンが向けている、カメラのレンズを意識しながら、
ちょうどそのフォーカス内に入るよう、前に少し出たり、横に歩いて移動します。
そして、そこに映しだされているはずの自分の姿をイメージしながら、
自分自身を感じていきます。

鏡のワーク

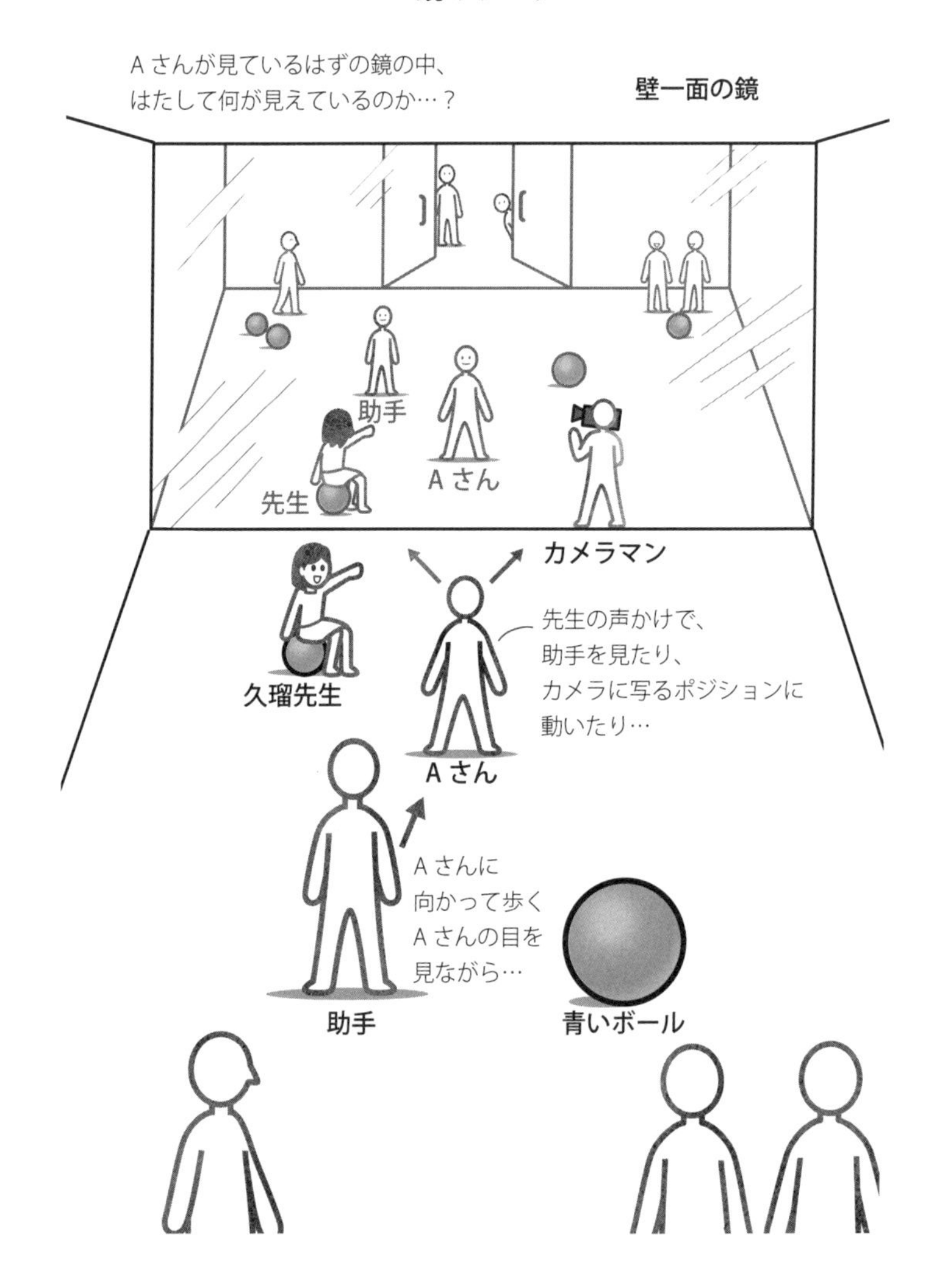

A さんが見ているはずの鏡の中、
はたして何が見えているのか…？
壁一面の鏡
助手
A さん
先生
カメラマン
先生の声かけで、
助手を見たり、
カメラに写るポジションに
動いたり…
久瑠先生
A さん
A さんに
向かって歩く
A さんの目を
見ながら…
助手
青いボール

そして、最後。

「この部屋には青いボールはいくつありますか?」

「何人の人が見えていますか?」

そう言葉をかけながら、鏡に向かって立っているAさんの背後で、大きなボールを転がしたり、見知らぬ人が突然、通りすぎたりします。

私自身も、Aさんの背後を歩き回ったりします。


どの動きも、鏡にはしっかり映しだされています。そこで再び尋ねます。

「今、あなたには、何が見えていますか」

これは、参加者の心にパラダイムシフトを起こすための問いかけでもあります。

この「鏡のワーク」を経験した参加者からは、

「すべてをここに言語化することはできませんが、マンツーマンのパーソナルトレーニングを受けたような気がする」

と言われます。

これは参加者にパラダイムシフトを起こすため、
私自身が鏡の前で一人一人の潜在意識を感じながら、

マンツーマンで言葉をかけながら行うことで、
様々な心の視点と、その体感を直に感じてもらうこと。
それがこの「鏡のワーク」の真の目的だからです。
あなたも鏡に映る自分をイメージしてみてください。
鏡の中の自分を見つめた時点で、あなたはすでに自分以外は見えなくなるはずです。
「カメラに向かってポーズをとってみて」
と言われて、ポーズをとった時点で、そこに存在はしていても、
あなたにはカメラマンのレンズに映っているであろう自分以外は、すでに見えていません。
同様に、後ろを歩いている助手と目を合わせた時点で、
すでにあなたには助手以外のものはまったく見えなくなります。
最後、背後でボールを転がしたり、知らない人が歩いたり、
私が動いているのを鏡を通して見た時点でも、
あなたの目には、それら以外のものは映らなくなります。
カメラのピントが合った時点で、あなたはそれ以外のもの、
自分をも見失ってしまうことになります。

一番最初の「鏡に映っている自分」を見るというのは、

「もう一人の自分」という存在を認識する心の視点。

次にカメラマンのカメラレンズに向かって、ポーズをとるのは、

「もう一人の自分」を意識することで、実際の自分から離れる（自由になる）ことになる視点です。

そして背後に歩きだした助手と、鏡の中で目を合わせていくのは、
他者を意識し、相手と視点を共有する視点。

カメラマンのカメラのレンズを通し、映しだされた自分の姿をイメージする視点。

そして最後に、

「では、この部屋にいるあなたには、何が見えていますか」という問いかけによって、
体験者のマインドにパラダイムシフトを引き起こします。

人は無自覚な自分の目が映しだす世界を感じとることができると、
それまで見ていた世界を、一気にひっくり返すほど衝撃的な体感を得ることができます。
自らの心の「視点と視座」を変えながら、
無限大に「マインド・ビューポイント」を引き上げることのできる、
心の視点の持ち主を創り上げていくのです。

様々に変化する心の階層を実体験として感じとることで、視点を段階的に習得することができる、画期的なトレーニング、それがこの「鏡のワーク」です。

――先生は、「結局、人は、見ているところしか見えていない。見ているようで見ていない。見えないのではなく、見ようとしていないだけ」とも言われていました。

人は、本当に自分のことしか見ていない。主観的にしか物事を考えていないときが大半で、ほとんどの時間が自分中心の自分視点。

先生はほとんどの時間が空間視点で、その場全体の空間で捉えている。この視点の違いできっと見えているもの、感じられる世界が大きく違っていくのだと思うのです。

あるとき、美術館で横山大観展を観てこられた先生の感想を聞いたときのことをお話しします。

「先生は、どうしてそんなことまでわかるのだろう」と驚かされました。

１００年以上も前の時代の画家なのに、まるで先生とこの画家が友人だったように、一枚の絵について、墨絵のタッチや、屏風の構図のことを交えながら、まるで本人と話してきたかのようにこちらに伝わってくるのです。

聞いている僕までが、そのやりとりを脳内で体験できるというかなんというか、凄く立体的な内容になるのです。

何より驚かされるのは、横山大観のことも水墨画のことも、この個展にふらりと立ち寄って観られただけなのにこのようにお話しされるのです。

そのとき、先生が話されたことを走り書きですが、とっておいたメモがあるのでここに羅列してみます。


「西洋画に比べて日本画は自由度が高い……構図の中で安定させない違和感を感じさせてくれるのですが、その繊細な大胆さがなんともロック……思いきった視点を絵の中に投影させている。なんともいえなく味のある特徴的な親しみやすさは、独特の遠近法から生まれていて、描きたい対象へのフォーカスの当て方が、やっぱりロックでカッコいい。強烈に見るものの視点を塗り替えてしまう……大観の視点に大胆に引き寄せられていく」

「体温が変わる瞬間が何度もあって、リズムとテンポ、ビートを効かせているようで、屏風の前に立つと、そのダイナミックな音響効果で、ずっとそこに居たいと思わせる、多分視点を思いっきりしゃがみこんで、低いところから寝っ転がった視点というか、自在に変えてくる。そうやって居心地やマインド空間までも、持っていかれてしまう……」
「水墨の良さは勢いがナイーブに出るところにある……横山大観は片ぼかしで名を上げたが、片ぼかしの前に全ぼかしをやっている。何がなんだかわからないといって追いだされても、ぼかしをやめずにやりぬき、そして半分ぼかしてみようとやってみた。仲間同士でいいじゃないかと思うものを探求し、片ぼかしで自分を超えた……」
「で、水墨画にしかできないことはなんだと思いますか……それは、地の色を残すこと……。地の色を活かすこと。染まっていないところが、月に見えたり、雲に見えたり、波に見えたり、川に見えたりする。何ものせていないところが、そう見えてくる。それを逆算して創るのが水墨画の世界にはあって、色を塗ったから、水色を塗ったから空じゃない。青に塗ったから海じゃない……」等々。

――これはごく一部だけですが、このような話がどんどん出てくる。正解かどうかなどそこにはなくて、すべてはその瞬間に感じとったまま、活き活きと伝えてくる。自分の考えや入れ込んだ知識で話してはいないのです。

先生が、そのメタ認知脳で横山大観の世界にダイブすることで、そこに描かれている、雲、波、海といった大自然そのものを体感できるのは、頭でわかろうとするのではなく、潔よく無防備に飛び込んでいく〝心の業〟のなせる力とも言えます。

それらの作品から、筆の微細なタッチから、先生が探し当てるのは、そこに潜んでいるたくさんのその人の魅力、人間が限界に挑む瞬間の輝きといった、潜在的な「何か」なのだと思うのです。だから先生のお話を聞いていると、自然にこの画家の人生に凄く興味が湧いてくる、魅力を感じる。ああ、だからこういう絵を描いたんだというイメージまでも湧いてくる。

僕一人で見ていたら、カタログに書いてある平面的な時系列の内容だけで、そもそも日本画にも大観にも興味がないのだから、自分の何か、ましてや人生になどつながることもなく、すぐに忘れてしまうと思うのです。


一体これは何が違うのか。その理由はすでにお伝えしたように、ものの見方、インプットです。

僕には見えていないもの（そもそも見ようとしていないのかもしれません）がたくさんあるということなのですが、それにしてもこんなに違うものなんだといつも驚かされます。


――次のコラムでさらに《マインドの法則》を深めていきます。

先生が、「マインド・ビューポイント×メタ認知機能」について、脳科学的な見地からお伝えしています。同時に、高次元の「マインドフォーカス」の使い方についても明確にしていきます。

人間には〝ミラーニューロン〟という神経細胞があります。

これは「鏡のように相手の感情を映す神経」です。

たとえば、相手がつらそうにしているときに、それを見ている自分もつらく感じてくる気持ち。あるいは相手が嬉しそうに笑っていると、自分も思わず嬉しくなって微笑んでしまうとき、そのようなマインドになるのは、このミラーニューロンの働きによるものです。


「相手の気持ちを相手の立場に立って感じる」

このミラーニューロンを活性化させることで、目に見えない人の想いや、無限の情報をキャッチすることができるようになるのです。そのためにはその心のベクトルを外側だけでなく、自分自身にも向けるトレーニングが必要で、それが、「マインドフォーカス」という〝心の業（ワザ）〟です。


この業をマスターすると、自分自身の中にもうひとりの自分がいることに気づき、自分を真横から二次元で平面的に捉えるのではなく、もう一つ引き上げた心の視点で三次元で3D

化させ、全方位から立体的に自分を捉えていくことができるようになります。それを〝メタ認知〟と言います。

言葉にすると難解に聞こえはしますが、この感覚をマスターすることは誰にでもできます。そして、一度体感できると一生ものとなります。

このメタ認知機能を鍛えていくことで、誰もが初回から感動レベルで様々なことをやってのけることだってできるのです。

メタ認知の「メタ」は「高次の」という意味です。

「メタ認知力」は、高い視点から俯瞰して、自分自身を眺められる能力を指しますが、このメタ認知能力が低い人というのは、

「自分が他人からどう見られているか？」ということを把握できずにいて、多くの場合、この「自己モニタリング」ができていないことにより様々な支障をきたし、ときに生きづらさを生みだしてしまいます。

「自己モニタリング」とは常に、第三者的な視点から自分を見る、という観点を生みだします。その高次の「マインド・ビューポイント」から、心の視点を引き上げて、「もう一人の

〈マインド・ビューポイントと統合〉

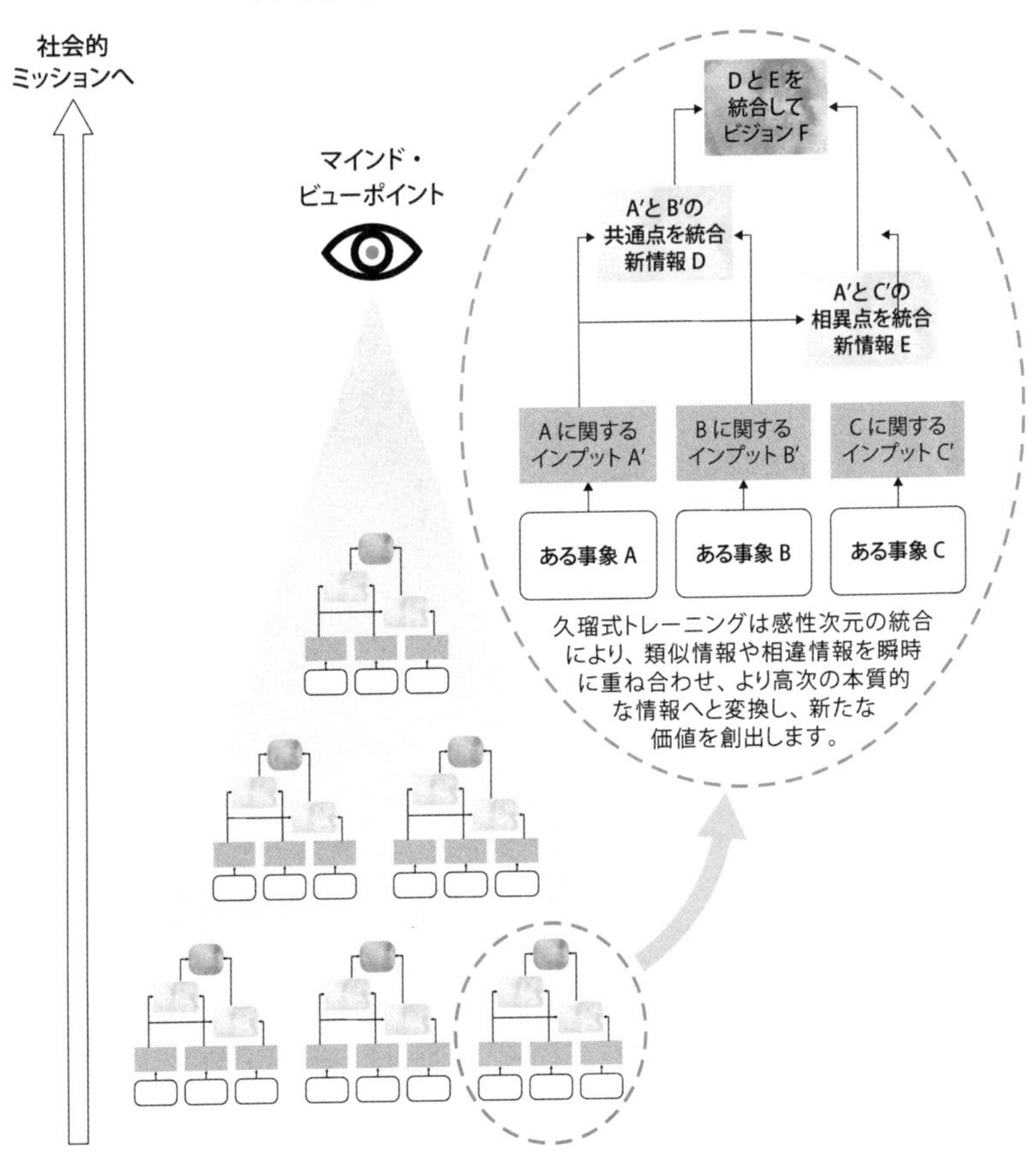

高次のマインド・ビューポイントを体得すれば、全領域の情報を統合し、個人的願望から、自己超越へと引き上げられ、自らの社会的視点で世界とつながっていく。真の調和はこの視点から創られていきます。

〈メタ認知・高次の情報統合力〉

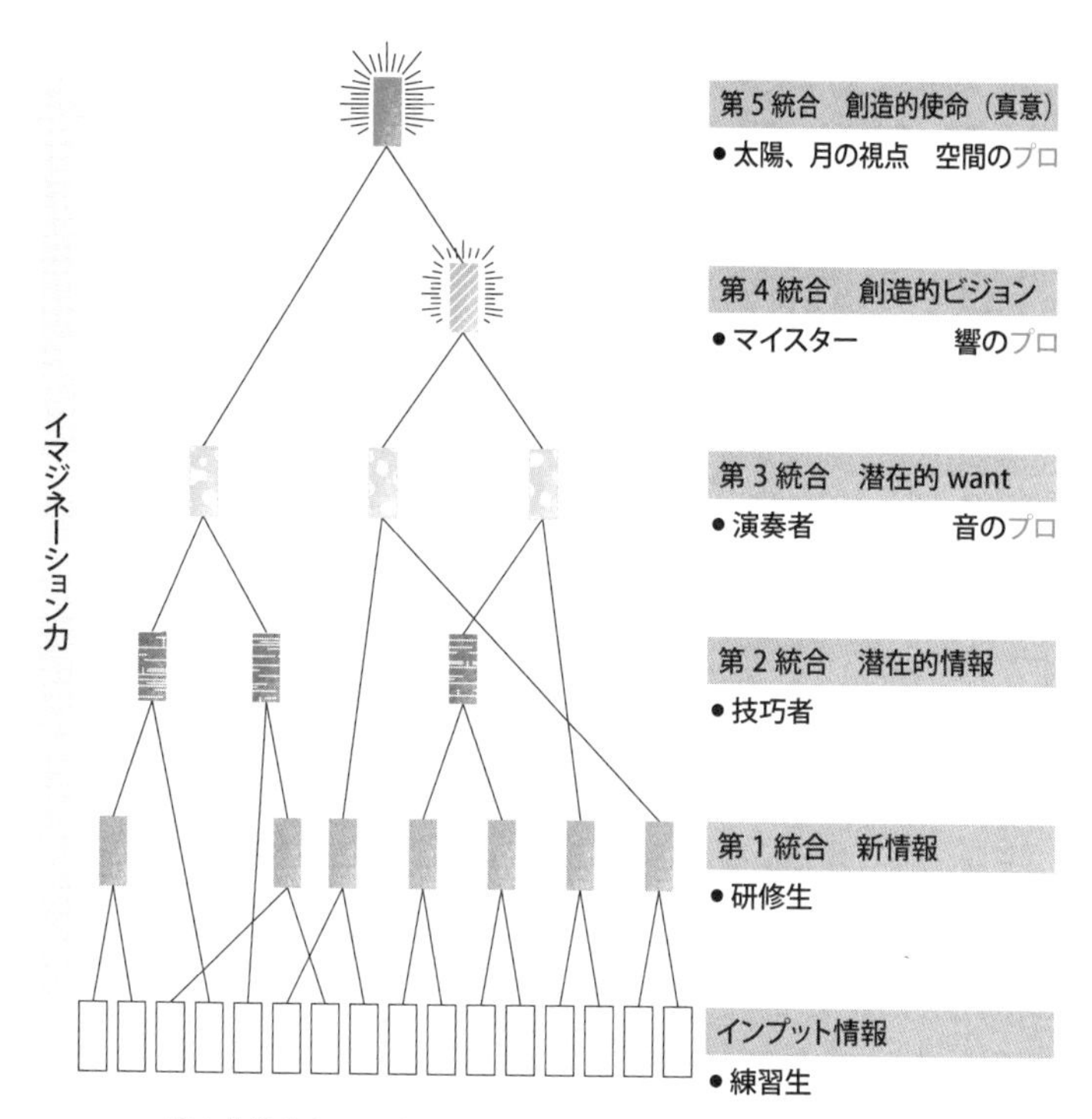

潜在的欲求をイマジネーション（創造的統合）であぶりだす

久瑠式トレーニングでは、体感（暗黙知）によって、メタ認知能力を体得し、「感性」と「知性」の統合を瞬時に行う“心の業”＝潜在能力の引きだし方を伝授します。受講生は右脳的な感覚と左脳的な思考をバランスよく使っていくことで、様々な観点から情報の機微を感じとれるようになります。それにより本質的な新概念を生みだすマインドを創り上げていくのです。

自分」を意識しながら、怒ったり泣いたりしている自分を冷静に見る。

それにより、自意識過剰な状態から脱けだせるので、感情コントロールは容易になります。

自分ごとでありながら、どこか他人事で居られるようにもなれます。

この曖昧な意識こそが、《マインドの法則》で体得できる心の視点なのです。


現代社会においてメタ認知できないと、目に見えない抽象的なイメージを認識することが苦手となるため、見たまま、聞いたままのことしか、情報として得られず応用が利かないため、意図的なニュアンスを情報に込められません。戦略的に先を見据えて、行動することができなくなり、目の前のことで手一杯となり、無理難題を背負うかのような人生を送ることになりかねないのです。逆にメタ認知能力が高まれば、潜在的な情報の区別ができるようになれます。

その先に何が起こるのか、自分、目の前の人、その先にいる人、空間、時空を超えて、「イマジネーション」することが容易にできるようになるからです。


「人間関係が苦手である」

「時間管理が苦手である」

「先読みして行動するのが苦手である」

こうした想いを抱えている人は多くいます。けれど、こうした問題は性格の問題であるか、才能があるかないかの問題ではなく、自らの潜在意識に働きかける【心の業(ワザ)】を習得しているかどうかの問題なのです。それらは訓練によって例外なく鍛えられます。

〈心の視点の階層を高く引き上げるトレーニング＝メタ認知能力を引き上げるトレーニング〉という観点で、「マインド・ビューポイント」を改めて捉えていただければ、この腹筋背筋のような、心の根幹的な深層筋そのものを高めていくトレーニングは、誰もが持つこの〝ミラーニューロン〟という神経細胞を活性化させることで、潜在能力を自ずと引きだすのだということを、脳科学的な見地からも実感いただけるかと思います。

——久瑠先生が無意識にやっていること。

感性で統合して、深層心理に潜む使命を瞬時に見つけだす、これが《マインドの法則》の実践の究極段階の心の業でもある「統合力」です。

本書の「16の形容詞を使ったフォーカシング」の最上級バージョン（第5統合）です。

先生がよく言われている、いつも空間視点で全体を見て、その全体から感じられることすべてをインプットする。

そうすると情報量は圧倒的に多くなり、これをフォーカシング（統合）することにより、深層心理に眠っているものをあぶりだしているのです。しかも瞬時に。これは感性（右脳）の領域のなせる業（ワザ）です。

別の言い方をすると、仮に同じ情報であったとしても、思考で処理する場合と、感性で統合する場合では、生みだされる（見つかる）新たな情報はまったく違います。浮き輪を使ってバタバタやっているのと、クロールでスイスイと泳いでいくような違いです。

こうした一瞬でビジョンや概念、本質等を捉える速さというのは、先生が創作活動をされている場に実際に居合わせた者でないと、なかなか説明すらおぼつかないと思いますが、とにかく次元が違います。

本書のコラム「レオナルド・ダ・ヴィンチの視点」に記されている、「モナリザの微笑み」これも、先生の感性次元のフォーカシング（統合）により浮かび上がったレオナルド・ダ・ヴィンチ論。まるで、時空を超えて彼に会って話をしてきたかのような内容です。

このコラムにも当時、度肝を抜かれました。たった2ページで、分厚い一冊分の解説書を大きく超えてしまっていると感じました。

もちろん先生はレオナルド・ダ・ヴィンチのことを特別に学んだことはない。それこそが久瑠先生の凄さ＝《マインドの法則》の凄さ。

簡単に言えば、分野を問わず、何かについて何年も勉強している人と会った瞬間に、その何かについて先生は対等に話ができてしまう。それどころかその道の専門家の人が驚かれることのほうがむしろ多く、よく聞く言葉が、「先生はそれを、どこで学ばれたのですか」なのです。

もちろんそうした問いかけをされる方々が、想定しているような勉強の仕方は、ほとんどされていない。先生は、「何か」と対峙するとき、潜在的な本質をすくい上げ、同時に自らのマインドにフォーカスすることで、自然と「統合」できてしまうのだと思います。それはまさしく、《マインドの法則》のなせる業なのです。


余談ですが、先生が日常で普通にやっていることを、「見ているだけで凄く勉強になる」と話されていた受講生もいました。今思えばそもそも観点の次元そのものが違うのだから、何気ない日常においても、我々よりもずっと先を感じとって動かれている。だから先生から出てくる言葉というものや、我々が目にする先生の創りだす空間というものは、自ずと潜在意識に働きかけてくるのだと思います。こういう学びは近くに居るものの特権です。

――そして、《マインドの法則》はパーソナルトレーニングやマインド塾という学びの場から、企業の現場へも同時に拡がっていきました。

不思議なことに、先生は特に営業活動というものはしていません。

企業研修の依頼もキッカケは、《マインドの法則》の本を読まれて、「何か」を変えたいと感じられるところから始まることがほとんどです。

たとえば、ある企業の人事担当者が《マインドの法則》を読まれた。そして、心に残り、我が社でも何かしてもらえないでしょうか、という問い合わせをされた。様々な業界、多くの上場企業や外資系企業、個人事業主の方たちからも、研修や講演の依頼が入り続けています。

先生の企業研修の特長は、各企業の在り方（企業理念）をベースに、オーダーメイドでプログラムを組まれているところに明確に表れています。

確固たる理念を構築できていない企業では、理念から一緒に掘り起こすこともあります。樹齢千年の樹でいうところの根っこのところです。

「受講される皆さんが本当に変わってもよろしいですか」

――当時は企業研修の打ち合わせで、特に大手企業では、このような質問をよくされていました。もちろん、一人一人の方が本書のエピローグにも書かれていたMさんのように、本当の自分の使命に出逢ってもらうという意味なのですが、この言葉に驚かれる人事担当者も多かったように思います。この質問に対し、「少しだけなら」という担当者も実は多くみえました。それだけ、先生はどんな状況にある企業とも、本気で向き合っていきます。

そんな研修を受講された方たちに、Mさんのような活躍をされる方を何人も見てきました。日本の企業でもマインドが引き上がることで、こんなに活き活きと活躍できるんだと嬉しくなったのを覚えています。

――そのような企業研修を何度か重ねたあるとき、『人事マネジメント』という企業向け専門誌の記事の依頼がありました。シリーズで本の後半部分に確保されている、研修紹介のページに掲載のお話でした。ところが、打ち合せを進めていくと、今までの連載の内容におさまらず、一つの新しい研修の在り方として、ぜひ巻頭に特集を組ませてもらえないかと編集部からの再依頼となり、取材担当者も驚きの展開になりました。『人事マネジメント』の編集の方も、久瑠式の研修を受けたことはありませんが、この原稿を読まれて感じることがあったのだと思います。

この様子を実際に僕も見る機会があり、会ってもいない人の、その原稿だけで定番的に決まっていた企画が変わってしまう、このようなことが本当に先生の日常では気がつけばよく起きています。

これは先生が、いただいた仕事をそのまま受けるのではなく、本全体のこと、読者のことまで捉える観点で、ベストを尽くすという《マインドの法則》を実践していることの表れだと思います。

その特集記事がこちらです。

潜在意識から掘り起こす
行動変革の新手法
次世代幹部が未来志向で動き出す理論とワークショップ

ff Mental Room（フォルテッシモメンタルルーム）代表　久瑠あさ美

■壁を突破する視座の高い「人財」を

どの企業もイノベーションが求められているという点で中長期の経営課題は共通している。昨日の延長で今日を生きながらえたとしても、今日の延長で明日は乗り越えられないリスクがじりじりと増殖してくる切迫感は、経営に近い立場ほど深刻に違いない。ゆえに、イノベーションを起こし未来の成長を担う人財を期待して、「我が社にもジョブズのような逸材を育てろ」という無茶ぶりがときに人事部門にも飛んでくる。

ただ、従来の延長が通じないという前提に立つとき、改善では追いつかないという絶望的なジレンマに陥る。期待される次世代幹部たちも、従来の仕事で成果を出し高い評価を得てきたのだとすると、壁を乗り越えるための絶対的な〝何か〟が不足している。過去の経験・知識・周辺事例を神経質に点検してもおそらく解は見つからない。そこで、〝壁の先を見るヒントは視座の高さにある〟と提案しているのが本稿の著者だ。さらに、視座を高め、行動を起こす鍵は潜在意識に目を向け自分を知ることだと、メンタル強化の専門家の立場から解き明かしている。先を見て壁を突破する人財を育成する新手法に要注目。

（編集部）

月刊 人事マネジメント
Monthly HRM Materials
2019 Mar. 3
行動変革の新手法
OODAループの使い方
宮田昇始
ソシアリンク／スープストック／ネットワン

CONTENTS

1 「マインドの法則」

■どうすれば人は変われるのか

「行動を変えたい」「思考方法を変えたい」と多くの人が思っています。そしてそれは、つまるところ「(今までの)自分の人生を変えたい」というところに行き着きます。それは企業の一流経営者をはじめ、トップアスリートやビジネスパーソン、そして一般家庭の主婦や学生の方々も同じです。

では、どうすれば人は変われるのか。私がこれまでメンタルトレーナーとして述べ5万人の方々の心と向き合い、多くの方々の人生の変革を創り出してきた「行動変革ワークショップ」で得た成果を元にお伝えしていきたいと思います。

■ビジョンを共有し、10年先の企業の未来を変える

企業の社員や幹部向けのメンタル研修で最初に行うのが、その企業の潜在的なビジョンを掘り起こして、参加者に伝え直すことです。会社のトップが掲げるビジョンや理念が、日常業務に埋没しているビジネスパーソンたちに完全に浸透しているとはいえない場合があるためです。

研修で最終的に目指すゴールは、ビジネスパーソンたちが自立し、企業がその自立した個の集合体として成立していくことです。そうなることで、企業は自社が持つ潜在的な総量を広げていくことが可能になります。

それにより、社員や幹部の人たち、そして社内の仕事の進め方がどう変わっていくか。これまでの例をいくつかご紹介いたします。

■研修後しばらくして、社長が社員に「今期の売り上げが伸びてないなー」と声をかけたところ、研修を受けたリーダー層の社員が「大丈夫です。その売り上げというのは過去が作り出したものですから、それによって何をするかは見えている、つまり未来は描けていますから、これから業績は伸びていきます。だから安心してください！」と発言した。

■左脳派でロジカルシンキング一辺倒だった社員が研修後、「目に見える数字を追いかけてもやがて達成感は喪失してしまう。心そのものがしぼんでしまえば何も発見すらできない」と気づくことで研究に成果が生まれた。

■研修時は別セクションだった3人の社員が、人事異動で同じ部署になると、「心の視点」の高さ（後述）で共通認識が生まれたため、打ち合わせに時間がかからなくなり、稟議を通すための無意味な理屈作りが不要になった。

■ある社員は、研修を通じて周りにエネルギーを与えることの重要性に気づき、企画が通るようになり、部門全体においても今までより売り上げが伸びてきている。

研修の成果というものはアンケート調査などを見ることでしか測れないけれど、研修を受けた社員の90%以上の方が、実感値として仕事のうえでポジティブな成果を生み出していきます。

社員が仕事のモチベーションを上げるのは、給与の高さや休みの多さ、福利厚生の手厚さだけではありません。いつの時代においても、会社のトップが確固とした志や理念を持っていれば、それに共感した社員たちが〝この人について いきたい〟〝この人の下で働きたい〟という思いを持つようになり、仕事へのモチベーションを高めていくことができます。

だからこそ、企業の社員や幹部向けのメンタル研修では、会社のトップが掲げるビジョンや理念、その企業の潜在的なビジョンを掘り起こすことが重要になってくるのです。

私は企業向けの研修を行う際、その企業とは年度単位で契約を結んでいます。これは、単にその企業の目先の売り上げやシェアを伸ばすためでなく、短くとも1年先、3年先の躍進のイメージを掲げビジョンを共有することで潜在的な価値を創り出し企業成長に導いていくためです。例えば企業の未来を託すため選抜した社員が研修を通じて脱皮し、孵化して、感性を磨き、そして社員が主体となって企業を飛躍させるための研修をオーダーメイドで創り上げていきます。こうしたプログラムは「10年先を見据えて〝今〟を変えていく」ことを目的としているからです。

■意識全体の90%以上を占める意識できていない潜在意識

ここでまず、私が提唱している「マインドの法則」についてお伝えしておきましょう。
この広い世界の中で、そしてほとんどの日本人がまだ出逢っていないもの。それは、潜在意識に眠る〝自分〟という存在です。その〝自分〟のことさえも分からない盲点だらけの人間には、他人のことなど到底分かりはしません。そこで、〝自分〟という存在を確固たるものにするためには、まず「自分を知る」ことから始める必要があります。

図表1　行動を変えるカギは潜在意識に

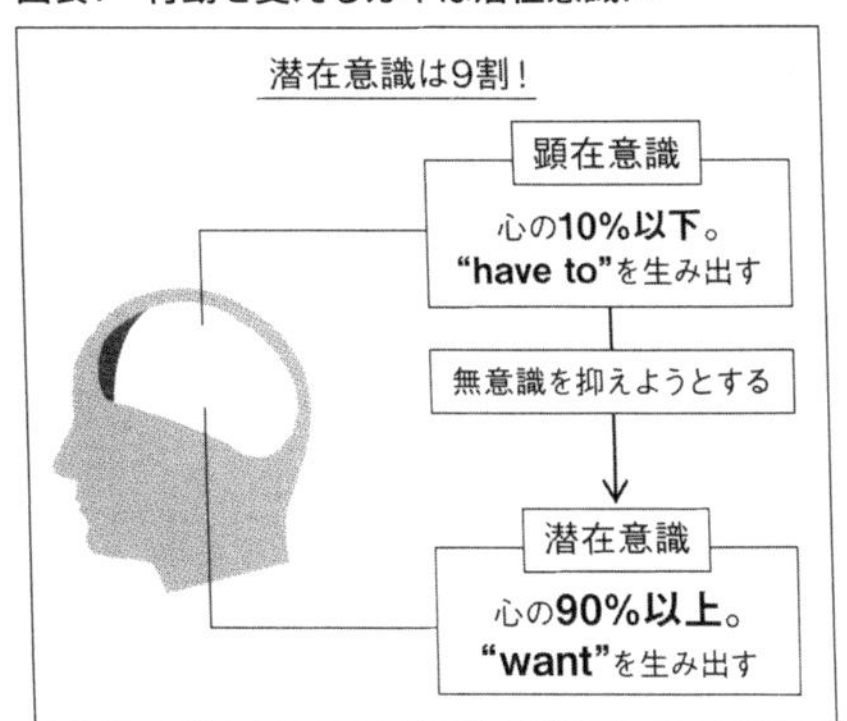

実際の研修の場では、参加者個々の根っこを見ていきます。そこを見ないで「何が実るか」ばかり見ていては真の成長は生み出せません。その企業のトップの想いや理念、ビジョンを汲みとることは、その企業の未来を託された選抜社員たちの根っこを形成していく作業ともいえます。
人間には通常2つの意識があります。「意識できていない潜在意識」と「意識できている顕在意識」です。実はこの2つのうちの「意識できていない潜在意識」のほうが意識全体の90%以上を占めており、多くの人は残り10%以下の「意識できている顕在意識」で、自分自身のすべてを分かったつもりになっています。
逆に言えば、意識全体の90%以上を占める潜在意識に、まだ見ぬ可能性が眠っているということです。これをうまく活用できれば、〝劇的

図表2 「マインドの法則」3つの基本原理

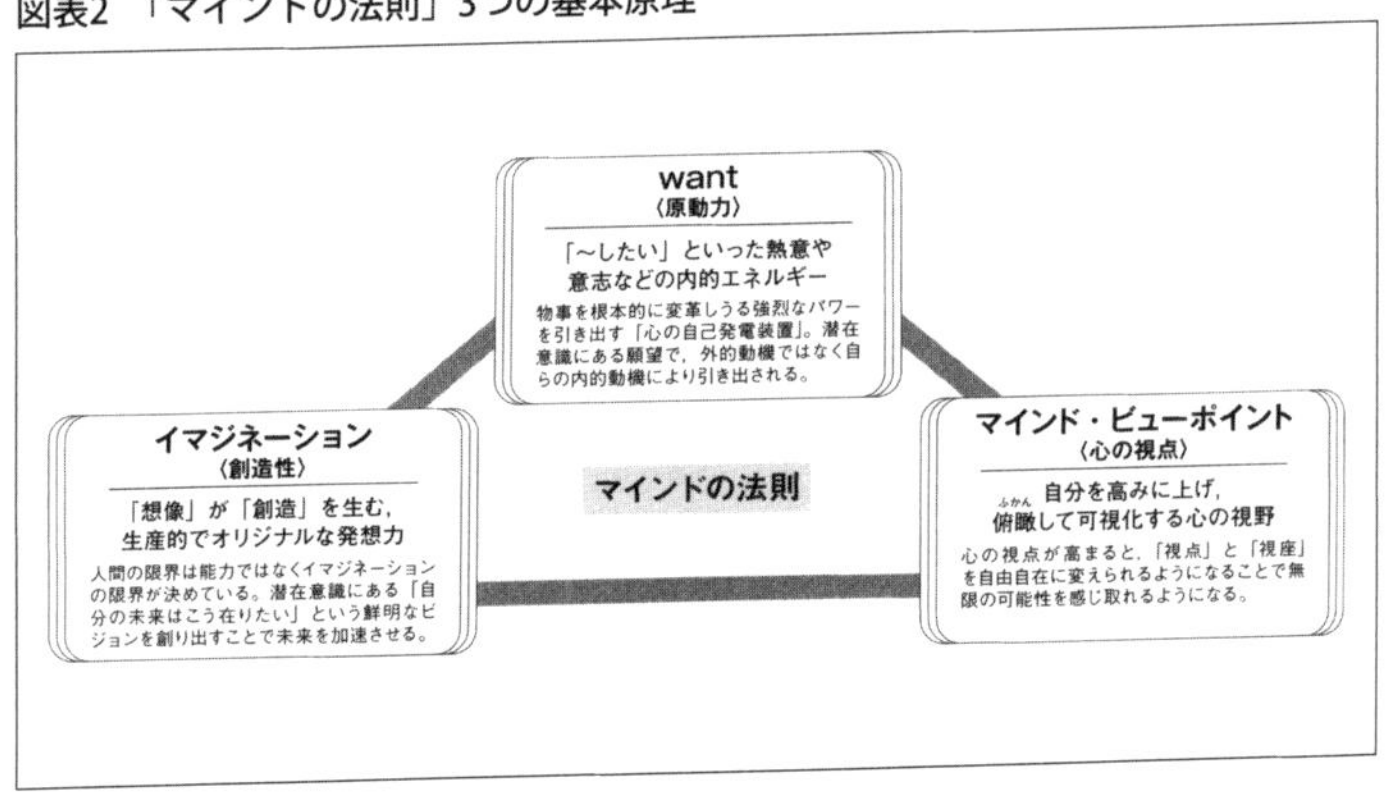

な変化〟を起こすことも可能となります。

潜在意識にある〝本当の自分〟とは、別の言い方をすれば〝無意識の自分〟です。その〝もう1人の自分〟を分かろうと努力することで初めて、人は他人とも確かな関係を築けるようになります。「まずは無自覚な自分のことを知る」、それが重要なスタートラインとなります。そして、「意識できていない潜在意識」という無限の力に働きかけるメソッドが「マインドの法則」となります。

意識の10％以下しか占めていない顕在意識は、他人からやらされている感覚の「～しなければならない」という外的動機「have to」を生み出しています。一方、90％以上を占めている潜在意識のほうには、自分自身が本当にやりたいことである「want」が眠っています。そして顕在意識は、無意識のうちに潜在意識にある「want」を抑えています（図表1）。「マインドの法則」によって潜在意識に働きかけることで「want」を見出すことができ、自分自身の手で自らの未来を変えていくことができるのです。

■自分が変われないのはメンタルブロックのせい

「マインドの法則」には、「三種の神器」と呼ばれる3つの基本原理があります。それは、①want、②イマジネーション、③マインド・ビューポインです（図表2）。

「自分を変えたい！」と思って研修を受けにくる人のなかには、「本当に変わるつもりがありますか」と問われてすぐさまギアを入れる人と、「ちょっと待ってください」とどこか逃げ腰の人がいます。

これはある意味、誰にでも起こりうる現象です。脳の仕組み上、人間は常に自分のすべてを自覚できているわけではないので、どのような状況においても覚悟を決められるとは限らないからです。要は覚悟のギアを24時間入れ続けるのは並大抵ではないということです。

だからこそ、その確率を最大限に引き上げるためにマインドのトレーニングをすることが大切になります。心のどこかで「変われるのだろうか」という自己不信感を抱いていると、脳は「変わってはいけない」と指令を出し続け、潜在意識は「変わるつもりはない」にセットアップされてしまいます。

「変わりたい」と思っている人は多くいます。けれど、無意識に「変わりたくない」と思っている人もまた多くいます。変わりたいと思っても変われないのは、潜在意識の仕業であり、〝メンタルブロック〟がかかっているからなのです。

私がお伝えしたいのは、これまでやったことのない意識の使い方、つまり顕在意識ではなく、潜在意識の扱い方です。

「できないことをできるようにする」。そのタイミングで引き出されるのが潜在能力です。できることだけやっている人生では、潜在能力など必要ありません。

メンタルブロックを外す力の強さには個人差があります。ただし、一度外せるようになれば、それは一生モノになります。これは、子供の頃に2輪の自転車に乗れるようになったり、鉄棒の逆上がりができるようになったりするのと似ています。

また、メンタルブロックを取り払うことができるようになり、変化を生み出せるようになると、今度はそれを面白がれる人と面白がれない人が出てきます。理想の未来を創り出すために、前述した「マインドの法則」の、①want、②イマジネーション、③マインド・ビューポイントの効力とともに、感じる力（インプット）、実効する力（アウトプット）、そして「自分を信じる勇気」や「勘違いの才能」「リカバリー力」などをここぞという瞬間に引き出せるかどうかが試されるからです。

■「心の視点」を上げることでものの見方が変わってくる

潜在意識のトレーニングにおいて重要なのは、自分に「何が起きたか」ではなく、自分が「何を感じられているか」です。それを決定づけているのが、心の視点「マインド・ビューポイント」です。このマインド・ビューポイントを引き上げることで、心の性能を飛躍的に向上させることができます。

それにはまず、自分のマインド・ビューポイントの高さを知ることが必要となります。マインドの在り方が人生の価値を決めますが、多くの人は自らのマインドの扱い方をマスターできずにいて、マインド・ビューポイントを高めることができずにいるのです。

マインド・ビューポイントを引き上げることができれば、高層ビルからの眺望のように、あるいは空を飛ぶ鳥のように、遥か彼方まで見渡すことができます。逆にマインド・ビューポイントが低くなると、見える範囲が狭まり、自分がとても不自由で、ちっぽけな存在に感じるようになってしまいます。イメージでいうと図表3のようになります。人生においてどちらの視点を持ったほうがいいかは明らかです。

多くの人は「自分はメンタルが弱いので、強くしたい」と、メンタルが強いか弱いかという

図表3　心の視点が上がると視界が変わる

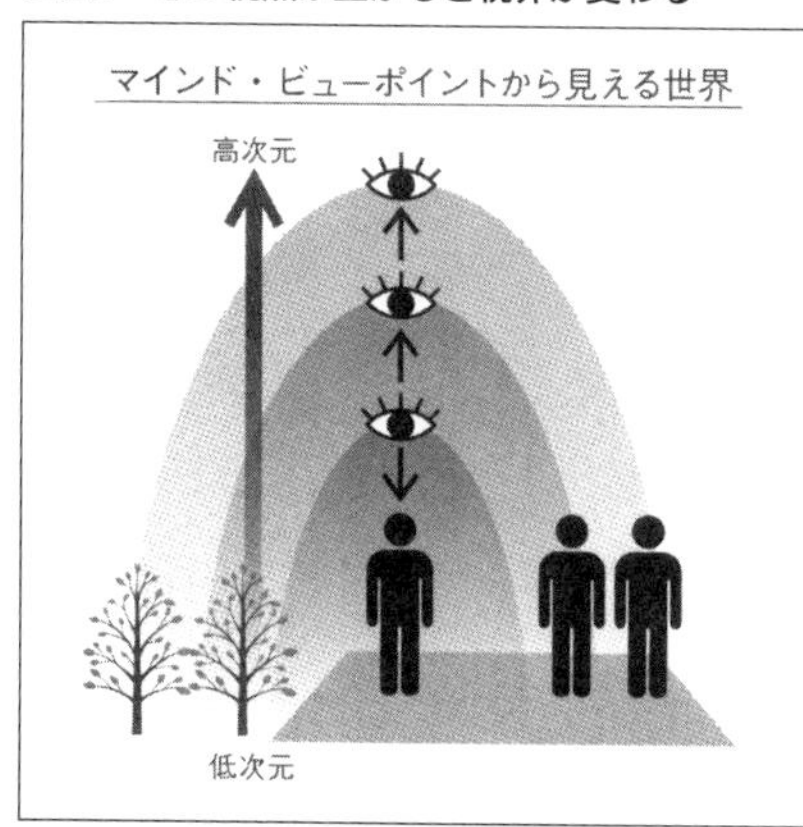

捉え方をします。しかし、私はメンタルトレーニングにおいて「鋼のような強いメンタルを目指そう」とは決してお伝えしません。すべては心の視点の問題だからです。

心の視点が引き下がると、視野が狭まり自意識過剰な状態になりがちです。自分の思うようにものごとがいかなくなると、殻に閉じこもり、被害者意識を募らせる。ときに突然キレて、犯罪にすらつながることさえあります。

マインド・ビューポイントを引き上げ、ものごとの見方、視点を状況に応じて変化させられるかどうか、そして自らを上手く切り替えられるか否かは、もはや性格の問題ではなく、心の視点の問題であることに気づく必要があります。

例えば、「頼んだものと違う」とクレームをつけるならば、その伝え方とタイミングさえ間違わなければ、言っていることは正しいので、きちんと相手に伝わるはずです。しかし、そのことで自らの視点が引き下がってしまうと、必

要以上に感情的になったり、相手を痛めつけるような言い方をしたりしてしまいがちです。そして相手のほうが「自分こそ被害者」と感じるようになり、こちらが加害者にされてしまうのです。

クレームをつける側がもともとは被害者であるにもかかわらず、加害者になってしまう。最近、特に些細な人間関係のなかの出来事として、こうした現象が頻繁に起こっているのは、自らの視点が引き下がってしまっている人が多いからだともいえます。

■世界に出て活躍したいなら まず潜在意識の〝自分〟を知る

グローバル社会の現在では、どこにいても世界とつながることができます。物理的には、飛行機で安価でどこへでも簡単に行けて、会いたいと思う人にいつでも会いに行けますし、世界中の見たいものをすぐ見に行くことができます。

国や企業もより国際的になって、広い世界で活躍できる人材を育てたいと考えるようになり、個人レベルでは「世界で活躍したい」と思う人が増え続けています。

もし本気で世界で活躍したいと思っているのなら、その前にまず、自分の人生を自在に変えられるマインドを持つことが大切です。世界を知っている人間よりも、自分自身を知っている人間のほうがはるかに強い。それは確信を持っていえます。

本当の〝自分〟と出逢えていない人（＝無意識の自分のことがよく分かっていない人）は、世界でどんな体験をしても、経験を積んでも、表層的なものになりがちです。世界のどこを旅するにしても、世界のどこで活躍するにしても、自分自身にベクトルを向け、自らを受け止められている人は、絶対に軸がぶれません。軸がぶれなければ、どのような逆境にあっても、自分が求めるものを追い続けることができます。

軸がぶれていると、逆境になったとたんに逃げ出します。それで精神的には楽になるものの、何も得ることはできません。そういう人は、容易に自己放棄してしまい、それゆえ自分と他者との関係を築き上げることもできません。

■「自分軸」を持ち人生の決定権を自分で持つ

職場の人間関係にも同じことがいえます。「自分が認められたい」という思いだけがとても強い人は、仮に周りに認められ、出世したとしても、いざ人の上に立つ立場になると、とたんに悩みだし、脆さを露呈します。それは自分のことだけではなく、自分が会社にどう貢献していくのかが求められるようになるからです。周りに認められることだけに必死になってきた人というのは、「自分が何をしたいのか」「自分に何ができるのか」にフォーカスが向いていない人が多いのです。

現代人は〝自分〟という存在が希薄になっていて、自分を取り巻く不確かなもののなかだけで勝負してしまっていることも、大きな原因の1つでしょう。何もなくても「自分が在る」という、〝自分が自分を知っているマインド〟が不可欠なのは、こうした理由もあるからです。

〝自分自身〟が人生の中心ではない人は、人と話をするとき、どこを中心にして話をしているでしょうか？　きっと相手のことを慮りながら話しているのでしょう。

自分自身にスポットライトを当てていない人間は困ったことが起こると、躊躇なく逃げます。トラブルが発生すると、闇雲に逃げ出します。自分自身のマインドにフォーカスが向いておらず、罪悪感すら抱かず「会社の方針が大事だから」「社長の命令だから」などといった、自分以外の理由で逃げていることに無自覚なのです。

どんな局面においても自己と向き合っている人間は、トラブルに直面してもなんとかやり抜こうとし、絶対に逃げたりはしません。それは、いつも自分のマインドにスポットを向け自らを世界の中心に置くことで自分軸を持っているからです。それは、何が起きようと人生の決定権を自分が持つということであり、その〝覚悟〟のギアを状況に応じて入れるかどうか、ただそれだけです。

潜在能力を自分の人生でどう活用するか。大切なのは、その力を引き出すために躊躇なく意思決定ができるかどうか。そのカギを握るのが未来への覚悟のギアなのです。

2 選抜メンバーを対象に研修で活性化を図る

■意識できていない部分にまで行動変革を促す

企業の規模にもよりますが、通常、経営者には会社すべてを網羅していく物理的な時間がありません。そのために、経営者を支える管理者（取締役などの役職の人）が経営者に代わって役割を分担して管理しています。私が行っている研修のなかには、管理者である取締役に対して行うことも多くありますが、将来を見据え管理者の予備軍である部課長クラスのマネジャーやジェネラリストを想定して行うことも多くあります。それくらいの時点から、潜在的な力を引き出し将来の管理者となるべく準備を始める必要があるからです。

研修を受けることで、これまでは現場レベルの次元でしか仕事を見ることができなかった人が、視点を上げて企業理念の観点から会社の業務全体を見ることができるようになり、過去に対する後悔や未来に対する不安を抱えるのではなく、客観的に過去と未来にフォーカスすることができるようになります（図表4）。

近年の国内外の変化の大きな時代には、ロジカルシンキングや左脳思考だけでは乗り切れません。そもそも問題というのは想定外のタイミングで起こることですから、問題に対処できる

図表4　トレーニングでビューポイントを高める

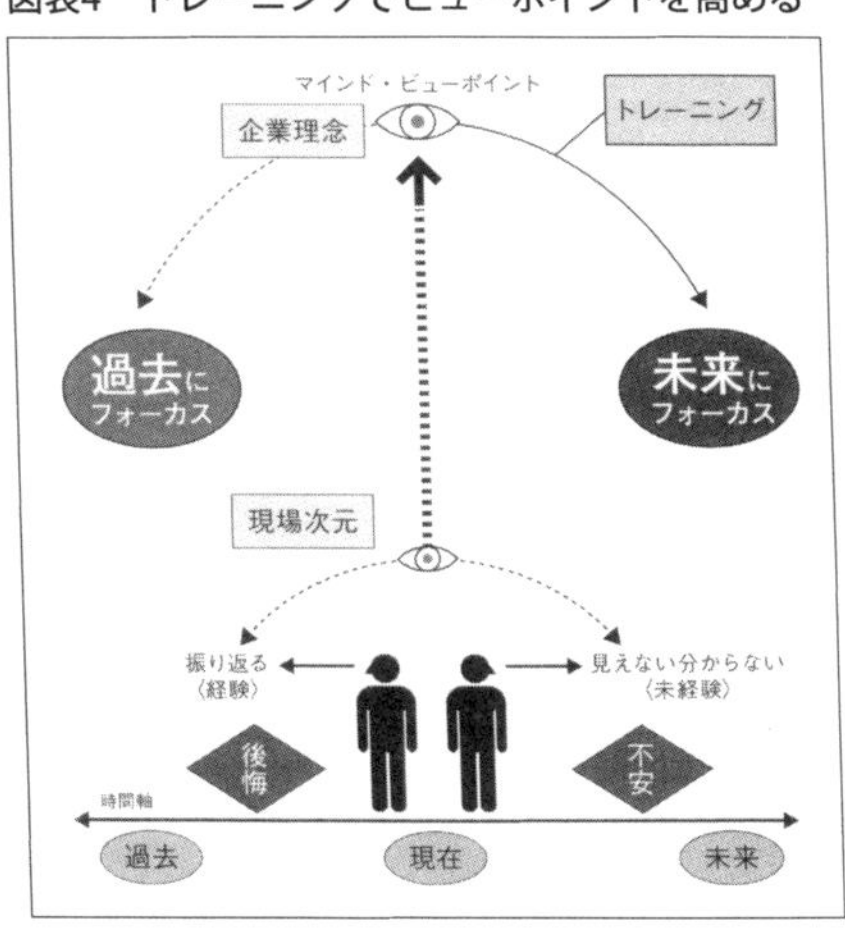

人というのは先回りして創り上げる必要があります。今の時代は想定外の出来事が多いので、イレギュラーが起きたときに対応できる優れたリーダー、無秩序になったときにこそ動ける、反応できる人間をリーダー層として育て上げる必要があります。

研修を受ける受けないにかかわらず、もともと持っている能力で人を動かすことのできる対人能力の高い人はある程度います。けれど、対人能力が低い人の場合は、普通の座学研修、知識のインプットだけの研修では、人を動かせるようになりません。

私は研修を始める前に、参加者に「意識できていない部分まで行動変革を促してよろしいでしょうか?」と聞きます。そうすると、会社に言われて参加しているからということもあるのでしょうが、ほとんどの人が無言で「Ｙｅｓ」とうなずきます。

そこで私は、次にこのように呼びかけています。「あなたは会社に言われてここに来ているかと思いますが、もしそのことが不本意であるならば、今この瞬間にこれをご自身の本意に変えてください。会社からの要請による仕事としてではなく、自分の人生において自分事としての時間に変えてください」と。そのようにして、研修に入る前にマインドセットを約束してもらいます。

企業の理念には、トップの考え方、ビジョン、性格、キャラクターなどが大きな構成要素であることは言うまでもありませんが、その一方で、無自覚なフレームを作っているのはその企業の中枢部だというのはよくある話だと思います。

会社を想定内のフレームに収めたい部分があることや、組織を維持していくためにはある程度保守的でないといけないという考え方は、いたって真当です。けれどそれでは変化は起こせません。すぐには変えらなくても、研修を受ける社員の変化の先の姿は明確にしておくべきです。そうすることでいかようにもその潜在的な可能性は引き出せるからです。人は壁の向こうに何があるのかを知りたがります。研修を通して企業のビジョン共有を定着させることが、会社に人格をもたせる唯一の方法なのです。

3 メンタル行動変革ワークショップの実際

■1泊2日で行う企業研修「行動変革ワークショップ」

ここからは、一部上場メーカーのN社で2日間にわたり行った研修を元にして、「行動変革ワークショップ」の概要をお伝えします。メンタルトレーニングによって企業の次世代経営幹部の潜在能力を引き出していくエッセンスを見ていただけたらと思います。

N社では、このワークショップの開催以前に1度行っており、2回目の開催。15名の参加者のうち、初めての参加者と前回参加者がほぼ半々ずつでした。

今回のテーマは「突破力」。N社からのオーダーは、参加した社員たちが自ら行動を変化させるリーダーとなり、潜在能力を発揮させてほしいということ。そして、5年先の未来を変えていくために、N社が期待している成果を一緒に創っていくことが目的です。

最初の自己紹介で、初めて参加する人からは「これまでメンタルを鍛えたことがなく、この研修で自分を変えたい」という声や、2回目の参加者からは「前回の参加で視点が上がり部下たちをまとめられるようになったが、さらなる成長に伴う困難にも立ち向かえるよう自ら参加を希望した」といった声が挙がっていました。

研修の最初に行うのが「生き様診断テスト」です。これは、心理学の様々な理論をベースに、潜在意識で求める「在りたい自分」とは何かを体得できるようにしたものです。16個の質問（図

図表5 「生き様診断テスト」質問票

1	飲み会や立食パーティーは苦手だ
2	よく自信をなくす
3	うまくいかないとき、原因は自分にあると思う
4	理由もないのに「自分は孤独だ」と思うことがよくある
5	人の使い方がうまいほうだ
6	気持ちの切り替えが早い
7	ついつい「自分」について語ってしまう
8	茶目っ気があるほうだ
9	自分は勘がいいほうだと思う
10	本音を隠すところがある
11	人に合わせるのが苦手だ
12	目標は高めに設定する
13	自分は「個性的」だと思う
14	先手必勝で勝ちにいくほうだ
15	他人の意見に左右されない
16	心配事があると夜眠れなくなることがある

図表6 「生き様診断テスト」点数グラフ

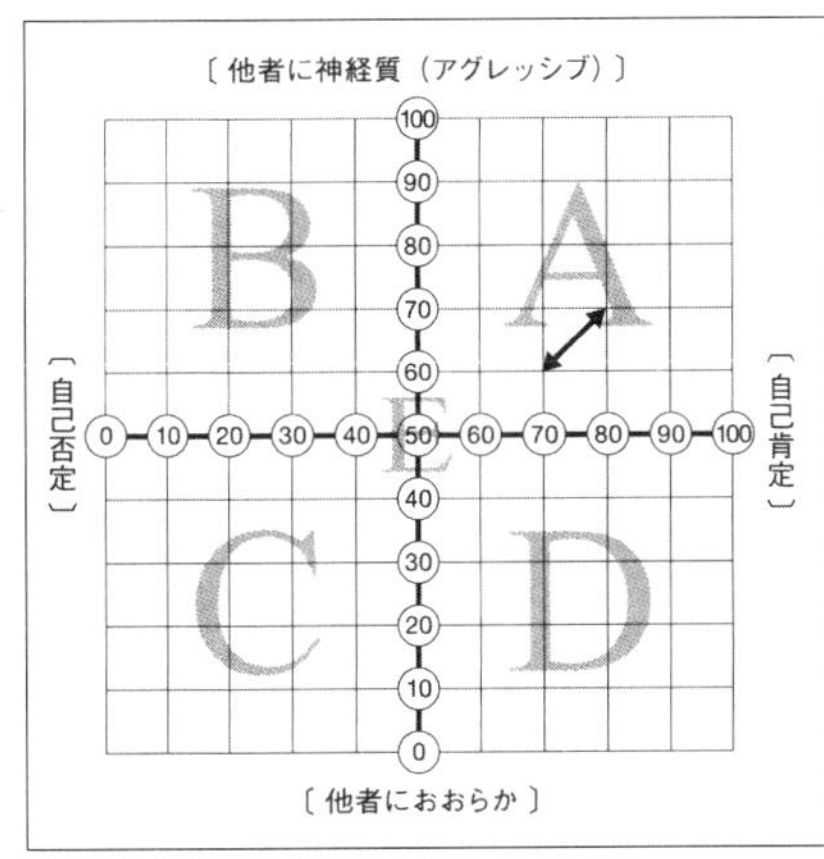

表5）で自分に当てはまるものをYes・Noで答え、その点数をグラフ（図表6）に入れ込みます。それがグラフのAからEのどこに入ったかで、自己肯定度と他者へのアグレッシブ度（神経質度）の観点から、5つの「メンタルタイプ」に分類します。

Aタイプは、勝ちを追求し、自己主張が強い「王様タイプ」。Bタイプは、自分の美学とこだわりを持つ「ストイックタイプ」。Cタイプは、謙虚で従順な面を持つ「受け身タイプ」。Dタイプは、自分と他者に対しておおらかな「ストレスフリータイプ」。そしてEタイプは、上の4つのメンタルを併せ持つ「ニュートラルタイプ」です。

AからEまで、どのタイプが良い・悪いではありません。自分のメンタルタイプを知ることで、それに合ったアプローチができれば、自ずと潜在能力が引き出されます。

■様々なワークで潜在意識を掘り出していく

この研修では、様々なワークを重ね、同時並行で行っていきます。

まずは「マインドフォーカスワーク」です。紙（あるいはノート）と筆記具を用意し、ここでは何を書いてもいい、自分が感じ取れたこと、気づけたことについて思う存分書き続けてもらうルールで進めます。15分も書き続けるのは、とても長く感じます。でも、書いているうちに視点が変わってくる人もいます。今回の研修の参加者からは「自分はこれまでいったい何をしてきたのだろうという感覚になった。物理的なものの見方から目に見えていない心の心情に変わっていった」「正しい答えなどない。今までは決めつけにかかっていたところもあった。今度は、自分の心情に従ってみたところで変化があった」といった声が挙がっていました。

その他、「お茶のワーク」「カメラのワーク」といった独自のワークを重ねていきます。

1日目の夜は「夜活」として「書き出しワーク」を行います。ここではN社用に考案したワークシートを配布します。そのなかには自分が捨てられないと感じているものごとを最低50個、書き出してもらう項目があり、これはいわば〝心のデトックス〟です。書き出していくことで、自分が本当にやりたいことが見えてくるようになり、もしかしたらこれまでは「have to」(～しなければならない)という後ろ向きの考えでやってきたことが、本当は自分にとって必要なことであると体感が沸き、自ら「want」(～したい)に変換できることで積極的に取り組んでいけるようになるからです(図表7)。

■単なる研修を超え 社員と会社の運命を変える

2日目の朝は「朝活」から始まります。このような研修を通して、前半でも触れましたが、視点が上がる体感と経験が生まれ、この心の視点をベースに自分の「在り方」を体得できるようになります。これが会社であれ、個人であれ、生きていくベース、美学、自己哲学、志を創り上げていきます。「在り方」の大切さに気づくことで、会社組織のトップ、上司、同僚、部下といった仲間への「愛」(「愛」という言葉が誤解を生むとしたら、普遍的な次元の社会的視点

図表7 「have to」から「want」へ

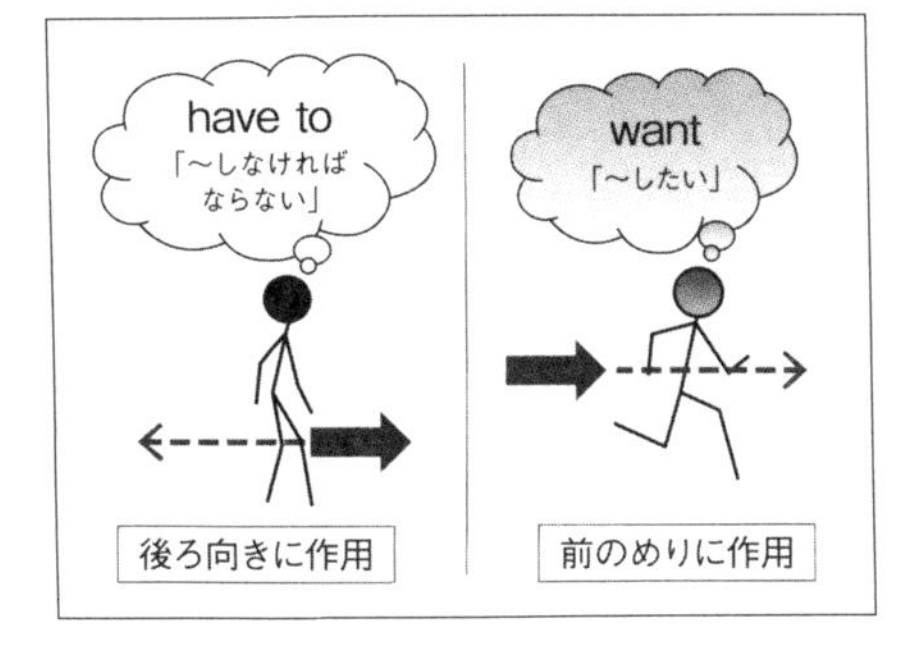

の「愛」と言い換えてもいいかもしれません)を感じ、自分もその愛を獲得できるようになります。

これが、この研修で目指している、単なる研修を超えた〝感動する修業〟であり、社員の人生を、そして会社の運命を変えていく境地を体得させるのです。この人として最上級の「愛」をベースに社員が自分自身の視点、視座を確立していくことで、社内での自身の「在り方」を自ら築き上げていけるようになっていきます。

4 未来を担う人材を創る 「人材」を「人財」に変える

■この先の時代を企業が生き抜いていくために

大企業で働く高学歴エリートで、真面目な知識人ほど、自分ができる範囲を自分で決めようとし、自ずと自意識過剰な生き方をしている例をよく見ます。状況変化に応じて「いい加減」や、「適当」といったさじ加減で生きることができないのです。

何か頼まれごとをするたびに、「時間がないのでちょっと難しいです」と〝No〟を選択してしまう。未来の価値を創るにあたって、「できるかどうか」といった能力は実は関係ありません。「できる」と思えるかどうかの違いなのです。性格や環境の差でもありません。まして時間があるかないか、やる気があるかないかの問題でもありません。自ら潜在能力を引き出せるかどうかの違いなのです。

その「心の業(ワザ)」=戦術をマスターできれば、どんな状況からも人生のファインプレイは誰もが生み出すことができます。できるかどうかなど誰にも分からない未来において、結果を出せる人間と、チャンスを見逃す人間の違いにおいてもそこにつきるのです。

1人ひとりが望む人生を創り出すこと。そのために必要なマインドを鍛え、錆びつかせた「感性」に磨きをかけ潜在意識に働きかけていくこと。そして何より「自分が自分に感動できる人生」を手に入れてもらうこと。それが私のメンタルトレーナーとしてのミッションです。そして、その感動が人の内側で起こることで、周囲の人をもまた勇気づけることができます。そうして周りに勇気を与えることで、その人はさらに輝きを増す存在となる。そうした心の連鎖を引き起こしていくことは必ずできます。

感情を持たないAIと感情を持つ人間との闘いがすでに始まっています。それゆえ私は、感情を厄介者として扱うのではなく、自らコントロールして自在に操れる「心の業（ワザ）」をマスターすることの意義を繰り返しお伝えしています。諸刃の剣である感情をいかにして扱うのか。そして人間が持つ潜在能力をいかに引き出していくか。そこにかかっているのです。

人間がAIやコンピューターに優っているのは、自ら感動できるということです。喜怒哀楽、つまり感情を持っているということです。その揺れ動く感情を厄介者として扱ってしまっては人類は退化へと向かいます。

揺れ動く感情に飲み込まれないようマインド・ビューポイントを引き上げ続けること。図表8のように、心の視点を上げて、自分自身の日常生活にある行動や思考、言葉、感情を俯瞰

図表8　心の視点を高め俯瞰する

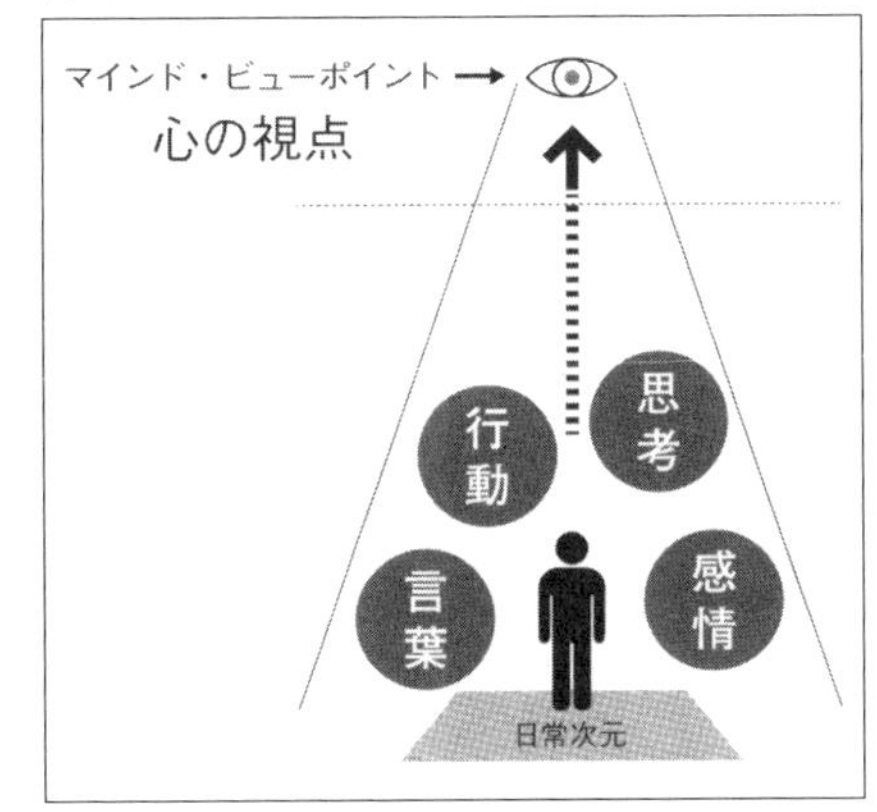

して見ることで、包括的に自分を見ることができるようになり、心と体を統合し、誰もが潜在的な力を引き出せます。何を失おうとも、どんなときも自分だけは見失わないでいられること。逆境においても希望を持ち続けること。それを信じる勇気を生み出すこと。どんな人生においても、良いとき、悪いときは必ず訪れます。人生のアップダウンを平常心で受け止められることができるマインドを創り上げられるかどうか。それこそがこの先の時代を生き抜く人、そして企業にとっての次なるテーマであるはずです。

人間には心と脳＝マインドという、とっておきの力があります。そしてそのマインドは、意図的に行うトレーニング次第でぐんぐん創り上げていくことができるのです。

■マインドコアトレーニングで「人材」から「人財」へ

成功を求める人は多いのですが、それ以前の問題を多くの人は手つかずの状態で放置していることに気づいていません。成功を求める前にやるべきこと。それは「感じる回路」を内側に創ることです。

私は人に何かを伝えるとき、聞いてすぐに理解される言葉にはあまり価値を置いていません。分かりやすい言葉では無自覚な部分への気づきを与えることができないからです。それよりも、聞いた人が〝頭では理解できないけれど自分にとって必要な何かなのかもしれない〟と心で感じ取ることで、その人のなかに揺れ動く何かが芽生え始めるような言葉を重視しています。そのような気づきを「感動的覚醒」といいます。

「マインドの法則」は、企業のトップ、取締役、役職者、マネジャー、そしてビジネスパーソンまで、あらゆる人たちを価値あるものにするためのメソッドです。この法則は実践の場で活用してこそ意味のあるものとなります。

1人ひとりが「何をどのように感じ取れるか」

という感性そのものを高めていくための研修＝〝マインドコアトレーニング〟。これこそが、時代を動かしていく未来の会社にとって必要となる「人財」を創り上げていきます。私自身、マインドコアトレーニングを通して「人材」が「人財」に変わっていく光景を何度も見てきました。「人財」となった1人ひとりは会社の未来を動かし、まだ見ぬ可能性を感じさせてくれる人たちです。業務はたとえ会社のためであっても、最終的には自分ごととして、「個」としての自分が変わらないことで本当に困るのは自分自身なのだということを、あらゆるビジネスパーソンは真剣に受け止める必要があります。

研修によって自分のなかに勝手に作っていた「メンタルブロック」という限界の壁に気づき、自ら超えることができるようになり、それまでずっとマイナス思考でしか考えることができなかったものが、プラス思考でものごとに取り組んでいけるようにさえなります（図表9）。

様々なワークショップを通じて、会社組織自体の潜在的な価値を引き上げていくこと。そして何より大切なのは将来の10年先を動かす力を〝今〟から創り出していくということ。1人ひとりの感性と直感を鍛えていただくこと。それがこの先の時代にとっての真の力になると思っています。

図表9　メンタルブロックを外し、限界を超える

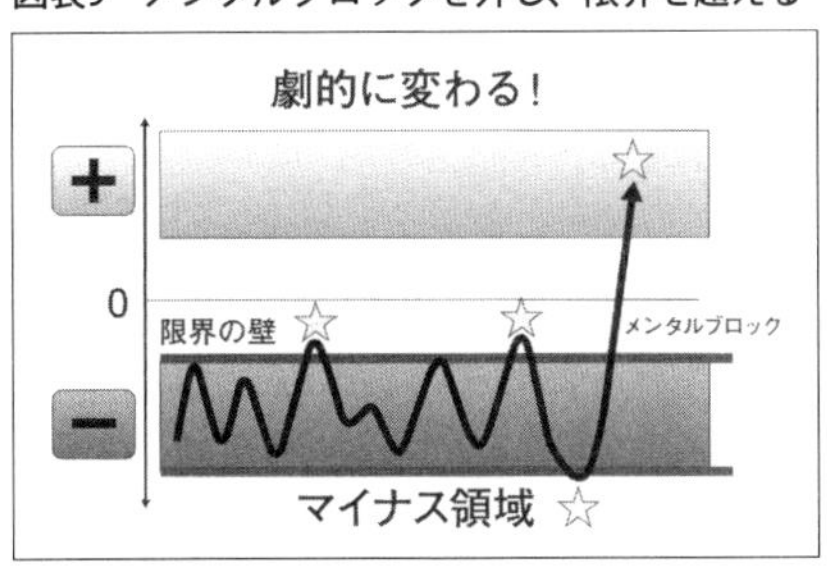

――本書の発売当初は、久瑠先生を訪ねてくる人たちがあまりにも多かったので、少しでも多くの人たちに《マインドの法則》を伝授する場として塾が開かれました。

それが、数年経つと、企業へも拡まっていき、多方面で《マインドの法則》＝久瑠式トレーニングを先生から直接学んだ人たちが、それを体得し実践しはじめる流れが生まれてきました。

『人事マネジメント』の記事にも少し研修を受けられた方たちのことが載っていますが、僕自身もそういった企業研修の現場に立ち会うことも多々あり、まさに驚きと感動の連続でした。

普通では起きないことが日常的に先生の周りでは起きているという、僕には非日常という、いつもと逆のことが起きる日々でした。

先生は、「世界はひっくり返って、存在している」ということを何気ない瞬間にも、さらりと言われます。いわゆる天動説と地動説くらい違う観点から、目の前に起こる現象を、捉えてしまう感性の持ち主なのです。

――２０１３年の著書、『幸せな女、幸せになりたい女』にもその感性の言葉で表現されています。

今から四百年前、ガリレオ・ガリレイが初めて望遠鏡を夜空に向けた。
その望遠鏡を使い、多くの天文学者が星の観測を始めたが、
各々の天文学者によって異なる観測報告が挙げられた――
「同じ望遠鏡を覗いても、星空が一人一人違って見えるのは、
人間には〝心〟が在るからである」という説です。
心理学が天文学を起源にしていると言われる由縁です。

私は壮大な天体を観ることと、
人の心を観る姿勢には共通するスピリットがあると感じています。
肉眼では変化の読み取れない太陽も、
天文学者が好奇心・探求心をもって望遠鏡を覗き込めば、
磁場によって刻々と変化する表情を捉えることができます。
人の心というものも、想像力と熱意を以て真摯に向き合い、
こちらの「感性の望遠鏡」を巧みに使うことで、
刻々と揺れ動く心の表情を捉えていくことができるのです。

心はなぜ揺れ動くのでしょう?
そして人はなぜ不安に想い、惑うのでしょうか?
私たちが幾つになっても、心の宇宙で惑うのは、
「心」そのものが目に見えない、不確かで形のないモノだからなのでしょう。

無限に拡がる宇宙を観測し、謎解きを続ける天文学者と同じように、
自らの果てしなく拡がる心の宇宙を、好奇心を持って覗いてみませんか?

「感性の望遠鏡」で心の宇宙を覗き込む「自分観測」を、
一人一人が始めていく時代がやってきました。
そして、天文学者が望遠鏡の焦点を合わせ、広大な宇宙からひとつの星を探し当てるように、
心の中に潜むメッセージの謎を解き、あなたにとっての輝く希望を探しだして行きましょう。
きっとそこには無限大の感動があるはずです。

――この「無限大の感動」を多くの人の人生に起こすこと。

今回、この復刻版が刊行されることの意義は非常に大きいと感じています。

この本を手に取り、《マインドの法則》を体感され、そして実践していく。

自分の人生が豊かになると同時に、自らを包み込む社会の中で「自分」という存在が確固たるものとなる。


先生のこのような観点で世界を見渡せば、誰もが利己から利他へ、小欲から大欲へ、そして使命が生まれると、その想い、真の［want］と本当の自分が共鳴し、力強くつき進む、喜びに満ちた人生を創りだしていけるようになること。それを体感、実践できる〝心の業(ワザ)〟が《マインドの法則》であり、久瑠式トレーニングであり、何より久瑠先生そのものだと強く感じています。

――ここで、先生のメモ書きにあった一部をそのまま紹介します。


「人間の可能性は無限であるということ。

それは誰にも自分にも決められないということ。

宿命と運命、多くの人々にとって重要なのは、
自らの人生のその先に在る潜在的な何かなのだということ。
それは「マインド・ビューポイント」を引き上げていけば、
他者、組織とのつながりを意味するし、
やがては世界を動かしていくひとつの存在となる。
そういった意味で、地球上に生まれ落ちた人間たち、
人類の役割とは一体、なんなのか。
この地球で生きる一人一人の在り方が問われている」

――先生のこの言葉通り、まさに未来は一人一人の在り方にかかっているということです。

「毎日何をしているかが、人生を創っているんです」

――以前、何気ない会話で先生からこのように言われ、ドキッとしたことを思いだしました。
そう考えると僕も地球の未来に対して、希望の灯を燈す側になるのか、ならないのか、小さな一人ですが、大事な一人でもあるはずだと気づかされました。

――最後に、『マインドの法則 実践ワーク』から、先生の、人間の、感性の、その意義についての記述をここに記します。


久しぶりの夜のフライトで、その日は偶然、窓際の席に座っていました。

何気なく外に目をやった、そこには一面の雲海が拡がっています。

雲海を幻想的に照らしていたのは、真っ青な満月です。

「凄い……」と、私は思わず身を乗りだしました。

「今夜はブルームーンが見えるはず」

ちょうどその日の朝「月が地球に一番近づく日」という新聞記事を目にしたのを思いだしました。

それはまるでどこまでも続く水平線、夜の海のようでした。

見渡す限り一面、月に照らされて揺れ動く雲海、月と雲、それ以外何一つない世界。

まっすぐに輝く月の光が、神秘と呼ぶにふさわしい空間を創りだしていました。

その月明かりが創りだす風景の中に包まれながら、
気づくと私は月の世界を、人間の潜在意識の世界に重ね合わせていました。

「これこそ〝希望〟そのもので……」

ブルームーンに照らされている光景が、私の内側にパラダイムシフトを起こしたのです。

「〝感じる〟とは、こういうことなのだ」

人間が何かを感じている瞬間というのは、その対象もそして自分においても、
この月明かりに揺らめく雲海の光景と同じで、一つとして同じ瞬間などない。

けれど私が雲の上で観たブルームーンが注ぐ月の光は、まさに〝希望〟そのもの。

突き刺さるように、そう感じたのです。

それこそが私の内面においての真実、そして感動を生んだのです。

月は圧倒的なスケールでそこにただ存在している。

何かをしようとしまいと、私が意識を向けることで、その存在は無限の〝希望〟を与えてくれる。

人間の喜び、憂い、哀しみ……、
その姿が消えるまで、月は私を静かに揺さぶってくれていました。

まさに言葉はいらない世界でした。
目にした瞬間、その光に触れた瞬間、潜在意識を揺さぶる。
そこには〝希望〟しかないのです。
深く厚そうで実はそうでもない。
そこに在ると思えば、一瞬にして消えてなくなる。
人間の心というのもまた、雲のように晴れたり厚くなったりします。
厚く成れば悩みとなり、やがて苦しみという感情を生みだすのです。
逆に光が射せば、喜びという感情が湧き起こります。
それ以上に感じられる喜びなんてありません。
機体が進みその景色が眼光から消えていく瞬間、
言葉にならない「ありがとう」という想いが込み上げてきました。

誰もがどこかで、不確かな未来に漂う不安定さを感じて生きています。

ときにどこまでも拡がるその世界を恐れてしまいます。

それゆえ、人は自らの存在を小さく感じてしまい、無意識に限界を創りだしてしまいます。

希望を感じる力は、もちろん人によって違います。
突き刺さるように光り輝く月をどう感じるのか。
それによって、自らの希望を抱ける人と、そうでない人との各々の人生において、
その差が生じるのです。
だからこそ自分自身でその力を磨き上げていくトレーニングに意味があるのです。
心の視点を引き上げること。
雲の上を目指すこと。
そこに希望しか存在しないことを知ることができた瞬間、
同時にそこにただ存在する〝愛〟を感じました。
日光が降り注ぐ自然界の壮大で神秘的な「無自覚の美意識」が、
私に大きな感動を与えてくれました。
そこで感じたすべてが、これまでの経験（過去）、
今自分が向き合っていること（現在）、
そして未来へと、自分が成し遂げたいことをつなげてくれたのです。
そのとき、すべてが肯定されていくような体感を創りだす
無限の〝愛〟を感じたのです。

「スーパームーン」の月明かりが創りだした世界のように、
そこに入り込むだけで、誰もが勇気をもらい、
体すべてがチャージされるような感覚を味わえる空間。
そして、今まで信じてきたものが、ひっくり返るほどの感覚を体感する時間。
そんなパラダイムシフトを起こす空間と時間を創りだすトレーニング。
まさに心の階層をあの瞬間にまで一気に引き上げるトレーニング。
「それをこの先の人生でやっていきたい」
柔らかな雲海の上で、私の覚悟のギアが自然と入った瞬間でした。
いつでも、自らの感動が起爆剤となり、覚悟が決まる。
それらは意図的ではなく、無意識の中の暖かく柔らかな時間の中で起きるのです。

――人間は地球、自然界の一部。だからきっと自然界が人間に大切なことを語りかけてくれているはず。

先生はこの大自然の美とつながっているかのようにメッセージを受け取り、多くの現代人には聞き取ることのできない大切な何かを我々に伝えてくれているように見えます。

それらは真理と言われるようなもので、時代がどのように変わっても変わることのないもの、それ

が《マインドの法則》だと改めて感じます。まさに時代を超えて人々のマインドに響き渡る、潜在意識の本なのです。「今」というこの世界的なパンデミックの時代を超えていくための指針となる、この先を照らす一冊となるでしょう。こうしたタイミングに復刻版としてよみがえることにもまた、大きな意味を感じずにいられません。

《マインドの法則》に込められた先生の祈りのようなそうした想いが、何十年も何百年もこの復刻版＝永久保存版と共に、時代を超えて多くの人たちの心へと届き、世界へと拡がっていくことを願ってペンを置かせていただきます。

マインド塾　研究生より

私が何よりお伝えしたいのは、
あなたの人生は劇的に変わるのだという真実なのです。

久瑠　あさ美

先生には「……心はグラデーションのように動いている……」という言葉があるのですが、その言葉どおり、この5つが重なり合い、グラデーションのようにそれぞれ働き合い、その時々の自分の置かれた状況で変化していく様を表しています。「……移り変わるその瞬間の自分の色味を味わうことが大切……、人間は、現実の〝いま〟見ている世界にどうしても縛られてしまう……。現実とは何か、私たちが存在していることを確かにしているものは人間の意識で、それと重なり合う潜在意識を確かなものにするために、様々なアプローチをすることはあくなき探求なのです……。自らの内にある心というものが、大空に拡がるオーロラのように、またたく瞬間に変化する、そんな心のグラデーションを見せたい、感動してもらいたい……、その美しい輝きこそが人間の潜在能力なんです……」ともおっしゃっています。人間の心という不確かなものを、そうした大自然の普遍的で尊い何かにたとえ、先生は僕らに見せてくれる。どうにも動かしようのない現実が、まるで別次元に感じられる瞬間が何度もありました。

「自分のマインドで感じること」

「そのマインドで世界とつながること」

心の視点を引き上げ、自分と自分を取り巻く空間を観ることができれば、そこには無条件の感動がある。それはお金では換算できない価値であり、誰かに奪われることもなければ、形もなく目にも見えず、掴むことすらできない「何か」……。先生がこういった言葉で示唆するすべての世界観を、ここで表現しきることは到底出来ませんが、確かに言えるのはその潜在的な「何か」を創り出すことが自らの価値となり、あなたという一人の人間の存在をゆるぎないものにしていく……ということ。それこそが世界を変えていくのだと、先生は伝えてくれているのだと思います。

◆ マインドサイクルのワーク

このテストは、「無自覚の自分」と向き合うことを目的としたワークシートです。「マインド・ビューポイント」、「want」、「イマジネーション」、「インプット」、「アウトプット」の5つのバランスによって「いま」の自分の状態を知ることができます。

このテストの開発の最終段階で、トレーニングを全く受けたことのない一人の女性に、ワークが施されたときのことです。テストを始められてすぐに、「えっ、ちょっと待ってください。これっ、一体何を聞かれているのかさえわからないです……。これに塾生の方は、すらすらと答えられるんですか!?」それに対して先生は「頭で考えても出てこない……、知っている自分で答えようとしてもつながらない、無意識の自分を表出させるテストです」と言われました。「なるほど……、この問い自体に答えていくことが、トレーニングになっているということですね」。この方が感じられたように、テストでありながら盲点となっていた「何か」に気づくことができるワークなのです。紙の上のテストにもかかわらず、無自覚な領域である潜在意識に働きかけてしまう「久瑠式トレーニング」の特異性とも言えます。
また、10年以上学ばれている塾生の方が、「このテストである体感が生まれるんです。自己との対話、つまり、このテスト自体が、その時の素の自分をあぶり出してくれ、体感を生み出すワークになっているんです。毎回やるたびに新たな発見ができる自分になれるということ。このテストの凄さは、問いに答えていくだけで5つの項目がそれぞれを繋いでくれるので、潜在意識が動かされるんだと思うんです」と伝えていました。

⑤人生の決定権は、いつでもどんなときも自分にある。
そう思って行動する。……………………………………………………(1点)
⑥我を忘れ、無我夢中になることが多い。……………………………(4点)
⑦「できるか／できないか」ではなく、
「したいか／したくないか」で判断・行動する。……………………(3点)
⑧「人生は、とっ散らかして生きたって構わない」、
そう大胆に勇ましく生きている。……………………………………(4点)

C 合計 ＿＿＿ 点

D

①失敗しても、いつも未来のイメージが先にある。…………………(1点)
②準備していなくても、企画書を素早く仕上げるのが得意。………(2点)
③「柔らかい」「暑い」と聞いて、どこか具体的な情景を
思い浮かべることができる。…………………………………………(1点)
④何事も「難しい」から面白い。「面白い」からワクワクすると
捉えて挑める。…………………………………………………………(4点)
⑤砂漠を歩いている自分を想像すると、のどが渇いてくる。………(3点)
⑥会話の中で、相手の話している世界に自在に入り込める。………(2点)
⑦自分の母親を野菜にたとえると何か？という問いに
すぐに答えられる。……………………………………………………(3点)
⑧自分は、現在「ないもの」を、未来「あるもの」と宣言できる
不屈の精神を持った人間だ。…………………………………………(4点)

D 合計 ＿＿＿ 点

E

①思っていることを、上手く表現できるタイプだ。…………………(1点)
②誰もが「無理だ」という状況においても、まずはやってみる。…(2点)
③リンゴについて、10分以上、笑顔で語れる。………………………(3点)
④「変化を恐れない心」を持ち、何事にもチャレンジしている。…(4点)
⑤言いたいことをストレートに、物怖じせずにわかりやすく伝えられる。(1点)
⑥初対面であっても、1対1で何時間でも本気の会話を
することができる。……………………………………………………(2点)
⑦「伝える」と「伝わる」の違いについてディベート（論議）できる。…(3点)
⑧日常において、喜怒哀楽を素直に表現できる人間である。………(4点)

E 合計 ＿＿＿ 点

◆ A～Eの各項目ごとに合計点数を出し、次ページのマインドチャートに記入し、あなたの現在のマインドチャートを完成させてください。

◆ 自分に当てはまる項目をチェックしてください。

A

①プライベートでもあまりハメを外すことはない。…………………………(1点)
②怒っている自分や悲しんでいる自分を
冷静に見ているもう一人の自分がいつもいる。…………………………(1点)
③相手の長所、短所やその個性の活かし方が初対面でわかる。……………(3点)
④問われるのは「ミスをしたことより、どうリカバーするか」であり、
それをいつも実践している。……………………………………………(2点)
⑤常に複数のプロジェクトや課題を並行して行い、
同時に新たなアイデアを生みだしている…………………………………(4点)
⑥場面によって自分が何を求められているかを感じとる能力が高い。……(2点)
⑦どんなときも、自らの美学を貫いて生きている。………………………(4点)
⑧自分のことを嫌っている人の幸せも無条件に願い、
自分を嫌うその気持ちを在りのままに受けとめられる。…………………(3点)

A 合計 ______ 点

B

①自分の感情を敏感にキャッチするタイプだ。……………………………(1点)
②海を思い描くと、波の音と潮の香りを感じることができる。……………(2点)
③「どうしたらいいか」と誰かに訊く前に、
自分の心で感じれば、答えは自ずと見えてくる。…………………………(3点)
④「何が起こったか」ではなく、「そのとき何を感じているか」
を大切に行動している。…………………………………………………(1点)
⑤感動が溢れて、言葉にならない瞬間が多々ある。………………………(4点)
⑥ジャンルを問わずどんな映画を観ても、必ず目頭が熱くなる。…………(2点)
⑦たとえ初対面であっても、言葉を交わさずに
相手の揺れ動く感情をくみ取ることができる。……………………………(3点)
⑧「会って温かい人」より「離れて温かい人」を大切にしている。…………(4点)

B 合計 ______ 点

C

①仕事でもプライベートでも四六時中、やりたいことが溢れている。……(1点)
②「気がついたらやっていた」ということが多い。…………………………(2点)
③自分は「〜すべきである」、「〜ねばならない」と言わない。……………(3点)
④「したいこと」を「できる！」に変えるために、
わくわくしながら諦めずに実行していることがある。……………………(2点)

マインドサイクル

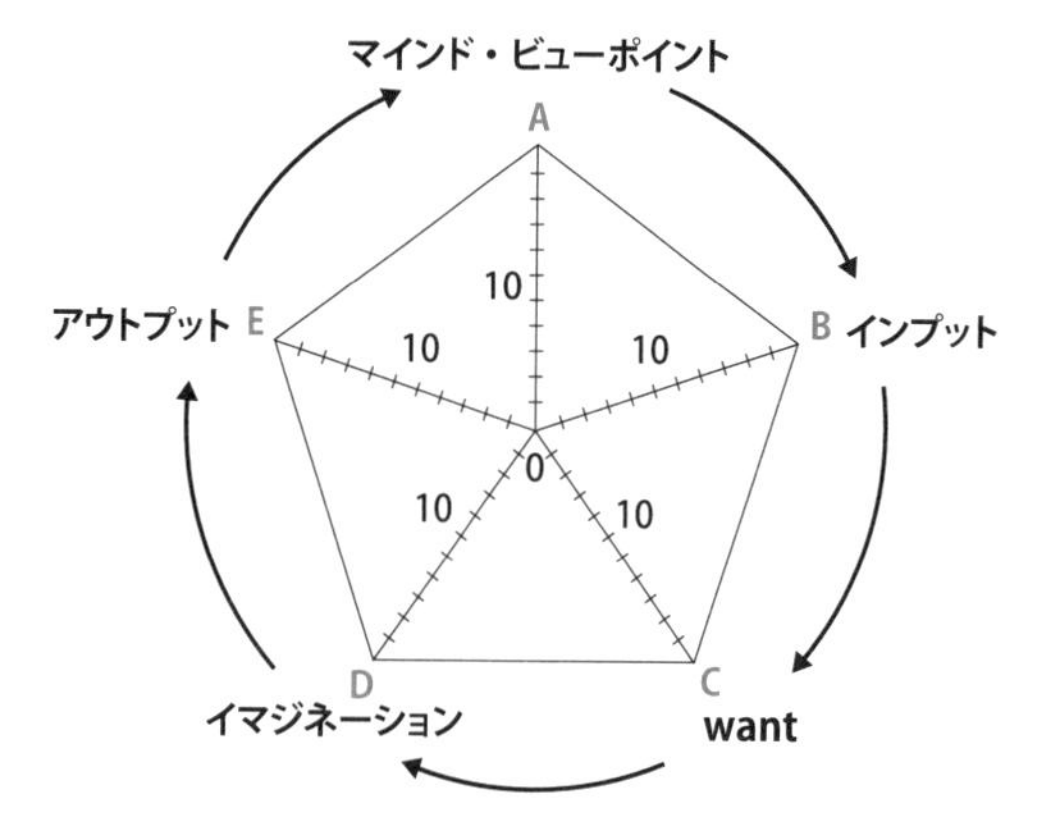

潜在能力を発揮するために必要な5つのマインド力、[want][イマジネーション][マインド・ビューポイント][インプット][アウトプット]をダイヤモンド型で表示したチャート診断です。[マインド・ビューポイント](A)から右回りに順に[インプット](B)、[want](C)、[イマジネーション](D)、[アウトプット](E)の点数を記入し、今のあなたのマインドチャートを完成させてください。

最もクリエイティブなマインドであるダイヤモンドマインド

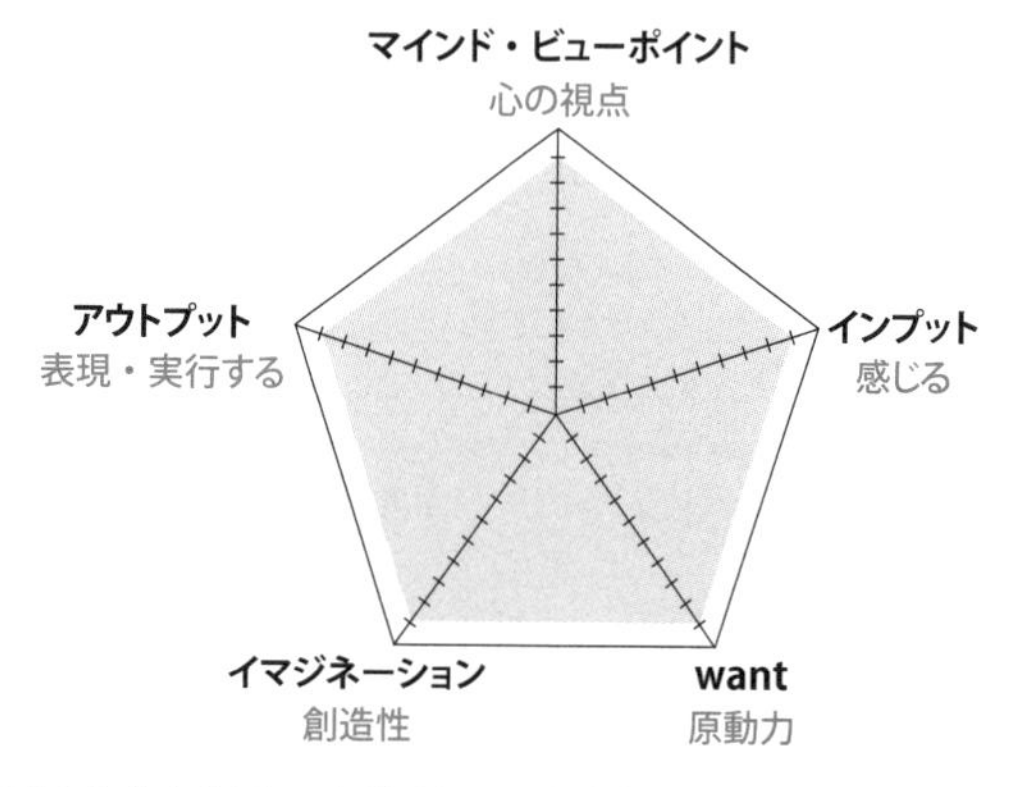

上図のような大きくきれいなダイヤモンド型が理想です。
5つのマインド力にバランスよく磨きをかけていくことで、潜在能力は自ずと発揮されていきます。それゆえ久瑠式トレーニングは初回から劇的な変化を創り出すことができるのです。

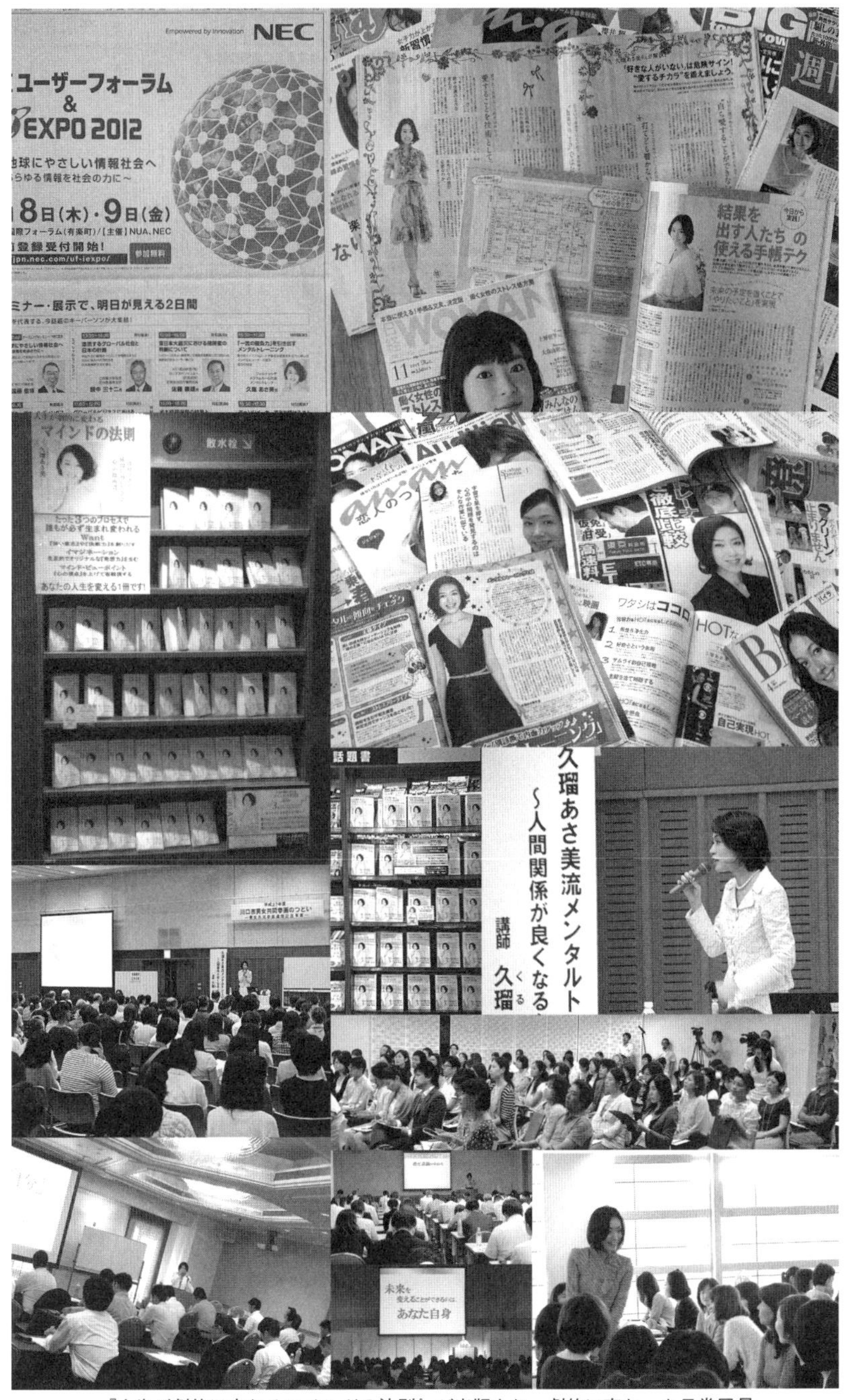

『人生が劇的に変わるマインドの法則』が出版され、劇的に変わった日常風景

プロフィール

久瑠あさ美／ Kuru Asami

メンタルトレーナー／作家

「ff Mental Room」（フォルテッシモメンタルルーム）代表。

日本心理学会認定心理士。日本産業カウンセリング学会会員。日本芸術療法学会会員。

精神科・心療内科の心理カウンセラーとして勤務後、トップアスリートのメンタルトレーニングに積極的に取り組み、注目を集める。企業経営者、各界アーティスト、ビジネスパーソンなど個人向けのメンタルトレーニングを行い、延べ10万人を超えるクライアントから絶大な信頼を寄せられている。

企業や自治体への講演活動や人材教育、「潜在能力を引き出す突破力研修」など潜在的な力を引き出す人材育成プログラムを開発。児童向け講座、慶應義塾大学での講義など次世代育成にも従事。医療、介護に特化したマインドプログラムにおいては、空間創りから参加するなど活動は多岐にわたる。毎月開催される本格的な体感トレーニングを行う〈心を創るマインド塾〉や〈メンタルトレーナー養成塾〉や年２回の〈春期・秋期「マインドの法則」“心の実学”３日間集中セミナー〉を主宰。『鏡面感覚トレーニング』、『コラージュトレーニング』など感性を高める実践的な単発レッスンも行っている。

雑誌・テレビ・ラジオなどメディア出演も多数。

著書に『一流の勝負力』『このまま何もしないでいればあなたは１年後も同じだが潜在能力を武器にできれば人生はとんでもなく凄いことになる』『久瑠あさ美のイキザマ革命』『未来を決める勇気』など累計120万部を超える。

ff Mental Room ホームページ

久瑠あさ美チャンネル
［ff Mental Room HP］
トップページから無料動画視聴可

久瑠あさ美のメンタル・ブログ

久瑠あさ美の人生が劇的に変わる
メルマガ マインド塾

潜在能力を引き出す
「マインドの法則」塾生ブログ

久瑠あさ美のオーディオブック
［NHK サービスセンターから配信中］

久瑠あさ美の講座 ご案内

◆『心を創るマインド塾』
【毎月第２土曜日／開催】

～はじめてのメンタルトレーニング～
・自分を知る１時間コース
「初回メンタルチェック診断＋講義」
・半日フル体験 5.5 時間コース

◆『メンタルトレーナー養成塾』
【毎月第２土曜日／開催】
1day 体験８時間コース（8時間）

◆『マインドの法則“心の実学”３日間集中セミナー』
【年２回／春・秋開催】
・春期コース「メンタルブロックを外す講義＆ワーク」
・秋期コース「潜在能力を引き出す講義＆ワーク」

◆『鏡面感覚トレーニング』
【毎月第３土曜日／開催】
・初回体験３時間コース

◆『コラージュトレーニング』
【毎月末日曜日／開催】
・初回体験３時間コース

◆『パーソナルトレーニング』
初回メンタルチェック診断コース
※ 90 分／ 60 分枠でご予約お取りします。

◆『久瑠あさ美のサロンクラス』
【ブログにて各回告知】

※全講座、オンライン受講／教室参加をお選びいただけます。

お問い合わせ：info@ffmental.net

装丁・本文デザイン／重原隆
制作／（有）マーリンクレイン
校正協力／あきやま貴子・大江奈保子
編集補助／上野郁美
編集／小田実紀
写真提供／干川修

本書のご注文、内容に関するお問い合わせは
Clover 出版あてにお願い申し上げます。

復刻版
人生が劇的に変わるマインドの法則

初版1刷発行 ● 2021年8月27日

著者
久瑠（くる） あさ美（み）

発行者
小田 実紀

発行所
株式会社Clover出版
〒101-0051 東京都千代田区神田神保町3丁目27番地8　三輪ビル5階
Tel.03（6910）0605　Fax.03（6910）0606　http://cloverpub.jp

印刷所
日経印刷株式会社

ISBN978-4-86734-032-5　C0011